国家发展和改革委员会宏观经济研究院·中国宏观经济丛书(2012–2013)

A COLLECTION ON CHINA'S MACROECONOMY

跨太平洋伙伴关系协定趋势影响及战略对策研究

吴涧生　曲凤杰　等著

中国计划出版社

图书在版编目（CIP）数据

跨太平洋伙伴关系协定趋势影响及战略对策研究／吴润生
曲凤杰等著．—北京：中国计划出版社，2015.1（2015.12 重印）
（中国宏观经济丛书．2012—2013）
ISBN 978-7-5182-0071-9

Ⅰ．①跨…　Ⅱ．①吴…②曲…　Ⅲ．①区域经济合作—
国际合作—研究—亚太地区　Ⅳ．①F114.46

中国版本图书馆 CIP 数据核字（2014）第 250306 号

中国宏观经济丛书（2012—2013）
跨太平洋伙伴关系协定趋势影响及战略对策研究
吴润生　曲凤杰　等著

中国计划出版社出版
网址：www.jhpress.com
地址：北京市西城区木樨地北里甲 11 号国宏大厦 C 座 3 层
邮政编码：100038　电话：（010）63906433（发行部）
新华书店北京发行所发行
北京京华虎彩印刷有限公司印刷

787mm×1092mm　1/16　22 印张　273 千字
2014 年 12 月第 1 版　2015 年 12 月第 2 次印刷

ISBN 978-7-5182-0071-9
定价：50.00 元

《中国宏观经济丛书》编委会

本书课题组成员

课题组顾问： 毕吉耀 国家发改委对外经济研究所所长

课题负责人： 吴涧生 国家发改委对外经济研究所副所长

曲凤杰 国家发改委对外经济研究所中美经济关系研究室负责人

课题组成员： 李大伟 国家发改委对外经济研究所中美经济关系研究室副研究员

张哲人 国家发改委对外经济研究所中美经济关系研究室副主任，副研究员

关秀丽 国家发改委对外经济研究所科研秘书

杜　琼 国家发改委对外经济研究所中美经济关系研究室助理研究员

季剑军　国家发改委对外经济研究所
　　　　国际合作研究室助理研究员
朱梦曳　清华大学环境学院
闫凌霄　香港中文大学

总　　序

《中国宏观经济丛书》是国家发展改革委宏观经济研究院从每年的课题研究报告中，选出一些社会各界比较关注的成果，结集公开出版的。从1999年面世，至今已经是第十三套。出版这套丛书，主要目的是向社会介绍宏观经济研究院的研究成果，加强与同行的学术交流，更好地为经济管理部门、科研院校和社会各界提供服务。

《中国宏观经济丛书（2012—2013）》共13册，既有面向2020年的我国经济发展战略、从中等收入国家迈向高收入国家的发展战略、下一个30年我国产业现代化战略、结构转型与经济可持续发展战略、我国能源安全战略等前瞻性研究，也有优化国土空间开发格局、培育我国产业动态比较优势、跨太平洋伙伴关系协定、重要农产品价格调控机制、我国集体土地征收补偿问题、我国交通运输网络规模、社会组织参与社会管理、全民医保制度整合与优化设计等现实问题研究。

由于水平所限，这套丛书难免有不足之处。我们诚恳期待社会各界人士提出批评意见，以帮助我们不断提高课题研究的水平和丛书的质量。

国家发展和改革委员会宏观经济研究院

《中国宏观经济丛书》编委会

2014 年 6 月

前　言

当前，全球经济治理结构正处于新一轮调整变革期，以区域经济合作为基础创建的多边贸易投资规则呈现出超越现有世界贸易组织（WTO）规则的新趋势，新兴经济体群体性崛起对传统以发达国家为主导的全球贸易治理结构提出了新挑战。美国等发达国家通过主导跨太平洋伙伴关系协议（TPP）、跨大西洋贸易与投资伙伴关系协议（TTIP）以及服务贸易协定（TISA）等贸易投资协定谈判，力图推行更多体现西方自由贸易理念和代表其自身经济利益和战略诉求的广覆盖、高标准贸易投资新规则。这些不仅给我国改革开放带来了新的压力和挑战，同时也为我国参与国际经济治理和深化国内重点领域改革提供新的动力和机遇。

党的十八届三中全会明确提出：加快构建开放型经济新体制，以开放促改革；同时强调要坚持世界贸易体制规则，坚持双边、多边、区域次区域开放合作，以周边为基础加快实施自由贸易区战略，形成面向全球的高标准自由贸易区网络。与多边贸易体系的开放相比，自由贸易区有对象可选、进程可控的特点，可以起到以局部带动整体的开放效果。目前，我国已经成功签署 14 个自由贸易协定，包括与韩国、澳大利亚最近签订的自贸协定，这些对于我国积极推进中日韩、区域全面经济伙伴关系（RCEP）等自由贸易协定谈判乃至亚太自贸区北京路线图，最终实现亚太梦想和亚太经济一体化，具有重要的引领和基础作用。

但也不难注意到，由美国主导的TPP谈判，是一项旨在“树立21世纪自由贸易协定的标杆、全球贸易合作的新标准”的多边自由贸易协定，目前已经拥有12个谈判国。该协定内容不仅包括商品贸易、服务贸易等传统FTA条款，而且包括知识产权、劳工、环境、国有企业、政府采购等传统FTA尚未涉及或较少涉及的条款。作为美国重返亚太、推动其战略重心东移的重要杠杆，TPP未来有望成为亚太区覆盖领域最广、自由化程度最高的自由贸易协定，其部分规则甚至可能会逐步上升为国际通行规则。在此背景下，深入研究TPP内容和特点，科学判断其发展走势，准确分析其可能给我国带来的影响，并在此基础上提出有价值的对策参考建议，无疑具有重大的现实意义和长远的战略意义。

“跨太平洋伙伴关系协定（TPP）趋势、影响及战略对策研究”正是在这一背景下作为2012年度国家发改委宏观经济研究院重点课题立项而有序展开的，本书就是在这项研究成果基础上编纂形成的。本书深入阐述了TPP的发展历程和主要特点，并结合美国加入并主导TPP的短期经济动因和长远战略考虑，以及加入TPP相关国家的自身利益诉求，对TPP的发展走势作出了客观判断，并运用可计算的一般均衡模型（CGE模型）等定量分析工具从量化的视角较为深入地分析了TPP在短期和中长期可能给我国政治经济带来的综合影响。在此基础上，有针对性地提出了坚持“辩证说，择机做”、“统筹兼顾，分而治之”、“谨慎施策，顺势而为”、“未雨绸缪，强化内功”等战略原则和战略对策。

在本书即将付梓之际，衷心感谢宏观经济研究院的陈东琪、马晓河、林兆木、刘福垣、常修泽、罗云毅、毕吉耀、刘树杰、董焰、张长春、杨朝光等专家和领导，他们在课题开题、课题研究、报告写作、结题评审和书稿出版过程中提出了许多宝贵的修改意见，从而使本项研究成果更具创新性、前沿性和务实性。同时，也要感谢所在单位领导和同事们的关心和支持，以及中国计划出版社编辑们的认真审阅和热情相助。

全书各部分执笔人分别为：总报告吴润生、曲凤杰等，专题报告一李大伟，专题报告二曲凤杰、朱梦曳，专题报告三杜琼，专题报告四李大伟、杜琼，专题报告五关秀丽，专题报告六张哲人，专题报告七曲凤杰，专题报告八季剑军，专题报告九李大伟，观点综述李大伟。调研报告一和调研报告二吴润生、曲凤杰、李大伟、季剑军。

限于课题组的研究水平和工作深度，书中难免存在不当和错漏之处，敬请广大读者批评指正。

本书课题组

2014 年 12 月

目　　录

总　报　告

跨太平洋伙伴关系协定（TPP）趋势、影响
及战略对策研究 ………………………………………… (1)
一、TPP 的发展进程及主要特点 …………………………… (2)
二、对 TPP 发展趋势的基本判断 …………………………… (8)
三、TPP 对我国的影响分析…………………………………… (17)
四、战略思路与战略对策 ……………………………………… (34)

专题报告一

TPP 协议的内容、特点及发展趋势研究 ………………………… (53)
一、TPP 的内容 ………………………………………………… (54)
二、TPP 和亚太区其他 FTA 的比较分析 ……………………… (59)
三、TPP 的未来发展趋势 ……………………………………… (71)
四、我国对待 TPP 的立场探讨 ………………………………… (84)

专题报告二

美国加入 TPP 的动因、挑战和影响：从美国视角分析 ………… (98)
一、美国加入 TPP 的动因 ……………………………………… (99)

二、美国推动 TPP 发展面临的主要挑战 …………………… (104)
三、TPP 对美国的影响 ……………………………………… (109)

专题报告三

美国推进 TPP 谈判的立场、利益诉求及发展趋势 ……… (118)
一、美国推进 TPP 谈判的立场 ……………………………… (119)
二、美国积极推进 TPP 谈判的战略利益诉求 ……………… (122)
三、TPP 推行的基础及其发展趋势 ………………………… (134)

专题报告四

亚太区其他经济体未来加入 TPP 的可能性研究 ………… (138)
一、各国未来加入 TPP 可能性的方法论研究 ……………… (139)
二、日本参加 TPP 谈判的原因和前景分析 ………………… (143)
三、其他国家和地区加入 TPP 的可能性分析 ……………… (149)

专题报告五

TPP 对亚太区域一体化的影响及中国战略策略应对 ……… (156)
一、立体认识 TPP ………………………………………… (156)
二、TPP 对亚太区域一体化的影响 ………………………… (160)
三、应对战略及策略 ………………………………………… (174)

专题报告六

TPP 对我国经济影响的一般均衡分析及应对思路 ……… (185)
一、加入 TPP 对我国经济的影响分析 ……………………… (186)
二、不加入 TPP 对我国经济的影响分析 …………………… (203)
三、日本加入中日韩自贸区和 TPP 的损益对比 …………… (206)
四、应对原则及总体思路 …………………………………… (211)

专题报告七

美国重返亚太：情势、影响及对策 …………………………（219）
一、重返亚太是美国对外战略重心的历史性转变 …………（220）
二、重返亚太是美国面对其日益衰微的霸权地位所作出的积极防卫 ……………………………………………………（221）
三、美重返亚太对中国形成战略牵制，但不会对中国经济构成实质威胁 ……………………………………………（222）
四、我国的对策 …………………………………………………（223）

专题报告八

亚太区域一体化发展新动向与中国的策略选择 …………（226）
一、亚太区域一体化发展现状和动向 ……………………（227）
二、中国参与亚太区域一体化的路径选择 ………………（229）
三、中国参加亚太区域一体化的贸易效应分析 …………（238）
四、中国参与亚太区域经济一体化的政策建议 …………（241）

专题报告九

TPP 中非传统领域条款对我国经济的影响分析 …………（244）
一、知识产权 ……………………………………………………（245）
二、劳工 …………………………………………………………（251）
三、环境 …………………………………………………………（252）
四、政府采购 ……………………………………………………（253）
五、国有企业 ……………………………………………………（254）
六、对策建议 ……………………………………………………（256）

观 点 综 述

《跨太平洋伙伴关系协议（TPP）趋势、影响及战略对策研究》文献综述 ……………………………………………（258）

一、TPP 的历史及发展趋势 …………………………………… (259)
二、目前各国在 TPP 的相关立场及 TPP 的发展趋势 ……… (265)
三、TPP 的性质、内容和特点 …………………………………… (275)
四、TPP 的影响及对策 ………………………………………… (286)

调研报告一

实施自贸区战略对安徽省相关企业和产业影响的调研报告 …… (304)
一、签订的自贸区协定取得的成效及存在问题 ……………… (305)
二、我国与日、韩等发达国家建立自贸区对安徽省经济可能产生的影响 ………………………………………… (307)
三、自贸协议中有关新条款可能对安徽省涉外经济的影响分析 …………………………………………………… (310)
四、主要政策建议 ……………………………………………… (313)

调研报告二

安徽省外贸发展及承接产业转移情况调研报告 ……………… (316)
一、安徽省涉外经济发展主要特点及存在问题 ……………… (317)
二、皖江城市带承接产业转移情况及存在问题 ……………… (322)
三、主要政策建议 ……………………………………………… (329)

Contents

Master Report: Trends, impacts of TPP and strategic countermeasures …… (1)
1. The development process and the main characteristics of TPP …… (2)
2. The basic judgements of TPP development trends …… (8)
3. The analysis of the impacts of TPP on the economy in China …… (17)
4. The strategic thinking and countermeasures …… (34)

Special Report 1: Study on the contents, characteristics and trends of TPP …… (53)
1. The contents of TPP …… (54)
2. How to compare TPP with the other FTAs in Asia – Pacific area …… (59)
3. The trends of TPP …… (71)
4. China' s position on TPP …… (84)

Special Report 2: Intentions, challenges, and impacts of the U. S. joining in TPP: a perspective from the U. S. ········· (98)
1. Intentions of the U. S. joining in TPP ························ (99)
2. Main challenges for the U. S. to promote TPP ·············· (104)
3. Impacts of TPP on the U. S. ······························ (109)

Special Report 3: The position and interests of the United States in promoting TPP negotiations ························ (118)
1. The position of the United States in TPP negotiations ········ (119)
2. The strategic interests of the United States in its active promotion of TPP negotiations ······························· (122)
3. The basis of TPP and its development trends ················ (134)

Special Report 4: The possibility of the major Asia – Pacific economies joining in TPP ································ (138)
1. The methodologies ·· (139)
2. The reasons and prospects of Japan joining in TPP ··········· (143)
3. The possibility of other economies joining in TPP ··········· (149)

Special Report 5: Impacts of TPP on Asia – Pacific regional integration and China' s strategies ························ (156)
1. Recognition of TPP ······································· (156)
2. Impacts of TPP on Asia – Pacific regional integration ········ (160)
3. China' s strategies ·· (174)

Special Report 6: The general equilibrium analysis of TPP to China' s economy and solving methods ······················ (185)
1. Effects on China' s economy of joining in TPP ·············· (186)
2. Effects on China' s economy of non – joining in TPP ······ (203)

3. Gains and losses of Japan' s economy of joining in TPP or CJK – FTA …… (206)
4. Solving principles and methods …… (211)

Special Report 7: The U. S. return to Asia: situation, influences, and countermeasures …… (219)
1. Return to Asia: a historic shift in the focus of U. S. foreign strategies …… (220)
2. Return to Asia: active defense of the U. S. to protect its declining hegemony …… (221)
3. Return to Asia: strategic containment for China, but not a real threat to China' s economy …… (222)
4. China' s countermeasures …… (223)

Special Report 8: The new trends of Asia – Pacific regional integration and China's strategic selection …… (226)
1. The current situation and new trends of Asia – Pacific regional integration …… (227)
2. The path selection of China' s participation of Asia – Pacific regional integration …… (229)
3. Trade effects of China' s participation of Asia – Pacific regional integration …… (238)
4. Policy recommendations of China' s participation of Asia – Pacific regional integration …… (241)

Special Report 9: Study on the non – traditional items' effects on Chinese economy …… (244)
1. Intellectual property protection …… (245)
2. Protection of labor rights …… (251)
3. Environment protection …… (252)

4. Government procurement …… (253)
5. State – owned enterprises …… (254)
6. Advices …… (256)

Literature Review Report …… (258)
1. The history and trends of TPP …… (259)
2. The position of member countries on TPP …… (265)
3. The content and characteristic of TPP …… (275)
4. The effects of TPP on China …… (286)

Investigation Report 1: Investigation report of FTA strategy on Anhui Province …… (304)
1. The performance and shortages of the finalized FTA …… (305)
2. The CJK FTA effects on the economy of Anhui Province …… (307)
3. The effects of non – traditional items on the future FTA …… (310)
4. Advices …… (313)

Investigation Report 2: The field research report of the development of international trade and undertaking industrial transfer in Anhui province …… (316)
1. The main characteristics and problems of foreign economy in Anhui Province …… (317)
2. The current situation and problems of industrial transfer in Wan – jiang urban belt …… (322)
3. Policy Recommendations …… (329)

总 报 告

跨太平洋伙伴关系协定（TPP）趋势、影响及战略对策研究[①]

内容提要：

美国加入并主导 TPP 有其内在短期的经济动因，更有其长远深刻的战略意图。从发展趋势看，TPP 签署成功的可能性比较大，其部分规则可能会逐步上升为国际贸易规则，但在实现之前所宣称的“广覆盖、高标准”存在着不确定性。短期看，中国不加入 TPP 所带来的负面影响相对有限，美国也很难实现借 TPP 成功牵制东亚一体化的目标；但从长期看，对于 TPP 这一美国重返亚太、推动其战略重心东移的重要杠杆，需要我们立足当前，着眼长远，从全局和战略高度统筹谋划，及早制订应对预案，为我国实现科学发展、和平发展创造有利的外部环境。

① 参与撰写的人员还有：李大伟、张哲人、关秀丽、杜琼、季剑军。

一、TPP 的发展进程及主要特点

（一）对 TPP 发展进程的简要回顾

跨太平洋伙伴关系协议（Trans-Pacific Partnership Agreement，简称 TPP），是由美国主导、共有 12 个国家参与谈判的一项多边自由贸易协定。目前，该协定正处于谈判进程中。2011 年年底，正式发布的 TPP 框架协议所涉及的议题多达 20 项，旨在促进亚太地区贸易自由化，树立 21 世纪自由贸易协定的标杆、全球贸易合作的新标准。该协议属于开放式协议，任何国家（包括非亚太地区的国家）都可以申请加入，但必须得到所有成员国的一致同意后才能正式加入谈判行列。TPP 的发展进程大致可分为以下三个阶段：

1. 酝酿阶段（1990 ~2000 年）

这一时期，全球区域经济一体化的势头迅速兴起，在亚太地区主要体现为亚太经合组织（APEC）的诞生。1994 年 11 月 APEC 在《茂物宣言》中阐述了“开放的地区主义”理念，明确提出了发达国家于 2010 年、发展中国家于 2020 年先后实现贸易投资自由化的目标，并积极推进部门自愿提前自由化（EVSL）、发达国家之间率先经济自由化（APEC－X）等。在 APEC 的推动下，亚太地区各经济体的开放程度不断提升，经济合作领域迅速拓展，新加坡、智利等贸易自由化程度较高的国家开始积极考虑建立高标准的自由贸易区，这为 TPP 的出现奠定了重要基础。

2. 起步阶段（2001 ~2008 年）

这一时期，以 WTO 为代表的多边贸易体制进展缓慢，多哈回合贸易谈判陷入停滞。与之相对照，全球区域自由贸易协议（FTA）呈现出迅速发展的态势。随着中国—东盟、韩国—东盟、日本—东盟等 FTA 的成功签署，亚太地区逐渐成为全球 FTA 的中心。受此影响，新西兰、新加坡、文莱、智利四个国家于 2005 年共同签署了跨太平洋战略经济伙伴关系协定（TPSEP），这也是 TPP 的前身。

3. 快速发展阶段（2008 年至今）

2008 年下半年，随着美国的次贷危机持续蔓延和深化，最终引发了一场历史罕见的国际金融危机，对世界经济产生了严重的冲击。出于应对金融危机和美国战略利益重心转移的需要，加上美国反恐战争和伊拉克战争基本结束，奥巴马政府决定将泛太平洋战略经济伙伴合作关系协议（Trans - Pacific Strategic Economic Partnership Agreement，TPSEP）作为其介入并主导亚太地区经济一体化进程的重要杠杆，于 2008 年 11 月正式宣布加入 TPSEP，并着手对相关协议内容进行全面调整。在美国的主导下，2009 年年底 TPSEP 被更名为跨太平洋伙伴关系协议（TPP），至此 TPP 正式问世。这一时期，除美国以外，越南、秘鲁、澳大利亚、马来西亚、加拿大、墨西哥、日本等国也相继加入谈判，从而使 TPP 成员国的数量迅速增加，由最初的 P4 扩大到目前的 P12（见表 1 -1）。迄今为止，TPP 已进行了 18 轮谈判及 2 次首席谈判代表会议和 2 次部长会议，取得了较为明显的进展。韩国、泰国、菲律宾等国也纷纷在不同的场合表示了对加入 TPP 的浓厚兴趣。但是，在 2014 年 2 月新加坡举行的最新一次成员国部长会议上，由于部分成员国在农产品市场准入、知识产权保护等方面存在较大分歧，致使 TPP 谈判进程受到一定影响。

表 1-1　TPP 发展进程

2005 年 5 月 28 日	新西兰、新加坡、文莱、智利四国正式签署《跨太平洋战略经济伙伴关系协定（TPSEP）》
2008 年 11 月	美国、澳大利亚、秘鲁、越南四国正式宣布加入谈判，美国开始主导 TPP 进程
2009 年底	TPSEP 更名为“跨太平洋伙伴关系协定”，即 TPP
2010 年 3 月 15 日	TPP 第一轮谈判在澳大利亚举行
2010 年下半年	加拿大、墨西哥、韩国、中国台湾、日本先后表示对加入 TPP 的兴趣
2010 年 10 月	马来西亚正式加入 TPP 谈判，形成 P9
2011 年 11 月	日本宣称将加入 TPP 谈判；TPP 框架协议正式公布
2012 年 10 月	加拿大和墨西哥正式加入谈判，形成 P11
2013 年 7 月	日本加入 TPP 谈判，形成 P12
2014 年 2 月	TPP 最新一次成员国部长会议在新加坡举行

资料来源：根据 APEC 秘书处、美国商务部网站及相关官方媒体资料进行整理。

（二）TPP 的主要特点

TPP 是跨区域的自由贸易协定，与其他自由贸易协定相比具有以下三个鲜明的特点：

1. 各成员国之间存在巨大的差异性和复杂性

2011 年，P12 的 GDP 规模高达 27.01 万亿美元，占全球 GDP 总量的 35%；P12 成员国的贸易总额占全球贸易总额的 25.4%。实际上，从参与主体来看，各成员国在地理、人口、政治、宗教信仰以及经济发展水平和经济结构方面存在的差异性和复杂性比较突出。各经济体遍布北美、南美、东亚和大洋洲，既有人口大国，也有人口小国；既有资本主义国家，也有社会主义国家；既有基督教国家，也有佛教国家，还包含儒家文化圈；既有发达国家，也有发展中国家；既有以制造业为主导产业的国家，也有以资源为主导产业的国家。在TPP成员国中，不少国家在亚太经济乃至全球经济中占有重要地位。如美国目前是世界上第一大经济体，仍是全球经济增长的重要引擎；澳大利亚、加拿大等国不仅是重要的工业国，还是铁矿石、铀矿石等矿产资源的主要产地；新加坡则是亚太地区重要的贸易港口和金融服务中心。这种差异性和复杂性，很大程度上决定了亚太地区经济体在涉及农业、劳工、环境、知识产权等方面的谈判时将会有着不同的利益诉求和较大分歧。倘若考虑到韩国、泰国等潜在成员国，这种差异性和复杂性还会进一步增大。

2. TPP协议内容的广度和深度超过以往任何自由贸易协定

从本质上看，TPP仍属于一种自由贸易协定（Free Trade Agreement，FTA）形式，但其框架协议中明确指出要将TPP树立成一个“21世纪自由贸易协定的标杆、全球贸易合作的新标准”，因而其协议内容无论是广度还是深度，都明显超过以往任何一个亚太区自由贸易协定。

从广度上看，它体现了全覆盖的特点。传统的FTA一般主要包括商品贸易、服务贸易、原产地规则、投资、争端解决机制、卫生及检疫标准等条款。但随着区域间合作领域的不断拓宽，知识产权、电子商务、临时入境等相关条款也逐渐被纳入其中。与中国—东盟FTA、TPSEP等相比，TPP框架协议涉及范围更广，不仅包括商品贸易、服务贸易等传统FTA条款，也包括知识产权、劳工、环境、临时入境、国有企业、政府采购、金融、能力构建等亚太区绝大多数FTA尚未涉及或较少涉及的条款。

从深度上看，它体现了高标准的特点。目前TPP协议虽未签署，但其在关税减免、服务贸易、知识产权、劳工、环境、国有企业、政府采购等相关领域的最终标准都可能会明显超出绝大多数 FTA 的现有水平。在商品贸易领域，TPP 有望实现全部贸易品最终零关税，而目前绝大多数亚太地区的 FTA 尚未达到这样的要求，一般还对少数产品①采取一定的关税和进口配额等保护措施。在服务贸易领域，FTA 的服务贸易条款一般仅允许准入后国民待遇，即外资企业成立后在设立、管理、运营、维护、使用、销售、清算及其他形式的处置方面，均可享受不低于对本国或第三国服务贸易企业的待遇。在市场准入方面，也仅在部分特定部门中给予外资企业超出其国内规定的市场准入待遇。而 TPP 则很可能采取“准入前国民待遇 + 最惠国待遇 + 例外条款”这一自由化程度较高的方式，即对所有服务部门统一给予准入国民待遇和最惠国待遇，仅对国防、金融、航空等少数特殊行业允许设置例外条款，可见其服务业开放程度要明显高于 FTA。在知识产权领域，FTA 仅要求成员国遵守 WTO《与贸易相关的知识产权协议》（Agreement on Trade - related Aspects of Intellectual Property Right，TRIPS），而 TPP 对知识产权保护的要求将明显高于 TRIPS 协议水平。比如，在医药专利等领域提出比现有 WTO 附加知识产权协议条款更严格的要求，增加版权年限；在临时复制、保护技术设施等数字化复制领域设置更严格的限制性条款，限制其他国家运用强制许可等措施免费获取知识产权，等等。此外，TPP 在劳工、环境、政府采购、国有企业等领域也提出不少高于 FTA 的内容和标准。

3. TPP 协议内容和标准更多体现美国自由贸易理念及其战略利益诉求

美国作为世界上最大的发达国家，在国际贸易规则的制定

① 一般占 8 位码税目的 5% 以下。

方面有着其他国家所不能比拟的影响力。从价值理念看，TPP在知识产权、劳工和环境及服务贸易等方面设置的“高标准”，就带有显著的美式自由贸易特点，其主要目的在于维护美国的经济利益和战略利益。

（1）TPP框架协议明确指出，要在知识产权领域实施高于WTO组织TRIPS协议的标准；TPP的主要着力点在于提高知识产权保护标准，超越现有WTO中与贸易相关的知识产权协定（TRIPS）。事实上，由于美国在技术创新和知识技术密集型产业方面具有明显优势，提高知识产权标准将有助于美国继续保持这方面的优势，并从技术贸易、技术转移和专利使用等方面获得更多的技术扩散收益，但对于发展中国家来说，将不利于以低成本获取先进技术。

（2）TPP中专门增设了劳工和环境条款，并将贸易与之挂钩，以强化美国的相对优势。与发展中国家相比，美国在劳工和环境领域的法律体系较为完善，相关标准更高，执法也更为严格。在技术水平差异不大的情况下，美国的劳动密集型产业和钢铁、化工等资本密集型产业可能因劳动力成本偏高处于不利地位。因此，通过强调他国较高的劳工环境标准等，有助于美国借此对其他成员国的出口产品实施贸易制裁措施，以达到维护其自身经济利益的目的。

（3）美国强调TPP谈判要实现统一原产地规则、全面减免关税、服务贸易的国民待遇和最惠国待遇，主要目的还是为了扩大对亚太区域的出口。国际金融危机以后，美国总统奥巴马提出五年出口倍增计划，力争到2015年将美国出口增加一倍。亚太地区拥有世界上40%的人口，占全球GDP总量的50%，也是美国主要的贸易出口市场。2010年和2011年，美国对亚太地区的货物贸易出口分别占其货物出口总额的60.6%和60.4%；亚太地区是美国货物贸易逆差的主要来源地，亚太地区逆差占其全部逆差的70%左右。由于亚太地区大多数国家的平均关税税率要高于美国，全面减免关税将有利于缩小美国对外贸易逆差。不仅如此，亚太地区还是美国最重要的服务贸易出口市场，2010年对亚太地区的服务贸易出口占其服务贸易出口总额的38.6%，相应的服务贸易顺差占比达到57.5%；与货物贸易相比，虽然美国对亚太地区服务贸易占比还不大，但未来发展潜力和空间巨大。TPP就服务贸易设定的“准入国民待遇+例外条款”，将有利于美国扩大对TPP其他成员国服务贸易的出口，也有助于增加美国在金融、科技等高端服务业的就业机会。显而易见，亚太地区作为一个快速成长的新兴市场，对于美国扩大出口、推动经济复苏和增长将具有重要的现实意义和战略意义。

二、对TPP发展趋势的基本判断

(一) TPP走势影响因素分析

从目前各方面情况看，影响TPP走势的因素错综复杂、相互交织，既有有利因素，也有不利因素，不仅涉及经济、政治、外交、军事等多个领域，而且更取决于亚太地区各主要经济体的实力对比以及围绕这些领域展开的博弈与竞争。

1. 有利于TPP推进的因素

(1) TPP并非无本之木。截至目前，参与TPP谈判的12个国家之间已开展了一系列富有成效的多双边经济合作，签署了大量的经贸合作协议，相互合作程度日益加深。以自由贸易协定为例，美国已与秘鲁、加拿大、墨西哥、智利、澳大利亚、新加坡等6个TPP谈判国签署了自由贸易协定，与马来西亚、新西兰等国家也有长期的自由贸易谈判历史；智利与所有

TPP谈判国均签署了自由贸易协定，其他各成员国之间也相互签署了自由贸易协定，如 TPSEP 等。这在很大程度上决定了 TPP 谈判的关键点在于如何将这些自由贸易协定统一在“同一套规则、同一个机制”下，而并非从无到有、从零起步。显然，前者的难度要远远小于后者。由于各成员国相互间有着较长期的经济合作基础，对大多数议题都有望能够达成共识，只是在农产品、知识产权等少数问题上可能存在立场上的差异，因此，TPP 谈判面临的阻力可能比想象的要小。

（2）许多亚太地区国家对加入 TPP 有着现实的需求和内在动力。亚太地区经贸合作发展迅速，区域内经济体大多实行出口导向型发展战略，对市场进一步开放有着潜在的需求，并表现出参与 TPP 的较高热情和积极性，这将有利于 TPP 的持续推进。现阶段，亚太地区经济增长势头良好，2010 年，75%以上的亚太地区经济体 GDP 增速都快于美国，2/3 的经济体 GDP 增速超过全球平均水平。事实上，自由贸易是经济发展的催化剂，其溢出效应总体是利多弊少，因此从长远看，大多数亚太经济体都可能希望借助 TPP 为其经济发展带来助力。

（3）参与谈判成员国的产业互补性大于竞争性。虽然各成员国在农产品等少数敏感领域存在着较强的竞争关系，比如，澳大利亚、新西兰和美国之间就面临这一问题。但总体上看，各成员国产业结构的互补性更为明显。美国、加拿大等发达国家在高端制造业和现代服务业领域具有明显的优势，澳大利亚、新西兰、智利等国在资源型行业也有较强优势，而墨西哥、越南、马来西亚和秘鲁等国的优势主要体现在劳动密集型加工制造领域，这种互补的经济结构将有利于 TPP 协定的成功签署。

（4）各成员国有望在非传统领域的谈判可能达成共识。由于 TPP 谈判国多属于发达国家，如美国、澳大利亚、新西兰、加拿大、新加坡等，其发展水平差距不大，且市场制度、政治制度、法律体系也较相近，这将有利于在知识产权、劳工、环境、电子商务、通信等非传统议题谈判中达成一致。对于墨西哥、秘鲁、智利等发展中国家来说，目前已与美国签署了自由贸易协定，且协定中对上述大部分议题也都做出具体规定，这会促使这些国家在谈判中与美国达成妥协。至于越南、马来西亚等国家，虽然它们的立场与美国等发达国家可能存在分歧，但在政治、军事、经济等方面却对美国有着较多的依赖性，从而使其最终妥协让步的可能性较大。

（5）美国强大的影响力有助于 TPP 谈判成功。美国在政治、外交、军事领域也对其他成员国有着非常强大的影响力，这种影响力对谈判的推动作用是不可低估的。澳大利亚与新西兰、新加坡等国地理相邻，但澳大利亚在 TPSEP 成立后的数年里从来没有明确表示要加入该协议，而在美国宣布加入谈判后的一个月内就立即宣布启动加入谈判，应该说其背后的政治因素可能要强于经济因素。2012 年 6 月，美国同意加拿大、墨西哥两国加入 TPP 谈判，其附带的条件是对以前几次谈判的成果不能提出异议，这无疑凸显了美国的控制力和影响力。2013 年 3 月，日本正式宣布加入 TPP 谈判，虽然对其相关产业特别是农业的负面影响相当明显，但却可以借此进一步强化与美国的同盟关系。需要指出的是，在目前 TPP 各成员国呈现“一超少强多弱”的格局下，这种影响力在推进 TPP 谈判方面所发挥的作用将更加明显，对于韩国、泰国、菲律宾等潜在成员国也不例外。

（6）奥巴马政府将会强力推进 TPP 谈判。各方面认为，美国“重返亚太”战略[①]框架是政治（外交）、经济、军事

① 亦称美国“战略重心东移”。

(安全)三位一体的,而TPP则是其中的一个重要工具。美国强力推动TPP,除加强与亚太各国的经贸往来、争取更大的经济利益和区域合作主导权以外,制衡和削弱中国在该地区的影响力也是心照不宣的。在美国的全球贸易战略中,TPP的地位远远高于其他自贸协定,奥巴马政府可能会借助各种力量以平衡国际国内矛盾,努力促成TPP谈判早日完成,甚至为协议签署而在某些具体的条款上作出一定让步,从而为其实施“重返亚太”战略或全球再平衡战略提供助力。近期以来,美国政府高层频繁访问东南亚各国,使亚太地区在美国外交战略中的地位进一步凸显。

2. 不利于TPP推进的因素

(1)参与谈判成员国数量与谈判难度成正比。历史地看,完成自贸区谈判至少需要2年左右的时间,而对于涉及国家多、领域宽、标准高的自贸协定,可能需要3~5年,甚至更长的时间。例如,中国与东盟早在2000年就已经宣布开展自贸区谈判,但由于东盟各国发展水平存在很大差异,各方立场较难协调,直到2002年底双方才签订框架协议,2004年底才签署货物贸易协议;服务贸易协议谈判经历的时间更长。日本—东盟自由贸易谈判进程也大致如此。美国在自贸协定谈判中通常强调美国式的自由贸易理念,对关税减让、知识产权、劳工、环境等均提出了较高的标准和要求,导致谈判进程旷日持久,耗时良多。美国与新加坡、美国与澳大利亚的自贸协定谈判也都是花费数年时间才得以完成。可见,由于成员国数量较多,加上所提出的相关标准和要求过高,可能导致谈判久拖不决。

(2)部分敏感问题将对谈判进程构成制约。一是农产品问题。澳大利亚、新西兰、美国、加拿大等国在农产品(特别是乳制品)问题上的立场存在一定分歧,受此影响,新西兰至今尚未与美国达成双边自贸协定。日本农林水产省公布的一项研究资料显示，日本加入TPP后，其粮食自给率可能会从40%下降至13%，农业就业人口也将减少约350万人。为了保护国内的农业，日本在与其他成员国谈判将会主张将大米、小麦、猪牛肉、乳制品等农产品排除在取消关税之外。二是知识产权问题。美国一直力图在区域贸易合作中推行高于WTO标准的TRIPS－PLUS知识产权标准，并要求在贸易中添加劳工和环境标准，但澳大利亚和新西兰等国认为，高标准的知识产权将会严重影响平行进口①和仿制药的进口和生产；越南、马来西亚等国也对较高的劳工和环境标准提出了异议。三是日本加入TPP谈判使敏感性问题进一步增多。事实上，美日在汽车、电子信息等产业均存在明显的竞争性，而且日本在金融、医疗、农业等领域的贸易保护情绪相当浓厚，因此，日本加入TPP加大了谈判的难度。四是各成员国在援引TPSEP的谈判方式和条款范围以及是否允许部分敏感产品存在等方面也存在较大的争议。

（3）各成员国国内利益集团可能对谈判进程形成阻力。虽然加入TPP对参与国的经济发展和经贸合作会产生积极影响，但由于在发展水平和资源要素禀赋上各国存在明显的差异，国内部分产业发展会因加入TPP而受到较大冲击，这是不少国家国内利益集团竭力反对的重要原因。如日本加入TPP会受到其国内利益集团的强烈反对，甚至引发较大的政治风波。再如，美国虽然是推进TPP的主导力量，但国内利益集团的意见分歧也很大。一方面，美国担心部分产业如汽车产业可能会受到其他成员国特别是日本带来的冲击，从而频频向政府施加

① 平行进口是指经销商将在他国申请专利权的商品转到知识产权所有者所在国销售的行为。由于某些国家的专利费用要低于知识产权所有者所在国，因此同一商品平行进口的价格要低于正常国内销售，这将减少专利所有者的收入。

压力；另一方面，美国国内的农业、医药等利益集团出于自身利益考虑，也要求美国政府在部分敏感问题上作出让步，并强烈要求其他成员国进一步开放国内市场。

（二）关于 TPP 走势的综合判断

目前，各方面对 TPP 走势的判断和认识存在明显的差异。一种观点认为，TPP[①] 会顺利推进，并向亚太地区其他国家逐步扩展，成为亚太经济一体化的重要动力。另一种观点认为，TPP 现有的标准偏高，极易遭受有关国家国内利益集团的竭力阻挠和坚决反对，发展前景不宜乐观，未来甚至不排除出现停滞或搁浅的可能性。还有观点认为，TPP 能否成为亚太自由贸易协定（Free Trade Agreement of the Asia Pacific，FTAAP）的垫脚石，很大程度上将取决于东北亚各国的态度，而这方面却存在着较大的不确定性。

综合分析各方面因素，我们认为，虽然 TPP 谈判进程不会一帆风顺，但最终签署成功的可能性依然较大，从长期看，TPP 的部分新规则有可能逐步上升为国际贸易规则。

1. 近期 TPP 达成协议的可能性不大，未来几年内仍有望成功签署

目前，虽然 TPP 各成员国之间已经签署大量的自由贸易协定，12 个成员国之间的共识也远大于分歧，但 TPP 至今也只谈判了 3 年时间，而对于这么一个涉及面很宽、优惠幅度非常大的协定，要在如此短的时间内就全部议题达成共识是难以想象的。尤其是日本加入 TPP 后，将对其农业、金融、医药等行业形成较强冲击，这些行业内利益集团在日本政坛有着较强的

① 指新西兰、新加坡、文莱、智利、越南、秘鲁、澳大利亚、马来西亚、加拿大和墨西哥 11 个成员国参与的谈判。

影响力，其反对声音和抵制态度完全有可能会延缓TPP达成协议的进程。

未来几年，TPP成功签署的可能性依然较大。主要考虑是：首先，美国等9个国家已于2011年正式签署了TPP的框架协议，后又提出于2013年底前正式签署TPP协议的目标；从目前的谈判情况看，各成员国在TPP问题上的共同点要大于分歧点，尽快达成协议的意愿较为强烈。其次，日本加入TPP总体上是符合日本经济利益的，也符合其积极参与构建世界经济新秩序的总体目标，最终日本国内支持加入TPP的力量可能强于反对力量。加入TPP对日本经济，特别是汽车、电子等优势产业的积极影响非常明显。据日本内阁研究显示，日本加入TPP，因出口增加将为日本GDP每年增加3.4万亿日元；若考虑贸易投资自由化带来的正溢出效应，日本GDP每年将增加7.3万亿日元。最后，奥巴马总统连任后，进一步加快其实施"重返亚太"战略的步伐，并不断推进TPP谈判取得进展。乐观估计，TPP有望在2015年底前达成协议并成功签署。

2. TPP持续扩容的可能性分析

（1）泰国、菲律宾短期内可能会加入TPP谈判。主要理由是：一方面，泰、菲两国都曾是美国在亚太地区的传统盟友，与美国在政治军事上的合作较为密切，其外交政策较为亲美。另一方面，泰国电子、纺织等制造业目前已具有较强的国际竞争力，相关产业集团一直支持泰国通过自由贸易协定拓展海外市场；菲律宾虽然服务业开放程度较低，但其相关利益集团对政策的影响力较弱。预计菲律宾加入TPP谈判的时间可能要晚于泰国，因为菲律宾国内法规体系尚达不到TPP在透明度、公平性等方面的要求，特别是将大多数产业领域对外国人就业存在较大限制这一严重违背TPP原则的条款写入宪法，大大增加了其制度改革的成本。而泰国的整体法律制度体系与

TPP抵触内容较少，只需要在知识产权、劳工、环境等部分领域的条款进行适当调整，其制度调整成本较低。

（2）韩国很可能在中韩自贸区谈判告一段落后加入 TPP 谈判。韩国与美国已签署自贸协定，短期内加入 TPP 对其经济的积极影响不大。同时，韩美自贸协定已说明了美韩同盟的立场，韩国暂缓加入所承受的政治压力相对较小。比较而言，韩国对我国经济的依赖度非常高，对我国的出口占其出口总额的 24%，短期内打开我国市场对韩国经济产生的积极影响要明显大于加入 TPP。从韩国政府相关官员的公开言论看，目前韩国政府的工作重心主要在于推进中韩自由贸易协定谈判。但从韩国的政治立场看，韩国加入 TPP 的政治阻力很小。由于韩美自贸协定中相当一部分条款与 TPP 具有相似性，韩国国内利益集团对 TPP 相关规则的接受度已有明显提高。因此，韩国在不久的将来加入 TPP 的可能性很大。

（3）俄罗斯、印度短期内不太可能加入 TPP 谈判。从政治立场来看，俄罗斯与美国处于对立甚至对抗，因此是不愿意加入美国主导的任何协定的。从国内经济来看，俄罗斯国内制造业水平与美国、日本存在明显差距，加入 TPP 对俄罗斯经济发展，特别是民族工业发展可能带来负面影响。因此，俄罗斯在未来 3 ~5 年内应不会考虑加入 TPP 谈判。对印度来说，虽然加入 TPP 并不违背其政治外交战略，但在各主要大国中，印度对自由贸易的认同度一直比较低。从其经济利益来看，印度高科技企业主要属于“低成本创新”，模仿已经升级为国家战略，美印两国在知识产权问题上一直存在较大的争端，加入 TPP 对印度经济发展也可能会带来较大的负面影响。因此，印度未来 3 ~5 年内加入 TPP 谈判的可能性也不大。

（4）台湾当局可能会以加入 TPP 为由向我施压。近年来，台湾学术界和商界要求加入 TPP 的呼声日益高涨，台湾当局领导人也曾表示对 TPP 有浓厚的兴趣。对台湾而言，加入 TPP 有利于参与贸易规则的制定，也有利于扩大台湾的出口，符合台湾自身的经济利益。从政治角度看，台湾加入 TPP 对提高其政治影响力是有利的，也有助于台湾和大陆在国际政治格局中的博弈。因此，今后一个时期，不排除台湾当局会借加入 TPP 向我施压的可能，并要求加快 ECFA 开放进程并从中谋求更大利益；同时，也可能会借此制造一种“大陆打压台湾生存空间”的国际舆论氛围，以在国际政治格局的博弈中牟取更大的政治利益。但需要指出的是，按照现行国际贸易体系的规定，台湾加入 FTA 只有两种途径：一种是在中央政府授权情况下，以单独关税区的身份加入；另一种是以主权国家的身份加入。显然，我国和 TPP 成员国都不会同意台湾以主权国家身份加入；而台湾以单独关税区身份加入，仍需要中央政府的授权，因而在这方面我们是完全可控的。

3. 21 世纪中叶 TPP 前景展望

（1）TPP 在全球贸易体系中的地位持续提升，部分规则可能会逐步上升为国际贸易规则。美国及欧洲发达国家一直指责现行 WTO 贸易规则标准过低，未能有效推动全球贸易自由化和经济一体化进程。在多哈回合谈判过程中，美国一直要求在知识产权、劳工、环境、国有企业、电子商务等领域提高相关标准，其立场与 TPP 相关条款基本吻合。美国政府声称，争取将 TPP 的相关文本作为多哈回合的相关议题进行讨论，争取使之成为国际通行的准则和标准。

虽然美国在知识产权、劳工、环境等领域提高标准的根本目的在于维护其国家利益，但这些高标准规则的确有其合理性，代表了人类社会未来的发展方向。美国等发达国家对国际贸易规则体系的影响力要明显强于发展中国家，从长远看，在美国等发达国家的强力推动下，TPP 部分规则完全有可能上升为国际贸易的主流规则。

（2）TPP 可能取代 APEC 成为亚太地区最具影响力的区域合作机制。在推进 APEC 过程中存在着较为严重的“搭便车”问题，进展较为缓慢。目前，APEC 由于缺少强制性的约束机制，未能有效地建立指导经济技术合作的各种组织机构，以强化经济技术合作过程中的规则制定、运作协调以及事后监督，也未能制订各成员国必须强制遵守的规则体系。随着亚太区域一体化发展，其地位有可能进一步弱化。比较而言，TPP 则是一个规则比较明确的自由贸易协定，并针对违反协议的行为出台了强制性处罚措施，因而拥有较强的约束力。从中长期看，随着潜在成员国陆续加入，亚太地区主要发达国家将均被纳入该框架体系之内，TPP 在亚太经济合作中的地位和影响力有望进一步提升，甚至最终有可能取代非约束性的 APEC 成为亚太地区的主要经济合作机制。

（3）TPP 有可能成为全球覆盖面最广的自由贸易协定。随着潜在成员国的加入以及印度、俄罗斯乃至印尼、老挝、柬埔寨、缅甸等国家进一步融入全球贸易体系，这些国家推进亚太地区乃至全球贸易自由化的动力将有所增强，对 TPP 的立场也会逐渐由消极转为积极。从中长期看，俄罗斯、印尼、印度等亚太区域国家最终还会选择加入 TPP，我国也不排除择机加入的可能性。受这一大趋势的推动，TPP 在全球贸易规则体系中的地位和影响力将得到显著提升，进而进一步推动巴西、阿根廷、沙特、南非、土耳其等非亚太区域国家也相继加入，因此，TPP 完全有可能成为全球覆盖面最广的自由贸易协定。

三、TPP 对我国的影响分析

TPP 对我国的影响是多方位的、多层次的。既有短期的影响，也有长期的影响；既有经济的影响，也有非经济的影响；既有局部的影响，也有综合的影响。应该说，准确分析和研判这些影响，特别是长期性影响，对于我们制定相关战略与对策具有重要意义。

为了全面深入分析上述影响，我们把定量分析与定性分析、实证分析与规范分析有机结合起来，并重点围绕条款与规则、不加入 TPP 对经济产业的影响、加入 TPP 对经济产业的影响、亚太与东亚区域合作、周边大国关系等五个视角和领域展开以下分析。

从目前情况看，短期内不加入 TPP 对我国经济和产业的影响是可控的和有限的，加入 TPP 的综合收益不及“10＋3”，但 TPP 对我国参与和推进东亚区域合作已构成现实的制约，不利于我国在东亚事务中地位和影响力的提升；从中长期看，TPP 的持续推进有可能会改变全球经济治理规则，使我国与周边大国关系趋向复杂，甚至会增加我国地缘政治与安全压力，将不利于抓住和用好我国发展的重要战略机遇期，对我国科学发展、和平发展带来较大挑战。

（一）TPP 高标准条款短期内加大我国推进体制机制改革的紧迫性，从长期看可能会演变成对美国等发达国家有利的国际治理新规则

美国推出高标准、广覆盖的 TPP 给我国出了道“难题”。从短期看，由于 TPP 涵盖知识产权保护、劳工标准、政府采购、国有企业等非传统条款，且标准很高，国内相关领域还很难达到其要求，在没有充分准备的情况下一旦贸然加入，势必会对我国经济和产业发展形成冲击。从长期看，若 TPP 顺利达成且不断扩容，其条款则有可能成为新的国际治理新规则，且主要对美国等发达国家有利，到时候无论是“加入”或“不

加入”其损失都将是巨大的。

1. TPP 非传统条款将导致国内企业成本增加和国外制裁增多

若假设现在加入 TPP，且通盘接受其非传统条款，那么我国经济和产业发展将受到以下几个方面的影响：

（1）知识产权条款将导致以往免费获取的专利变为必须付费，无法运用强制许可、专利撤销手段使用发达国家的专利，大大增强发达国家跨国公司的知识产权贸易谈判议价能力，从而提高我国企业引进先进技术的成本。同时，我国企业在产品生产过程中借鉴发达国家相关产品的外观、设计、商标设计、工艺等，将很可能被界定为“侵犯知识产权”，不利于国内企业开展模仿创新和产品升级。

（2）由于我国是国际劳工组织的创始国之一，且一直遵守其各项公约，因此 TPP 劳工条款与国内相关法律法规并不矛盾。但该条款为发达国家以劳工标准为借口对我国实施贸易制裁提供了便捷“通道”或筹码，比如，TPP 成员国的公司可以认定我国企业存在“强制劳动”、“限制集体谈判”，并以此为由对我国企业实施制裁，甚至不排除美国等发达国家对我国工会是否属于“自由集会”进行质疑，以达到其政治目的。

（3）目前我国已加入了几乎所有的国际环境保护公约，TPP 的环境条款与国内相关法律法规并无矛盾。但与劳工条款类似，这也为发达国家实施贸易制裁提供了借口，比如，TPP 成员国可强行认定我国产品不符合环保标准，以此来限制我国相关产品出口。

（4）政府采购条款要求对各成员国企业采取无歧视原则，可能会阻碍我国运用政府采购工具支持民族产业发展，特别是有可能对新能源汽车等战略性新兴产业发展构成冲击。

（5）国有企业条款要求除提供公共产品的少数行业外，

国有企业不得享受任何优惠待遇。我国的一些区域政策、产业政策，比如东北振兴战略与政策等，将会被认定为“歧视性条款”或“政府补贴”或“存在对国有企业的片面优惠待遇”等，进而遭受成员国的制裁，特别是钢铁、化工、金融、物流、通信等大型国企较多的行业有可能成为重灾区。

综上可见，TPP 非传统条款对国内经济和产业发展的影响是多方面的和多层次的，既会增加国内企业生产与创新的成本，也会为国外对我实施贸易保护主义提供更多“合理”的借口。短期内，如果我国加入 TPP，美国将会发挥其规则运用能力强的优势，要求我国对国内相关法律法规进行修改，使之符合其标准和要求；同时，还会以违反 TPP 规则为借口，对我国企业实施制裁措施。但受 TPP 高标准的示范影响，即便我国不加入，其他 TPP 成员国，如澳大利亚、加拿大等发达国家也可能会援引相关规则与我国开展自贸区谈判，这同样会对国内相关政策形成掣肘。

2. TPP 有助于美国重塑全球经济治理规则

长期以来，作为世界超级经济大国，美国一直主导着全球经济治理规则的制定，先后试图以关贸总协定、世界贸易组织等为平台，通过建立涵盖全球各经济体的多边贸易体制，推动全球贸易自由化，以实现其自身经济利益最大化。然而，进入新世纪以来，特别是国际金融危机爆发以后，原有的全球经济治理规则越来越不能满足美国的利益诉求。

（1）各种形式的自由贸易区蓬勃发展，区域性质的经济合作不断深化，而多哈回合谈判则陷入僵局，部分事关美国切身利益的议题久拖不决，全球多边贸易体制的地位与实质作用趋于下降，已无法适应美国的利益诉求。

（2）欧盟东扩标志着欧洲国家以一个整体走上国际政治经济舞台，同时在经济全球化大背景下，新兴经济体利用多边贸易规则借力推动经济快速发展，在国际经济事务中的地位和话语权不断增强，美国继续主导全球经济治理规则制定的难度加大，迫切需要新的平台重塑其领导地位。

（3）在国际金融危机的冲击下，美国经济持续低迷，失业率居高不下，作为其重振实体经济和增加就业重要手段的再工业化和出口翻番计划，迫切需要制定新的国际经济规则以维护其发展利益。

从长期看，随着韩国和整个东盟相继参与其中，则势必形成一个包括全球主要商品消费市场和供给来源地的大自由贸易区，将对现有 WTO 框架下的多边贸易体制以及各类多双边自由贸易协定形成颠覆性冲击，并不断吸引其他地区的经济体加入其中，最终形成一套由美国主导的全球经济治理新规则和全球贸易新秩序。更为重要的是，TPP 涵盖环境保护、劳工权利、知识产权等有利于美国的条款，一旦新规则建立起来，美国必将成为最大的获益者。到时候，无论我国加入 TPP 与否，都会成为这套规则的被动接受者，不利于我国维护自身的合法权益，也不利于我国在全球经济治理中发挥应有的作用。

（二）短期内不加入对我国经济和产业带来的负面影响有限，但日本的加入将使我国受到的负面影响显著扩大

日本是世界第三大经济体，多年来位居我国第三、第四贸易伙伴，是东亚生产网络的重要节点。因此，日本是否加入 TPP，对我国的影响是显而易见的。我们将按日本加入 TPP 与否分出两个场景[①]，分析我国经济受到的影响。场景一：日本

① 这里使用多国 CGE 模型进行模拟。日本已经加入，但模拟时考虑日本加入与否仍有较强的分析价值。

不加入 TPP，中国也不加入 TPP，P11 成员国间关税水平于 2013 年一次性降至零；场景二：日本加入 TPP，中国不加入 TPP，P12 成员国间关税水平于 2013 年一次性降至零。

在模拟中，模型将首先计算出 2013 ~ 2022 年的现行关税不变情况下我国的 GDP、就业、价格、进出口等经济指标预测值，以得到“基准情形”（Base Scenario）；然后，假定与有关方（国家和地区）关税税率于 2013 年一次性降至零，再测算以上相关经济指标的预测值，以得到“冲击情形”（Shock Scenario）；最后，对两种情形下相关变量的预测值进行对比分析，从而得出两个场景下我国主要经济指标的影响情况。由于冲击变量一致、冲击幅度相同、模拟期限相符，两个场景彼此是可以进行相互比较的。

主要结论：由于贸易转移效应的存在，日本加入后形成 P12，不仅强化了美国主导的亚太合作，而且我国经济受损的程度将显著增大。

具体来看，模拟结论主要包括以下几个方面。

1. 我国不加入 P11，经济将受到微弱的负面影响

模拟结果显示，在场景一中，2013 年我国 GDP 下降 0.19%，到 2022 年将下降 0.22%；2013 年居民消费与总投资分别下降 0.28% 与 0.16%，2022 年则分别下降 0.04% 和 0.19%；2013 年出口和进口分别下降 0.15% 和 0.14%，贸易顺差减少 0.22%，此后各年份保持相对稳定。财政收入和劳动力需求也略有降低，前者降幅由 0.28% 逐渐减小到 0.26%，后者降幅基本维持在 0.01% 左右。消费价格指数呈下行态势，历年降幅均不足 0.1%。制造业和采矿业受到微弱冲击，2013 年实际增加值[①]分别降低 0.89% 和 0.3%，到 2022 年分别降低

① CGE 模型的有关产业结果都使用实际增加值指标，如不特殊说明，下同。

0.02%和0.32%。农业、建筑业、电气水供应业与服务业则略有上升。

一般来讲，区域外成立自贸区会对区域内国家同时产生“负向”和“正向”的影响。P11中包括像越南、马来西亚这样劳动密集产品出口国，以及美国这一全球最大的最终消费品市场，P11建成后将不可避免地产生贸易转移效应，并对我国外贸发展构成不利影响，进而导致国内消费、投资、劳动力需求下降，即所谓的“负向”影响。同时，P11建成后也会对其成员国经济产生促进作用，外需扩大将有利于我国经济增长和出口增加，即所谓的“正向”影响。模拟结果显示，P11对我国经济的“负向”影响要略大于“正向”影响；而两者相抵后的总体负面影响比较有限，究其原因主要是由于P11成员国之间已经存在着若干个多双边自贸区安排，如TPP的前身P4，又如北美自由贸易区（NAFTA），很多可贸易品的关税水平已达到相当低的水平，因此，即使P11建成后，其贸易转移效应也不会太明显。

2. 日本加入TPP将使我国经济受损程度加大

由于美日在一些行业存在竞争关系，日本加入TPP后，美日经济受到的促进作用会比较小[①]，这意味着前文所提到的“正向”影响会比较有限；另一方面，由于日本在东亚生产体系中的特殊地位，其加入将进一步密切东亚生产网络同消费市场的关系，贸易转移效应会更加明显，这对我国的“负向”影响较大。模拟结果显示，在场景二中，2013年我国GDP将下降0.27%，2022年则下降0.34%；2013年居民消费与总投资分别下降0.39%与0.38%，2022年分别下降0.39%和0.32%；2013年出口和进口分别下降0.19%和0.19%，2022

① 详见结论“3”叙述。

年分别下降0.25%和0.24%。上述指标降幅均显著大于场景一，而财政收入、劳动力需求、制造业增加值等指标的降幅也有明显扩大。

（三）无论短期或长期，加入TPP的综合收益均小于推动“10+3”

美国主导的TPP使东亚区域合作格局更趋复杂多变，增加了我国推动中日韩自贸区和“中日韩—东盟”自贸区等谈判和实施的难度。就此而言，加入TPP对我国的收益更多是一种“机会”收益，是从政治经济多角度考虑的、相对于其他东亚区域合作方式的一种比较收益。为此，需要通过建立CGE模型[①]对4种“场景”进行一次性关税降至零的模拟分析。它们分别是：中国加入TPP（P11+C）、中国与日本都加入TPP（P12+C）、“中日韩—东盟”自贸区“（10+3）”和中日韩自贸区（CJK）。

主要结论：综合考虑增长、经贸、就业、产业发展等方面，建立“10+3”对经济社会发展的促进作用和对国民福利的提升作用要大于P12+C；而且，这里也仅模拟了降税情况，而一旦加入P12+C还要涉及适应其高标准的问题，实际收益比模拟情况还要小一些。同时，“10+3”将强化东亚生产网络内部主要节点国家的经济联系，可以实现“以经促政”的目的，有利于我国掌握东亚合作的主导权，反观P12+C更多是强化我国与消费市场的经济联系，而中美在政治安全上的博弈和不信任是不会因经济联系更加紧密而消除的。可见，P12+C的促进提升作用虽大于“10+3”，但在政治上于我不利，在东亚经济合作上也不利于中国的地位和影响力进一步提升。

① 该模型为单国CGE模型，详见分报告。

"CJK"的促进提升作用虽相对较小，但却是我国未来深化东亚区域合作、打造中国—东盟自贸区升级版的现实选择和重要抓手。

具体结论如下：

1. 我国经济增长在4个场景中都受到正面影响，幅度由大到小的顺序为P12+C—"10+3"—P11+C—"CJK"

根据国际贸易理论和国际经验，区域自由贸易安排能够产生贸易创造效应，推动缔约国国内生产增加。2013年，随着对P12+C、P11+C、"10+3"、"CJK"[①] 的关税减让，我国经济总量（实际GDP）将分别较基准情形增加3.69%、2.62%、2.99%、2.45%，此后，这种正向促进作用将逐年递增。2013年，在4个场景中我国GDP增速将分别较基准情形提高3.8个、2.7个、3.08个和2.53个百分点；2014年，我国GDP增速的提高幅度均迅速下降到不足0.5个百分点，这是由于2013年关税减让已经完成，此后几年中经济增速回归常态；到2022年，我国GDP增速提升幅度将变得相当有限。考虑到目前国内部分领域尚无法达到TPP标准，如果过早加入，将会带来国内经济较大调整，影响经济稳定运行。因此，其测算的收益可能要打些折扣。

2. P11+C和P12+C导致我国外贸顺差增多，而"10+3"和"CJK"则不明显

模拟结果显示，出口和进口增幅是所有经济变量中最为明显的。2013年，4个场景中出口（实际值）分别增长[②] 24.99%、15.27%、18.75%和14.15%，此后增幅均呈现"先扬后抑"的走势。进口（实际值）增长更加明显，4个场

---

① 若无特殊说明，下文四个场景均按照此顺序排列。

② 若无特殊说明，"增长"均为冲击情形相对于基准情形的变化。

景中冲击情形较基准情形分别增长 52.08%、29.46%、42.65% 和 33.77%，此后增幅均呈逐步扩大的态势，相对而言，P11 + C 对进口的带动作用较小，甚至与“CJK”相仿。美国是我国重要的贸易顺差来源地，而日韩东盟则常年与我国维持着贸易逆差。以美国为核心的 P11 + C 将导致我国顺差增加。数据显示，2013 年 P11 + C 中贸易顺差（美元名义值）将增长 2.98%，在 P12 + C 中顺差增幅为 1.52%，要小于 P11 + C。2013 年，在“10 + 3”和“CJK”中，贸易顺差将分别下降 1.97% 和 2.86%。此外，利用外资规模在 4 个场景中也有不同幅度的增长。

3. “10 + 3”价格增幅小于 P11 + C，居民收入增幅大于 P11 + C，劳动力需求增幅与 P11 + C 基本相仿

通常来说，关税减让将导致进口产品价格下降，对国内物价水平有下拉作用；而自贸区的建立将导致内需扩大和生产扩张，对国内物价水平有上提作用。两种作用相抵，自贸区并不必然导致通货膨胀或通货紧缩。模拟结果显示，4 个场景中 CPI 均有所增长，说明上提作用整体大于下拉作用，而增幅均小于 1 个百分点，说明各个场景均不会带来严重通胀。2013 年，P11 + C 中 CPI 将较基准情况增加 0.32 个百分点，到 2022 年将增加 0.61 个百分点；而 2013 年“10 + 3”中 CPI 增加 0.29 个百分点，2022 年将增加 0.53 个百分点，增幅均小于 P11 + C；主要原因是日本、韩国、东盟是我国重要的零部件和原材料来源地，而美国是我国的重要出口市场，且对我国实行严格的技术出口管制，部分抵消了秘鲁、澳大利亚等国进口产品对我国物价水平的“下拉”作用。此外，P12 + C 的价格涨幅要大于 P11 + C，“CJK”的价格涨幅在 4 个场景中最小。由于经济增长和出口增加，4 个场景中居民收入（名义值）均明显提升；其中，在整个模拟期限，“10 + 3”中农村居民人均纯收入和城镇居民人均可支配收入增幅均大于 10%；而 P11 + C 在最初 3 年则基本小于

10%，此后几年增幅也均小于“10＋3”。在P11＋C和“10＋3”中，劳动力需求增幅相仿，2013年均增长0.53%，2022年则分别增长1.1%和0.97%；两者均小于P12＋C增幅，大于“CJK”增幅。此外，在4个场景中，财政收入均有所增长。综上，“10＋3”价格增幅小于P11＋C，居民收入增幅大于P11＋C，劳动力需求增幅与P11＋C基本相仿，整体上对经济增长质量和效益的提升作用要高于P11＋C。

4.“10＋3”和“CJK”对投资的促进作用大于P11＋C和P12＋C，对居民消费促进作用也大于P11＋C

自贸区建设会影响出口、进口、收入、价格等诸多变量，也将导致消费、投资等内需变量发生变化。2013年，4个模拟场景中总投资（实际值）分别增长1.26%、0.31%、2.13%和2.09%，此后年份基本呈现“先抑后扬”态势。整体上看，“10＋3”和“CJK”对投资的促进作用要大于P11＋C和P12＋C，P11＋C的投资在2016～2020年期间呈现出5年的负增长。其原因在于，P11＋C与P12＋C中包含澳大利亚、秘鲁、智利等我国重要矿产资源来源地，关税减让与国内生产扩张导致来自这些地区矿产资源进口的大幅增加，挤占了国内采矿业市场，导致采矿业投资下降。2013年，4个场景中居民消费（实际值）分别增长8.01%、5.19%、7.23%和6.29%，此后年份增幅稳步扩大。总的看，扩大内需效应是自贸区建设的“附带”效应，是由关税减让引致的而非直接的影响，其幅度比较有限。对比分析4个模拟场景，我们发现，“10＋3”和“CJK”的扩内需力度要大于P11＋C。

5. P11＋C对我国农业和采矿业发展构成一定冲击，“10＋3”对服务业增长促进作用最大，制造业增幅在4个场景中均较明显

日本与韩国的农业受资源禀赋限制，其竞争力较弱，我国农业在一些品种上对日本、韩国和东盟具有比较优势；美国农业发展条件得天独厚，加之政府实施大力度财政补贴，其农业竞争力在全球居于前列。模拟结果显示，2013 年 4 个场景中农业增加值（实际值）分别增长 0.09%、0.03%、0.12% 和 0.13%，由大到小顺序为“CJK”、“10 + 3”、“P12 + C”、“P11 + C”，与各国农业竞争力情况基本相符；此后年份增幅逐渐缩小，由于美国因素的存在，P11 + C 中农业增加值逐步呈现出负增长，到 2022 年分别增长 0.03%、-0.04%、0.06% 和 0.09%。整体上看，农业受到的影响是比较有限的。

日本与韩国的矿产资源匮乏，能矿产品主要依赖进口。东盟的一些国家，如印度尼西亚，在石油等个别矿产品种上拥有丰富的储量；P11 + C 中的部分国家，如澳大利亚、秘鲁、智利则在铁矿石、铜等品种上具有很强的竞争力，是全球重要的供应商。因此，P11 + C 与 P12 + C 中采矿业增加值（实际值）均为负增长，由于日本因素，P12 + C 中采矿业增加值降幅相对较小；2013 年，P11 + C 和 P12 + C 中采矿业增加值分别下降 3.75% 和 3.54%，2022 年则分别下降 5.58% 和 5.33%；2013 年“10 + 3”中采矿业增加值增长 0.23%，2014 年即转为负增长，2022 年降幅达 1.42%。在整个模拟期限，“CJK”采矿业均表现为正增长，增幅由 1.4% 逐步缩小至 0.07%。对于采矿业的模拟结果，我们要有全面的认识，建立自贸区的重要目的之一是为了获得我国经济发展必需的能源资源，但并不必然需要通过 P11 + C 这种以牺牲政治利益为代价的方式来实现；同时我国与秘鲁、智利已经签署了自贸协定，通过双边自贸区建设也可在一定程度上实现保障能源供应安全的战略意图。

由于美国是全球最大的消费品市场，P11 + C 和 P12 + C 中制造业增加值（实际值）增长幅度要大于“10 + 3”和

"CJK"。数据显示，2013 年，4 个场景中制造业增加值分别增加 8.61%、6.13%、5.33% 和 4.1%，此后年份涨幅逐年扩大。可以看出，在各个产业中，制造业增幅最为明显，这与出口增长较多有密切关系，实际上也是由我国在全球产业分工体系中的位置所决定的。

当前，东亚地区已经形成较为完整的生产网络，"10+3"的建立将推动我国制造业与出口明显增长，从而有力地带动生产性服务业发展，在 4 个场景中"10+3"对服务业发展的促进作用最为明显。数据显示，2013 年 4 个场景中服务业增加值（实际值）分别增长 1.77%、1.26%、2.3% 和 1.74%，这符合未来我国产业发展的方向，也有利于加快转变经济发展方式。

（四）短期看 TPP 导致亚太合作格局更趋复杂，长期看则会强化美国所谓的再平衡战略和对我国的围堵与牵制

美国在推进 TPP 上高调说、高调做，目的是为了在政治、军事、经济上重返亚太，以谋求更大的利益。过去十多年来，我国积极推动和参与东亚经济合作，取得了明显成效，而美国的介入则会影响到我国在该地区作用的发挥，制约我国获得东亚区域合作的主导权。目前，TPP 的这种影响已经显现，但更多体现在压力上，实质性的损失还不大。从长期看，一旦 TPP 成功签署，我国面临的不仅仅是经济上的损失，而是东亚经济合作中影响力的削弱。特别是美国与其政治安全盟友关系的进一步巩固和强化，将会恶化我国周边乃至更大范围的地缘环境，甚至可能危及我国长期谋求的和平发展环境。

1. TPP 的推出提升了美国在亚太经济合作中的地位和作用

美国在东亚地区具有重大的政治与经济利益，但近二十年来，无论是政策取向还是实际行动，美国对东亚都重视不够，

这与其 21 世纪以来深陷反恐和伊拉克战争有很大关系。当前，美国借 TPP 争夺东亚合作进程主导权的意图非常明显。东亚合作主要有两个方案处于讨论中，即由中国主导的“10 + 3”和由日本主导的“10 + 6”，美国均未参与进来，一旦任一方案胜出，都意味着美国丧失东亚合作进程的领导权，出现贸易转移效应等福利损失也在所难免。从推进东亚乃至亚太合作的角度看，“10 + 3”和“10 + 6”这两条路线并不存在矛盾。然而，在目前情况下，若 TPP 顺利推进，美国在亚太经济一体化中的地位和作用将明显提升，这将严重削弱我国在亚太经济一体化中的影响力，当然，日本谋求主导权的努力也会付之东流。相对于欧盟，东亚经济一体化进程面临的困难更多，尚未取得实质性进展，为美国参与进来提供了机会和可能。

当然，美国“猛龙过江”试图主导亚太合作还面临诸多制约因素。尽管中日自贸区谈判面临较大困难，但 TPP 客观上导致东亚地区合作意愿增强。目前，中日韩三国已经签订了促进和保护投资的协议，中韩自贸区谈判正在稳步推进，并有望在未来中日韩自贸区谈判中发挥重要的牵引作用。东亚经济一体化具有内生性，这点前文测算也有体现，加强东亚生产网络的“10 + 3”比 TPP 效果要好。因此，TPP 能在多大程度上促进美国谋求主导权还存在不确定性，但对我国的压力确实已经逐步显现。

2. TPP 将强化和拓展美国与其政治安全盟友的关系

从长期看，TPP 的推进，不但会巩固美国与其在亚太地区传统盟国新加坡、澳大利亚等国的经济联系，也会有助于提升美国在亚太区域的政治和军事影响力。在此背景下，美国将在现有的亚洲峰会等亚太政治合作机制中，更多采用适度支持东盟各国以制衡中国的策略，争取逐步建立美—越、美—泰、美—马等政治联盟；通过官方表态、军售和合作军演等方式，适度支持东盟部分国家与我国在海洋权益问题上进一步对抗，从而进一步增强美国在亚太地区的军事影响力。美国这一立场和相关表态，显然不利于解决我国与越南、菲律宾、日本等国在相关问题上的争端。特别需要指出的是，在现行国际法框架下，虽然中国政府对台湾地区以独立关税区的身份加入 TPP 具有足够约束力，但不排除台湾地区可能会通过加入 TPP 作为筹码以在 ECFA 中谋取更多利益，甚至会在国际社会制造“生存空间受到大陆打压”的舆论，从而对两岸关系造成不利影响。

（五）短期内 TPP 导致我国与周边国家关系复杂化，长期看则可能造成周边大国关系的重构

我国与日本、韩国、东盟、俄罗斯等周边国家有着密切的经贸关系，TPP 的出现以及美国重返亚太，为这些国家谋求自身利益最大化提供了一条额外的路径，导致我国处理好与这些国家关系的难度加大。从长期看，美国谋求亚太地区主导权和全球事务主导权，但其国力未必支持，其协调能力有多强也难以确定。随着 TPP 和亚太区域合作发展的演变，周边大国关系可能出现重构，对我国抓住和用好重要战略机遇期存在不确定性影响。

1. 关于 TPP 与中日关系

在 TPP 出现后，日本推进和参与亚太合作有两条比较现实的路径，一是“东向”推进，即积极参与建立中日韩自贸区或“10 + 3”，或其倡导的“10 + 6”；二是“西向”推进，即加入美国主导的 TPP。通过模型[①]测算表明，日本“东向”战略的综合收益好于“西向”战略。模拟结果显示，2013 年在 CJK 和 P12 中，日本 GDP（实际值）分别增长 0.22% 和

① 模型为多国 CGE 模型，详见分报告。

0.05%，2013年分别增长0.1%和0.09%；CJK对日本劳动力需求基本没有影响，而P12将导致日本劳动力需求减少，各年份的降幅处于0.1%～0.2%区间。

主要原因是，在东亚地区日本处于产业链顶端，中国、韩国都要从日本进口高端设备，因此，建成CJK自贸区不会对日本产业竞争力构成严重威胁。20世纪80～90年代，日美爆发贸易战后，日本开始大量向国外转移制造业产能，导致目前国内二元经济结构非常明显，一部分是竞争力极强的高端装备制造业和电子器件产业，另一部分则是外向度很低、竞争力不强、受到高度保护的产业，如农业等。就目前的形势看，日本的汽车、装备、电子等产业与美国存在较强的竞争关系，而农业等产业根本挡不住美国产品的冲击。

如果没有TPP，没有美国重返亚太，中日韩自贸区的前景可能会更好，中日关系也会相对单纯一些。但在当前形势下，日本与中国、韩国、俄罗斯的领土争端都有所升级，外交上搞得“灰头土脸”，实质上都可能与美国的指使或搅局有关，更需要背后有美国的支持，因而在经济上放弃一些利益自然成为其现实的选择。同时，面对我国综合国力的日益提升，日本的焦躁不安日益增多，也希望借美国之力来制衡中国。对日本而言，放弃东亚合作主导权是件痛苦的事情，但同中国合作也是件痛苦的事情；而加入美国主导的TPP，虽然整体经济略微受益，但个别行业蒙受较大损失也是痛苦的事情，这就对处理好中日关系提出了更高要求。

2. 关于TPP与中国东盟关系

随着TPP的推进，加之南海局势波澜起伏，我国与东盟关系日趋复杂化。历史地看，东盟更倾向于与区域性大国单独签署FTA，比如，东盟已与我国、日本分别签署了自贸区协定，以借助大国平衡外交实现自身利益最大化。目前，虽然越南、马来西亚已加入TPP谈判，泰国也向TPP伸出了橄榄枝，但东盟作为一个整体尚未对TPP做出明确表态，这对中国是有利的。下一步，如何利用好“10+1”等合作框架与机制，无论是对于深入实施自由贸易区、打造“10+1”自贸区升级版，还是对于强化周边国家关系、营造良好周边环境，都是一个重大的现实考验。

3. 关于TPP与中俄关系

中俄关系的基本面和前景是好的，然而TPP问世后，中美俄关系似乎变得更加微妙。俄罗斯虽然在经济上很依赖中国，但同样对我国综合国力大幅提升存在警惕，对华军售也总是犹抱琵琶，不愿拿出最好的东西。美国重返亚太后，俄罗斯谋求自身利益最大化的选择增多，在中国、日本、美国之间搞平衡的空间增大，中国太强了就和美国多接触，日本太强了就拿领土说说事，美国太强了就多与中国合作。虽然俄对TPP的表态不甚明朗，但随着事态的发展变化，如果我们需要与俄共同来制衡美国，前者在一些领域向我国提高要价也是可以肯定的。

4. 关于TPP与中印关系

印度是TPP的潜在成员国，加之与我国存在边界、西藏等争端，一直是美国要拉拢的重要对象。就印度自身而言，其冷战期间就奉行“左右逢源”的取向，加之美国、日本能花多大成本也存在不确定性，短期内会更多注重自身的利益诉求，单方面倒向美日的概率并不大。但也要清醒地认识到，没有天上掉馅饼的好事，这一过程不会自动实现。在当前形势下，由于TPP、钓鱼岛、南海等问题不断升温，我国在东向、南向两个战略上面临着越来越大的政治与安全压力；如果在西向这个战略上再出现问题，压力就更大了。如何综合运用各种措施稳定西线，也将是对我们智慧与勇气的一个现实考验。

四、战略思路与战略对策

TPP 覆盖范围广、标准高，谈判进程存在不确定性，涉及内容虽以经济为主，但对其进程的影响因素则涉及政治、外交、军事等多个领域。对美国而言，亚洲是其战略利益的核心区域之一，实施重返亚太战略，除了在政治、军事上占据主导地位外，同样也要在经济上谋求主导地位。而 TPP 正是这样一个“跳板”或“楔子”，美国借此不但可以阻碍亚洲迅速形成统一的贸易集团，稀释中国、日本等亚洲大国的区域影响力，而且能够使其避免被排除在亚洲尤其在东亚区域经济合作之外，并全面介入东亚区域一体化进程，重塑和主导亚太区域经济整合进程，更好地维护美国在亚太地区的现实经济利益和长远战略利益。

对于我国来说，TPP 的影响既是复杂而现实的，又是动态而多元的。短期内 TPP 起到的更多是干扰和搅局的作用，负面影响相对有限，但从长远看给我国带来的综合影响却是不可低估的。当前和今后一个时期，面对 TPP 短期的负面影响和长期的严峻挑战，我们要立足当前、着眼长远，从全局和战略的高度统筹谋划，及早制定应对预案，准确判断形势发展变化，全面把握机遇，沉着应对挑战，积极推动不利因素向有利因素转化，务实谋求我国在东亚政治经济合作中的主导权，努力营造一个于我有利的区域合作新格局，为我国科学发展、和平发展创造更加有利的外部环境。

（一）战略思路

1. 辩证说，择机做

如果对 TPP 置之不理，并不符合我国经济利益，甚至有可能在国际上落一个阻碍东亚合作的坏名声。如果对TPP表态过于积极，则可能会向周边国家传递错误信号，导致中日韩、“10+3”等自贸区谈判的前景更加暗淡，我国寻求东亚合作主导权的努力将前功尽弃。因此，必须要坚持辩证说，即一方面强调深化亚太合作有利于世界经济复苏和维护地区安全，我们并不反对TPP；另一方面则强调TPP在自由贸易、知识产权、劳工、环境等问题上有失公允，特别是对广大发展中国家不利，我们并不完全赞成。而择机做的关键在于，把握好应对TPP的时机，必须密切关注TPP的谈判动向和主要影响因素。如果我国在日本或东盟整体加入前进行谈判，不但相关领域难以达到TPP要求，甚至面临通盘接受所有TPP条款并做出重大让步的风险。我国可在日本和东盟开始参加谈判后考虑加入，这样一方面能为国内相关领域的调整赢得时间，另一方面能够在农产品开放等问题上拥有更多的盟友，届时谈判过程也不至于太被动，甚至有可能扭转TPP条款主要对美国有利的局面。

2. 统筹兼顾，分而治之

在亚太地区错综复杂的一体化机制安排的现实背景下，TPP成员的扩容速度是决定其影响力的关键。由于亚太地区各国经济发展不平衡，各国经济开放程度不同，短期内TPP的扩容存在较大不确定性。现阶段，我们既要加强与TPP成员国的交流与对话，也要加强与TPP潜在成员国的合作与沟通。对于TPP潜在成员国而言，应根据其发展水平、开放程度以及对我国市场的依赖程度等划分出不同梯队，有针对性地加强沟通和协调，深入了解不同梯队国家的利益诉求和合作需求，努力创造条件以强化相互间合作。在美国重返亚太的背景下，积极营造与我有利的周边政治经济合作格局，应采取“东拉、南拓、西稳、北进”的策略。“东拉”即拉住日本与韩国，若日本与韩国都加入TPP谈判，则意味着美国已经掌控东亚政治经济合作的主导权，这对我国显然十分不利。因此，核心任务就是务实推进中日韩自贸区建设，要在具体条款上体现各方利益诉求和我国的包容精神，在时间上力争赶在TPP达成协议之前，为建立“10+3”奠定基础。目前，我国与日本虽然在钓鱼岛主权归属问题上存在严重分歧，双边关系降至历史低点，这大大增加了实施“东拉”策略的难度，但从长远看，我们仍须坚持这一策略，可通过推动中韩自贸区协定早日签署和大国政治外交等途径来不断给日本施压，迫使其尽快回归到正常的轨道。“南拓”即拓宽深化与东盟的经济合作，巩固和提升与台港澳的经济合作；要利用“10+1”等合作框架与机制，把各个领域的功能性合作做实做深，让东盟国家享受到更多的合作收益；科学设计“10+3”条款内容，倡导符合发展中国家利益的FTA；强化与台港澳经济合作，不断丰富拓展ECFA、CEPA内容，树立良好的示范效应。“西稳”即稳定与印度关系，一方面要按照以经促政的思路，进一步推动中印在能源、基础设施等重点领域加强合作；另一方面，也要采用胡萝卜加大棒政策，在印度入常等问题上要坚决顶住，并着力巩固和深化与巴基斯坦的合作。“北进”即进一步强化与俄罗斯的全方位合作关系，共同应对美国重返亚太对我形成的政治、经济和安全压力。

3. 谨慎施策，顺势而为

从一定意义上讲，TPP是与东亚区域一体化相抗衡而逐步发展起来的，但其谈判进程并非一帆风顺，也不会一蹴而就。由于成员国和潜在成员国经济发展的不均衡、经济开放程度的差异、协议条款的严格约束性，使得各方均需要反复权衡TPP与其他合作机制带来的利益差异影响，这就意味着TPP成员国的扩张不会太快，对已有的区域合作机制也不会造成重大冲击，同时也为我国继续推进深化相关区域合作机制争取了时间。为了消除或缓解TPP带来的冲击，我们应谨慎施策，多措并举，积极主动地推动全球区域性合作特别是亚太区域性合作，这也是我们应对TPP的一个重要抓手。

与此同时，要密切跟踪研究TPP谈判进展，根据世界经济形势和国际格局的发展变化，在权衡自身综合利益以后，应做好参与TPP相关谈判的准备。需要指出的是，我国是否加入TPP，需要综合考虑一些关键性的因素，如中日韩自贸区和"10 +3"及WTO多哈回合谈判进展情况等。

4. 未雨绸缪，强化内功

应该说，TPP对我国谋求亚太区域合作主导权已构成了现实的影响和潜在的威胁，也在一定程度上对我国经济发展形成一种倒逼效应。现阶段，与其盲目应对谈判，不如抓紧研制相关应对预案，着力强化内功，进一步提升我国政治经济实力和国际竞争力，这是我们应对TPP的根本之道。一方面，要密切关注TPP的发展动态和各种国际影响因素，深入分析TPP对我国可能带来的各种影响，抓紧从战略层面着手研制科学可行的应对预案。事实上，亚太区域整合需要主导力量的推动，对于美国在亚太地区的巨大影响力我们无法与之抗衡，况且TPP本身代表了未来贸易投资自由化的发展趋势，不论其未来进展如何，多双边贸易壁垒下降将是大势所趋。现阶段，可考虑将TPP当作亚太区域经济整合的重要契机，抓紧围绕敏感产品和行业开放以及环境、劳工、政府采购等条款提前做好应对预案，同时对台湾是否要求加入TPP保持足够的警觉。另一方面，要认真做好自己的事情，加快优化完善市场经济环境，切实建设好中国上海自由贸易试验区，为全面深化改革和扩大开放探索新途径、积累新经验。否则，一旦TPP建成，再寻求加入，不但高标准、广覆盖问题无法回避，而且谈判也会变得更加困难。

（二）战略对策

1. 积极构建以我国为主、对我有利的亚太区域合作格局

（1）明确我国多边区域合作路线。我国自贸区战略大体可分为东亚路线和亚太路线。通过贸易依赖程度分析，东盟国家、日本、韩国与我国存在较为对称的相互依赖，并建立了较为紧密的基于各自比较优势的分工关系，如果形成一体化机制安排，将会进一步降低交易成本，贸易创造效应更加明显，贸易转移效应相对较小，东亚路线对成员国的正溢出效应是比较大的。而包括美国、澳大利亚、新西兰等国在内的亚太国家，其相互间贸易依赖程度相对较低，呈现出非对称特征，即便一体化机制安排形成后，相关贸易创造效应也较为有限，贸易转移效应较大，亚太路线对成员国的正溢出效应比较小。可见，即便不考虑主导权这一问题，仅从一体化收益方面考虑，我国也应首选东亚路线。目前，东亚路线主要有三种机制："10+3"、中日韩自由贸易区和区域全面经济伙伴关系协议（RCEP）；而亚太路线主要有两种机制，即 APEC（FTAAP）和 TPP。综合考虑经济依赖关系、主导地位竞争关系以及我国发展水平等，按照"先东亚后亚太、先谋求战略主导后权衡经济利益、先低标准后高标准"的原则，我多边自由贸易区的优选次序是："10+1"→中日韩→"10+3"→"10+6"（RCEP）→APEC（FTAAP）→TPP，显然，目前我国加强与日韩的区域合作并巩固与东盟的合作关系乃当务之急。为此，我们要坚持以周边为基础加快实施自由贸易区战略，着力打造中国—东盟自贸区升级版，进一步提升区内贸易投资自由化便利化水平；积极推进中韩、中日韩、RCEP 自贸区协定谈判。

（2）积极推进与 TPP 成员自由贸易区谈判。目前，在TPP

的12个成员国中，已与我国签署双边FTA的有新西兰、智利、新加坡和秘鲁等四个国家，曾有过谈判的有澳大利亚（暂中断）。另外，文莱、马来西亚、越南和我国都是中国—东盟自贸区（CAFTA）成员。而美国、加拿大、墨西哥尚未与我国谈判过双边贸易协定。加入TPP如同“入世”一样，需要与每个成员国进行双边谈判，这就需要早做准备。一是重新开始与澳大利亚进行双边谈判，争取早日签约。二是尽早与加拿大商谈双边FTA。这两个国家都是TPP中的发达成员，与其达成双边FTA，将有利我国应对TPP。三是可考虑与文莱、马来西亚、越南在CAFTA基础上再签署更优惠的双边FTA（称之为CAFTA+）。这样做，既可以练兵，又可以为今后提升CAFTA的自由化水平做准备。四是积极推动签署中美双边投资协定。中美双方已就此谈判接触了多年，在没有双边FTA情况下，签署该协定意义重大。五是积极推动中墨双边FTA谈判。墨西哥是区域经济合作的积极参与者，也是拉美地区除了智利之外的轴心国之一，并且与日本已签署区域贸易协定。进一步深化中墨经贸合作，也有利于我国应对TPP。

（3）参照TPP有重点、有针对性地拓展我国参与相关自由贸易协定的内容。比如，知识产权、劳工、环境、电子商务、临时入境等，目前这些内容已是国际经济合作中面临的重要问题，我们对此不能回避，也不应回避，而是应加强对相关问题的研究。

2. 妥善处理与主要大国的关系

当前和今后一个时期，在继续巩固和加强与广大发展中国家和新兴经济体交流与合作的同时，要更加注重妥善处理好与主要大国的关系。

（1）妥善处理好中美日三角关系。中美日关系是影响亚太格局最重要的大国关系。目前，这种三角关系正在加速调整和演化。对于中国，美国已经取代日本成为中国第一大贸易伙伴；对于美国，中国已经取代日本成为其最大逆差来源国，并且持有其巨额的国债；对于日本，中国取代美国成为其最大的出口国，也取代日本作为东亚经济的主要动力和支撑力量。这种经济关系的调整相应引发了几个大国关系的调整。而美国重返亚太，也正是对世界经济格局中的这种大国地位变化和大国关系调整的迅速反应。在这个三角关系中，中国和日本是战略对抗多于战略合作，而与美国应该是战略合作多于战略竞争。从某种意义上讲，美日关系也不是“铁板一块”，中国最大的优势在于经济优势，美国对中国并非完全是战略遏制。因为美国已深刻地认识到，美国必须抛弃价值观的偏见来容纳正在崛起的中国，当然这需要有一个比较痛苦的磨合期，这也是美国回避与中国正面冲突的原因。在今后相当一段时期内，我国应努力形成中美关系强于中日关系的格局。继续深化与美国双边合作，使中美经济关系稳定发展，进一步提升双方战略利益的依赖性和互补性，实现以经促政，促进共同发展，逐步推动形成你中有我、我中有你的良性互动局面。此外，针对中美两国在全球和亚太地区的热点问题，也要继续加强与美战略与经济对话，以找到双方合作的切入点和利益交汇点，特别是要注重加强与美国战略性新兴产业的合作。

（2）积极利用好中美欧三角关系。目前，虽然美国与欧盟已经决定开展跨大西洋贸易与投资伙伴协议（TTIP）谈判，但美国重返亚太对欧洲具有排他性影响。众所周知，欧洲和美国在国际舞台上是综合实力最接近的两大经济体，在中国与美、欧力量对比悬殊且存在一定竞争的情况下，中国可以利用这一点，积极开展与欧洲国家特别是与欧盟成员国的对话与合作。除加强产业领域的合作之外，还要积极探索与欧盟开展自由贸易区谈判的可能性，进一步拓展中国 FTA 的战略空间，可以就TPP涉及的边境后壁垒与欧洲国家展开磋商与合作，并在多边场合下支持欧洲立场，不断拓宽相互合作领域，以寻求对美的制衡。

（3）正确处理好中美俄三角关系。俄罗斯与中国虽同属金砖国家，在全球性问题上有很多共同立场，但中国作为新兴崛起的大国，与俄罗斯也存在竞争合作的关系。总体而言，中俄不存在明显的战略对抗，加强与俄罗斯合作应是我周边外交的优先方向。在美对俄实行战略挤压的情况下，中国应加强与俄罗斯的合作，着力夯实中俄政治安全合作基础，坚持把中俄经贸合作放在发展两国关系的重要位置，不断深化两国在能源安全、气候变化和国际金融体系改革等领域的务实合作，从战略上实行联俄制美。

3. 在深入研究基础上视事态变化决定加入与否

我国外交的战略目标是建立公平合理的国际新秩序，而非对抗美国。加入或不加入 TPP 只是一种手段，是为这一战略目标服务的。在综合评估各种因素和权衡各种利弊的基础上，可视具体事态的发展决定我国是否加入。

（1）应当明确中美之间并非只是遏制和反遏制的关系，美国的对外经济政策目标是多元的，包括维护其在全球的霸权地位、推行其核心价值理念、保证本国的经济利益等。为实现这些目标，美国可能会实施遏制中国的战略，也可能采取与中国合作的战略。但无论其动机如何，都不能以美国主导 TPP 为由来抵制参与 TPP。

（2）TPP 代表了更开放的贸易投资规则，更高的知识产权保护、环境和劳工标准，这些实际上都是经济全球化的大趋势。若不考虑地缘政治经济因素等，加入 TPP 对我国也是有积极意义的，并非都是不利影响。更重要的是，一旦东亚合作被亚太合作所替代，如果我国坚持不参与，势必会造很大的负面影响。

（3）虽然TPP的劳工、环境、知识产权等条款与我国相关法律法规冲突不大，但加入TPP后国内政策将易受美国的限制。

因此，在东亚合作和亚太区域合作走向尚不明朗之前，短期内我国可采取不加入的策略。若美国邀请我国加入，可以先采取列席或者观察员的方式参与其中，等到时机成熟时再全面介入。不过，从目前的形势看，美国近期邀请我国加入的可能性并不大，可见美国有其更长远、更深层的战略考虑。如果中日韩自贸区和“10+3”谈判进展不顺利，WTO多哈回合谈判继续搁浅，日本、韩国和东盟国家相继加入，台湾地区要求加入TPP的舆论压力也越来越大，而TPP谈判进展十分顺利，在此情况下，我国应果断宣布加入TPP。下一步，我国在继续做实做深东亚合作的同时，要辩证地看待TPP，切实统筹好FTA和TPP的关系，认真做好应对和加入TPP的相关工作，力争将参与TPP谈判作为我国推动亚太区域整合的重要契机。

4. 为适应未来国际高标准、新规则抓紧做准备

（1）保持经济持续健康发展，不断提升综合国力、国际竞争力和国际影响力，努力推动经济发展再上新台阶。这是“东拉、南拓、西稳、北进”的基石，也是我国积极参与全球经济治理的重要前提。特别是，随着我国劳动力、土地等要素成本的刚性上涨，加之外需持续低迷，这一目标任务仍相当艰巨繁重。

（2）以科学发展为主题，以加快转变经济发展方式为主线，大力推进经济结构调整和产业转型升级，不断增强经济发展后劲。要积极参与全球经济治理，广泛开展对外宣传，强调中国正着力优化调整自身经济结构，愿意与国际社会一道共同解决资源环境、气候变化等全球性难题，中国经济的持续健康发展将有利于周边国家经济乃至世界经济持续复苏和稳定增长。

（3）构建一个公平有序、充满活力的市场环境，不断增强体制优势和自身软实力。要坚持不懈地全面深化改革开放，充分发挥市场在资源配置中的决定性作用，着力消除制约科学发展的体制机制障碍，加快完善政府采购、劳工、环境、知识产权保护等相关政策措施，使各方面制度更加成熟更加定型，为我国经济长期发展提供强大动力和制度保障。

附表

表 1－1　TPP 谈判主要议题

时间/地点	议　　题
第一轮 2010 年 3 月 15 日 ~19 日， 澳大利亚（墨尔本）	自由贸易、非关税贸易壁垒、电子商务、劳工标准和知识产权等
第二轮 2010 年 6 月 14 日 ~18 日， 美国（洛杉矶）	技术性贸易壁垒、市场准入机制、法律制度协调、跨境贸易服务、知识产权、原产地规则和跨国投资及环境问题
第三轮 2010 年 10 月 4 ~9 日， 文莱	工农业品和纺织品的贸易、服务投资、金融服务、政府采购、知识产权、竞争规则、劳工和环境、中小企业的发展
第四轮 2010 年 12 月 6 ~10 日， 新西兰（奥克兰）	引导中小企业利用好本协定、深化美国公司在亚太地区生产供给链中的联系和参与性，加强成员国监管制度的融合
第五轮 2011 年 2 月 14 ~18 日， 智利（圣地亚哥）	商品关税削减、原产地规则、将在第四轮谈判中增加的新议题纳入到协定当中
第六轮 2011 年 3 月 24 日 ~4 月 1 日， 新加坡	制定贸易和投资领域的法律章程、工业品贸易、动植物检疫标准、特定产品原产地规则、市场监管和中小企业发展

续表 1-1

时间/地点	议题
第七轮 2011 年 6 月 15 日～24 日， 越南（胡志明市）	通信、原产地规则、金融服务、知识产权、环境和法律制度、贸易技术壁垒、政府监管、竞争和市场准入
第八轮 2011 年 9 月 6 日～15 日， 美国（芝加哥）	产品市场准入、暂时性进入、知识产权、法律法规、贸易的技术壁垒和能力建设
第九轮 2011 年 10 月 22～29 日， 秘鲁（利马）	服务贸易、原产地规则、法律章程和投资
第十轮 2011 年 12 月 5 日～9 日， 马来西亚（吉隆坡）	服务贸易、投资、知识产权、原产地规则和产品的市场准入
第十一轮 2012 年 3 月 2 日～9 日， 澳大利亚（墨尔本）	金融服务、卫生与农作物检疫措施、法律章程、原产地规则、环境、通信、竞争、不一致措施、政府采购和知识产权
第十二轮 2012 年 5 月 8—18 日， 美国（达拉斯）	市场准入、原产地规则、环境、金融服务、法律章程、卫生与农作物检疫措施和政府采购
第十三轮 2012 年 7 月 2～10 日， 美国（圣地亚哥）	服务贸易、海关程序、竞争、动植物检疫合作与培训等取得进展，相关部分已进入技术谈判最后阶段。知识产权、金融服务、国有企业、环境保护等复杂和敏感问题进行商谈
第十四轮 2012 年 9 月 6～15 日， 美国（利斯堡）	海关、跨境服务、政府采购、电信、竞争政策、中小企业、竞争力与商业便利化、合作与能力建设等。在原产地规则、投资、金融服务和暂时转入方面取得进展
第十五轮 2012 年 12 月 3～12 日， 新西兰（奥克兰）	就知识产权、跨境服务贸易等内容深入磋商，并一致认为将进一步致力于降低关税和解决区域贸易壁垒等问题

续表 1－1

时间/地点	议　　题
第十六轮 2013 年 3 月 4～13 日， 新加坡	监管一致性、电信、关税和开发等议题的工作小组已经取得了很好进展。而服务、电子商务、动植物卫生检疫措施、技术性贸易壁垒和政府采购还需要展开认真谈判
第十七轮 2013 年 5 月 15～24 日， 秘鲁（利马）	谈判在服务、政府采购、动植物卫生检验检疫、贸易救济、劳工权益和争端解决方面取得很大进展，在技术性贸易壁垒、电子商务、原产地、投资、金融服务、知识产权、透明度、竞争、环境的法律文本方面作出很大努力
第十八轮 2013 年 7 月 15～24 日， 马来西亚（哥打基纳巴卢）	就投资、市场准入、电子商务、环境、政府采购等多个议题展开磋商
第十九轮 2013 年 8 月 19～24 日， 文莱	TPP 谈判在取消农产品关税等领域的工作级别磋商受阻

资料来源：美国贸易代表办公室。

表 1－2　TPP 成员国地理分布以及美国和中国签订自由贸易协定情况

地　区	TPP 成员国	是否发达国家①	是否与美国签订 FTA	是否与中国签订 FTA
东亚	新加坡	是	是	是
	马来西亚	否	否	否
	文莱	是	否	否
	越南	否	否	否
大洋洲	澳大利亚	是	是	谈判中断
	新西兰	是	否	是
南美洲	智利	否	是	是
	秘鲁	否	是	是
	墨西哥	否	是	否

续表 1 -2

地　区	TPP 成员国	是否发达国家①	是否与美国签订 FTA	是否与中国签订 FTA
北美洲	美国	是	—	否
	加拿大	是	是	否
总计	11	6	6	4

资料来源：笔者根据相关网站资料整理。
①根据联合国开发计划署 UNDP 定义。
②美国与其自身无签订 FTA，故以“—”表示空缺值。

表 1 -3　APEC 成员基本情况

项目	成员	GDP（10亿美元）	人口（百万）	人均 GDP（PPP）	实际 GDP 增长率
TPP 国家	澳大利亚	1237	22. 2	39764	2. 68
	文莱	12	0. 4	48333	2. 6
	智利	203	17. 2	15040	5. 19
	马来西亚	238	28. 3	14744	7. 19
	新西兰	141	4. 4	27130	1. 66
	秘鲁	154	29. 6	9358	8. 79
	新加坡	223	5. 2	56694	14. 47
	越南	104	88. 3	3143	6. 78
	美国	14527	310. 0	46860	3. 03
	加拿大	1577	34. 1	39171	3. 22
	墨西哥	1034	108. 6	14406	5. 42
潜在 TPP 国家	日本	5459	127. 6	33885	3. 96
	泰国	319	63. 9	9221	7. 78
	韩国	1014	48. 9	29997	6. 16
	菲律宾	200	94	3920	7. 63
其他 APEC	中国	5878	1341. 4	7544	10. 33
	香港地区	224	7. 1	45944	6. 97
	印度尼西亚	707	237. 6	4347	6. 11
	巴布亚新几内亚	10	6. 5	2307	7. 03

续表 1－3

项目	成员	GDP（10亿美元）	人口（百万）	人均 GDP（PPP）	实际 GDP 增长率
	俄罗斯	1480	142.9	15612	4.00
	中国台湾	430	23.2	35604	10.88
	合计	10262	1965.5		
APEC		35171	2741.4		

资料来源：IMF 世界经济展望 2011 年 9 月，2010 年数据。

表 1－4　主要国家（地区）贸易 FTA 利用情况　　单位:%

国家和地区		FTA 利用率			FTA 已生效国家或地区（出口＋进口）		
		出口＋进口	出口	进口	1	2	3
日本		18.6	19.1	18.2	东盟（14.8）	印度（1.1）	瑞士（1.0）
美国		38.8	45.3	34.4	北美自贸区（28.7）	韩国（2.7）	DR－CAFTA（1.6）
加拿大		67.1	76	58.7	北美自贸区（65.0）	欧洲自贸区（1.3）	秘鲁（0.6）
墨西哥		81.4	92.1	70.7	北美自贸区（67.0）	欧盟（8.1）	日本（2.7）
智利		91.2	89.8	93	中国（19.8）	欧盟（16.5）	美国（15.5）
秘鲁		75.6	75	76.3	中国（15.9）	美国（15.8）	CAN（8.5）
欧盟	总贸易	73.8	72.8	74.9	欧盟（64.1）	瑞士（2.5）	EEA（1.6）
	对外贸易	26.4	29.6	23.6	瑞士（6.6）	EEA（4.2）	土耳其（3.7）
韩国		34	36.5	31.5	东盟（11.6）	欧盟（9.6）	美国（9.3）
中国		16.2	12.3	20.5	东盟（10.0）	台湾（4.4）	智利（0.9）
印度		17.9	21.6	15.4	东盟（9.9）	韩国（2.2）	日本（2.2）
新加坡		62.7	63.6	62.2	东盟（23.0）	中国（10.3）	美国（9.0）
东盟		60	59.2	60.8	东盟（24.7）	中国（13.7）	日本（10.4）
澳大利亚		26	18.2	35	东盟（14.0）	美国（7.2）	新西兰（3.1）
新西兰		47	47.7	46.3	澳大利亚（18.8）	中国（14.3）	东盟（11.8）

表 1 -5　TPP 与亚太区几大自由贸易协定内容

项目	中国——智利自贸区	中国—东盟自由贸易协定	日本—东盟自由贸易协定	韩国—美国	TPSEP	TPP（推测）
商品贸易（关税减让）	97%完全减免	90%以上完全减免（不同国家有差异）	90%以上完全减免（不同国家有差异）	97%以上完全减免（较长的过渡期）	接近 100% 减免关税	接近 100% 减免关税
服务贸易	准入后国民待遇；准入环节为“水平承诺+部门承诺”	准入后国民待遇；准入环节为“水平承诺+部门承诺”	准入后国民待遇；准入环节为“水平承诺+部门承诺”	准入后国民待遇；准入国民待遇+例外清单	准入后国民待遇；准入国民待遇+例外清单	准入后国民待遇；准入国民待遇+例外清单
投资	准入后国民待遇；限制对投资企业国有化；保障企业利润汇回母国	准入后国民待遇；限制对投资企业国有化；保障企业利润汇回母国	简单提及	准入后国民待遇；限制对投资企业国有化；保障企业利润汇回母国	简单提及	准入后国民待遇；限制对投资企业国有化；保障企业利润汇回母国；公平、透明和反应迅速的争端解决机制

续表 1－5

项目	中国——智利自贸区	中国—东盟自由贸易协定	日本—东盟自由贸易协定	韩国—美国	TPSEP	TPP（推测）
知识产权	主要基于 TRIPS 协议	主要基于 TRIPS 协议	简单提及	有，除 TRIPS 协议外，要求双方加入多项国际知识产权条约；在域名、商标、专利和医药产品纺织等领域都高于 TRIPS 协议	以 TRIPS 协议为基础，鼓励成员国加入其他知识产权条约	明显高于 TRIPS 协议
其他非传统领域	简单提及电子商务、自然人流动和环境；不涉及通信、劳工和政府采购等领域	不涉及通信、劳工、政府采购；简单提及电子商务、环境和自然人流动	不涉及通信、电子商务、政府采购；简单提及环境、劳工、自然流动	简单提及自然人流动，其他均有专门章节加以严格规定	不涉及通信、劳工、环境，简单提及电子商务，重视自然人流动和政府采购	将通信、劳工、环境、电子商务、自然人流动和政府采购均作为关注重点

表 1－6　日中韩 FTA 现状

国家和地区		日本	出口/进口份额	韩国	出口/进口份额	中国	出口/进口份额
亚太	东盟	生效	14.8	生效	11.6	生效	10.0
	新加坡	生效	2.1	生效	2.8	生效	1.7
	马来西亚	生效	2.9	生效（东盟内部）	1.6	生效（东盟内部）	2.5
	泰国	生效	3.7	生效（东盟内部）	1.3	生效（东盟内部）	1.8
	印度尼西亚	生效	3.1	生效（东盟内部）	2.9	生效（东盟内部）	1.7
	文莱	生效	0.4	生效（东盟内部）	0.2	生效（东盟内部）	0.0
	菲律宾	生效	1.2	生效（东盟内部）	1.0	生效（东盟内部）	0.9
	越南	生效	1.3	生效（东盟内部）	1.7	生效（东盟内部）	1.1
	印度	生效	1.1	生效	1.9	APTA 成员	2.0
亚太	澳大利亚	商谈中	4.5	商谈中	3.2	谈判中断	3.2
	新西兰	—	0.3	商谈中	0.2	生效	0.2
	蒙古国	商谈中	0.0	—	0.0	—	0.2
	日本	—	—	谈判中断	10.0	—	9.4
	中国	—	20.6	谈判中	20.4	—	—
	韩国	谈判中	6.3	—	—	商谈中	6.7
	日中韩	2013 年初启动首轮谈判	26.9	2013 年初启动首轮谈判	30.4	2013 年初启动首轮谈判	16.1
	台湾	—	4.4	—	3.0	生效	4.4
	巴基斯坦	—	0.1	—	0.1	生效	0.3

续表 1－6

国家和地区		日本	出口/进口份额	韩国	出口/进口份额	中国	出口/进口份额
北美/中南美	美国	—	11.9	生效	9.3	—	12.2
	加拿大	同意启动谈判	1.3	商谈中	1.1	—	1.3
	墨西哥	生效	0.9	商谈中	1.1	—	0.9
	智利	生效	0.7	生效	0.7	生效	0.9
	秘鲁	生效	0.2	生效	0.3	生效	0.3
	哥伦比亚	联合研究	0.1	结束谈判	0.2	联合研究	0.2
	哥斯达黎加	—	0.1	—	0.1	生效	0.1
	欧盟	完成初步谈判	10.5	临时生效	9.6	—	15.6
	欧盟内部 FTA	—	1.3	生效	0.7	—	0.6
欧洲	瑞典	生效	1.0	生效（EFTA）	0.3	谈判中	0.4
欧洲	挪威	—	0.2	生效（EFTA）	0.3	谈判中	0.2
	冰岛	—	0.0	生效（EFTA）	0	谈判中	0.0
其他	土耳其	—	0.2	谈判中	0.5	—	0.5
	TPP	商谈加入成员	26.4（18.0）	—	22.2（5.6）	—	24.3（17.6）
	GCC	谈判中	9.7	谈判中	10.4	谈判中	3.7
FTA 规模		生效总数占比	18.6	生效总数占比	34.0	生效总数占比	16.2

资料来源：各国有关政府部门官方网站。

表 1-7　亚太主要多边大型自由贸易区

类别	主要 FTA	人口占世界的比重	GDP 占世界的比重	区内贸易占比
东亚路线	10+3	31.1	23.6	38.7
	中日韩	22.2	20.5	21.3
	10+6（RCEP）	49.1	28.4	44.2
亚太路线	APEC（FTAAP）	40.3	56.0	65.7
	TPP（P11）	9.6	29.8	39.0

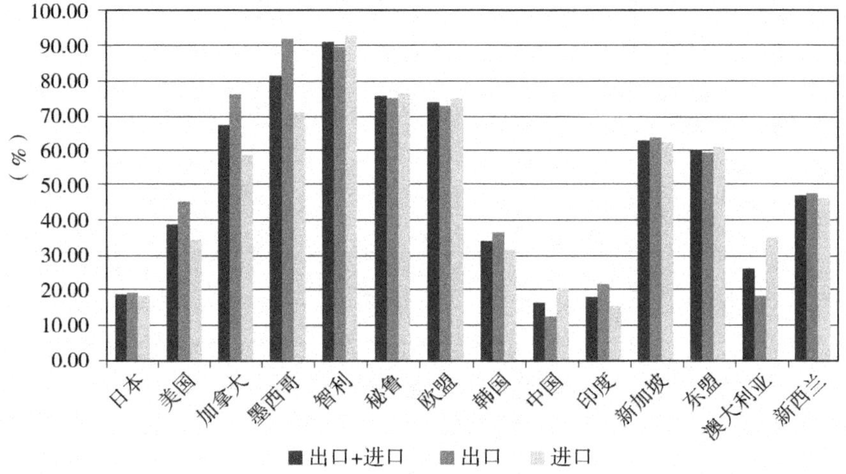

图 1-1　中国与主要对比国 FTA 利用率

专题报告一

TPP 协议的内容、特点及发展趋势研究①

内容提要：

比较分析的结果表明，TPP 在深度、广度上确实要高于亚太区现有的绝大多数自由贸易协定，但 TPP 实际上是先进理念、美国国家利益和美国利益集团利益的混合物，不足以成为 21 世纪自由贸易协定的先进标准。从未来发展趋势看，2014 年 TPP 有望签署正式文本，其条款将高于 WTO 水平，主要表现在知识产权领域实施 TRIPS - PLUS 协议、要求成员国遵守国际劳工组织原则、高水平的关税减让幅度等方面。

关键词： TPP 对外经济政策 TRIPS 协议国际劳工组织

① 报告执笔人：李大伟。

一、TPP的内容

（一）TPP发展简介

TPP协议正式起源于2002年APEC墨西哥会议，会上由新加坡、智利和新西兰共同签署的“太平洋三国经济紧密化协定”（简称P3-CEP），2005年5月28日，文莱正式加入后，该协定改称“环太平洋战略经济伙伴关系协定”（简称TPSEP）。2006年5月1日，TPSEP正式对新加坡和新西兰生效；2006年11月8日对智利生效；2009年7月1日对文莱生效。2008年，奥巴马总统上台后美国高调宣称将加入该谈判，并提出要将该协议的领域由贸易、投资等传统经贸合作领域扩大到电子商务、劳工标准等新领域，并积极推动环太平洋各经济体加入谈判。从此，在美国主导下，TPSEP得到了迅速的发展，并于2009年底正式更名为“环太平洋伙伴关系协定”（简称TPP）。整体上，亚太各国响应较为积极，越南、澳大利亚、秘鲁、马来西亚四国迅速加入TPP谈判，日本也表示将正式加入谈判，中国台湾、菲律宾、加拿大等国家和地区也在不同场合下表示了对加入该协定的兴趣。因此，TPP发展非常迅速，其参与国数量不断增加，由最初的P4迅速扩展到P8，随后扩展到P9。2011年11月12日，TPP框架协议正式公布，表明各成员国已经就TPP的基本纲领达成一致意见。2012年6月，加拿大、墨西哥正式加入TPP谈判，随即TPP扩展到P11。2013年7月23日，日本官方正式加入TPP谈判。目前TPP谈判仍在进行之中，各成员国已举办了18个回合的谈判和3次部长级以上的领导人谈判，取得了一定的进展。然而，TPP的进度要慢于美国及其他成员国最初的预期，美国在2012

年初曾声称有望在2012年底之前出台正式的法律文本，2013年年初又称在2013年年底之前出台正式的法律文本，但截至2014年1月底，正式的法律文本仍未出台。

（二）TPP协议的内容

TPP协议尚未正式签署，目前尚无内容细节。学术界基本上将2011年11月12日签署的《TPP框架协议》作为分析TPP内容的基础。该文件是一个意向性的文件，给出了TPP关注的若干重大问题及基本原则，但并未给出各问题的具体内容。根据框架协议，TPP的主要内容如下：

1. 大面积的关税减让

框架协议要求各成员国原则上不得设置任何关税壁垒和非关税壁垒，这意味着各参与谈判国必须将关税完全降低至零。

2. 为区域内市场竞争创造良好的外部环境

协议相关文本指出，TPP将致力于为各成员国企业提供一个竞争性的商业环境，形成并完善一套规范的促进竞争的法律法规，并保证法律法规的公平和透明，大力支持保护消费者利益，促进企业间技术合作。

3. 能力构建

目前TPP各成员国一致认为，为使得各成员国都能从TPP中获益，TPP必须将各成员国，特别是发展中国家的能力建设（Capacity building）作为协议的重点。TPP将设置相关条款以帮助这些国家达到TPP的相关标准，使之能从协定中充分受益。

4. 跨境服务

TPP成员国将致力于推动服务贸易市场的开放、公平和透明，支持服务贸易的信息化建设，并在保证政府在公共服务领域的管理权的前提下，对中小企业的跨境服务提供大力支持。

5. 海关管理和贸易便利化

TPP成员国一致认为，建设一个透明、高效、有利贸易便利化的海关体系，将有利于全球产业链在各成员国之间的优化配置，并将严格要求各国海关的相关官员严格执行相应的海关法律法规，以保证海关管理的高效率。

6. 电子商务

TPP框架协议一致认为，电子商务有利于加强消费者和零售商之间的互动，为此，TPP各成员国将从完善交易平台、提供电子交易证明、消费者保护、支持电子商务相关信息的传播等方面开展工作。

7. 环境问题

框架协议要求，所有贸易相关议题必须充分考虑其对环境的影响，以实现贸易和环境的共同发展；通过有效的制度安排，为增强发展中国家的环境保护能力提供支持；重点关注海洋渔业、生物多样性、气候变化、环境产品和服务、外来物种入侵等问题。

8. 金融服务

框架协议称，在金融领域，各成员应在提高透明度、非歧视性、公平对待金融创新、投资者保护条款及相应的争端解决机制等方面达成一致；加强对金融市场的监管，保证金融市场运行稳定；促进金融创新，推动融资便利化，创造就业机会。

9. 政府采购

框架协议称，TPP各国认可政府采购应遵循公平、透明和非歧视性的原则，但同意对于发展中国家而言，应通过渐进的方式逐渐推进其政府采购市场的开放。

10. 知识产权

框架协议称，TPP认为贸易区的知识产权规则应基于并高于WTO的TRIPS协议，所涉及的范围包括商标、地理标志、版权、专利、商业机密等，并准备将相关文本同样交由多哈回合的相关议题进行讨论，争取使之成为国际通行标准。

11. 投资

框架协议称，TPP希望能够对各成员国在其他成员国内的投资实现有效的保护，包括设立非歧视性条款、最低待遇标准，禁止一切可能造成贸易扭曲投资的措施等。同时，相关文本也将包含公平、透明和反应迅速的争端解决机制，并保证各国规范公共投资的权利。

12. 劳工

框架协议称，TPP各成员国一致承认，在劳工方面开展合作将有助于提高劳工福利和劳动者素质，提高人力资本水平。因此，框架协议要求各方切实履行保护劳工权利的义务，并将就相关问题的合作、协商和对话建立常设机制。

13. 法律框架

框架协议称，TPP各成员国将致力于逐渐完善这一自贸协议的法律框架，制定解决争端的法律规则和履行相关义务的例外条款，以保证特殊领域的程序正义，并对各国国内相关法律法规的透明度进行监管。

14. 市场准入

各成员国必须保证，对待其他成员国的进口商品，其市场准入应是便捷的、稳定的和透明的。为此，各成员国必须在高于其WTO义务的基础上减免关税，并继续消除其非关税壁垒；同时，TPP成员国也将就进出口许可证管理、再加工制造、农产品出口竞争、食品安全等问题进行讨论。

15. 原产地规则

框架协议称，TPP各成员国已经同意就在TPP区域内统一采用客观、透明和可预见的原产地规则达成一致意见，并以此为基础建立对自贸区内的产品相应的原产地认证和优惠政策。

16. 卫生及检疫标准

框架协议称，TPP 各成员国同意建立基于并高于 WTO 的卫生及检疫标准体系的卫生及检疫标准，各成员国将承担科研、保证相关法规透明度、推进区域化合作等等方面的一系列新义务，并将就一系列多边和单边合作协议（如进口品认证）进行磋商。

17. 技术标准

框架协议称，TPP 各成员国同意建立基于并高于 WTO 技术标准体系的技术标准，并致力于在贸易便利化和保护健康、环境和安全之间实现双赢。最终文本将涉及实施期限、合格评定程序、标准国际化、贸易便利化以及透明度等问题。

18. 通信

框架协议称，TPP 将致力于支持 TPP 成员国之间通信服务业的良性竞争，以使消费者获益。由于供应链的发展越来越依赖于互联网，TPP 各成员国已经基本就加强互联网监管规则的透明度、保证相关企业上诉权利等问题达成一致。同时，TPP 也将关注新通信技术的应用，并着手解决国际漫游费用偏高这一问题。

19. 临时入境

框架协议称，TPP 各成员国将致力于推动各国临时入境监管程序更加透明和高效，并为此提供技术支持。对于特定商务人士的例外条款也在讨论之中。

20. 纺织品和服装

框架协议称，在纺织品和服装领域，TPP 各成员国的议题将关注于海关合作、执法程序、原产地规则和特保条款等方面。

21. 贸易救济

框架协议称，TPP 成员国同意履行他们在贸易救济相关的

WTO权利和义务，并在透明度和程序正当性上进一步加强；针对过渡性保障机制作出相关规定。

二、TPP和亚太区其他FTA的比较分析

目前各界普遍认为，TPP是一个高标准、广覆盖、宽领域的自由贸易协定，其框架协议中也明确指出要将TPP树立成一个“21世纪自由贸易协定的标杆、全球贸易合作的新标准”，但实际上缺乏直接的证据论证这一点。因此，本文将采用对比分析的方法，对TPP是否名副其实进行科学的分析判断。

进行对比分析，所面临最大的困难在于，目前TPP协定并未签署，其框架协议只是给出了TPP所要涉及的主要领域和宏观目标，大多数领域最终的条款尚在谈判之中，存在很大的不确定性。为此，本文最终选择了如下几个自由贸易协定进行对比：

（1）用环太平洋战略经济伙伴协定（TPSEP）作为TPP的重要参照物之一。该协议是TPP协议的前身。TPP协议是在TPSEP的基础上成立的，其条款、谈判方式和TPSEP存在一定的相似性。

（2）用美韩自由贸易协定反映发达国家，特别是美国在亚太区自由贸易协定中的立场。选择美韩自由贸易协定作为一个对比对象，有如下几方面的原因：第一，美韩自由贸易协定同样是美国“重返亚太”战略的组成部分之一，该协议和TPP在一定程度上均反映了美国的战略意图和经济利益；第二，韩国和美国、东盟的产业结构具有一定相似性，美韩自由贸易协定对日美贸易谈判、东盟各国和美国的贸易谈判均有一定的参考意义。

（3）用中国—东盟自由贸易协定、中国—智利自由贸易协定、东盟—日本自由贸易协定作为亚太地区涉及发展中国家

自贸协定的参考标准。这些协定是发展中国家之间所签署自由贸易协定的代表，能够充分反映发展中国家在亚太区自由贸易协定中的立场。

（一）参与对比的几大自由贸易协定简介

1. TPSEP

TPSEP是20世纪以来亚太区域经济合作迅速发展的结果。早在1991年，APEC的《汉城宣言》规定了亚太经济合作的宗旨——推动全球贸易自由化，促进APEC各成员之间投资、贸易和技术领域的合作。随后，1993年APEC西雅图领导人非正式会议正式提出了APEC的远景为“实现亚太地区内自由贸易”，1994年APEC《茂物宣言》又提出发达国家于2010年、发展中国家于2020年实现贸易投资自由化的目标，并进一步重申了APEC“开放的地区主义”这一理念。在这些理念的引导下，20世纪末新西兰、智利、新加坡等国开始推动APEC - X（部分经济发达国家之间率先实现自由化），最终促成了TPSEP的成立。2008年，在美国的推动下，TPSEP升级为TPP，协定内容也将进行大幅度的修改和调整。由于参与国经济规模较小（仅有新加坡、文莱、新西兰和智利四国），政治影响力很弱，TPSEP开始并未受到太多关注，但该协议具有鲜明的特点：首先，该协议贯彻了APEC“开放的地区主义”这一理念，是开放式的而非排他性的；其次，该协议的开放程度较高，几乎实现了100%的关税减免，在绝大部分服务贸易领域全部给予国民待遇；最后，该协议涉及范围较广，对知识产权、电子商务、政府采购、科技、教育等传统自由贸易协定较少涉及领域的开放和合作均作出了规定。

2. 美国—韩国自由贸易协定

建立亚太自由贸易圈，以泛亚太主义代替东亚主义或东盟主义整合东亚区域一体化进程是美国长期以来的战略目标。早在1991年，美国国务卿贝克就提出了以APEC框架为基础建立“太平洋共同体”的构想。1993年美国总统克林顿举行了APEC首次非正式领导人会议，以寻求建立“新亚洲太平洋共同体”。在这一设想受阻后，美国开始与亚洲各国加快双边FTA进程，并先后与新加坡、泰国和韩国等国签署了FTA协定，同时大力呼吁成立亚太自由贸易区（FTAAP），将该目标列入APEC的工作议程（张振江，2011）。而从长期看，TPP也是美国亚太自由贸易区战略的组成部分。因此，美韩自由贸易协定和TPP相似，很大程度上体现了美国在发展亚太自由贸易区战略中的自身立场。

3. 日本—东盟自由贸易协定

日本—东盟自由贸易协定的诞生有如下两方面的背景：一方面，20世纪末以来，随着APEC下的单边行动计划、部门自愿提前自由化等推进亚太经济一体化的措施陷入僵局，加之多边贸易谈判停滞不前，亚太地区双边自由贸易协定开始迅速发展，为日本和东盟加强经贸合作创造了良好的外部环境；另一方面，日本和东盟是彼此最为重要的贸易伙伴之一，日本也是东盟最大的投资来源国，两国合作的意愿相对较强。2002年11月在柬埔寨召开的“10+3”首脑会议上，东盟首脑与日本首相就建立东盟—日本自由贸易区原则上达成了一致意见，发表了东盟—日本全面经济合作联合声明，并在2003年3月10日在马来西亚首都吉隆坡召开的东盟贸易会议上进一步确认。经过多年的谈判，2007年8月，日本与东盟在马尼拉达成自由贸易协定，并在2008年4月正式生效。该协定生效后，日本立即将对从东盟进口的按价值计算90%的产品实行零关税，并在10年内逐步取消另外3%的产品的关税，同时降低另外6%的产品关税。据报道，大米、糖以及一些奶制品由于在政治上较为敏感，因此作为特例商品未被列入日本与东盟的贸易优惠安排。同时，东盟6个成员国文莱、印度尼西亚、马来西亚、菲律宾、新加坡和泰国，将在协议生效后10年内逐步取消按价值和种类计算90%的从日本进口产品的关税，越南将在15年内逐步取消90%的从日本进口产品的关税，其余成员国将在18年内逐步取消85%的从日本进口产品的关税。

4. 中国—智利自由贸易协定

中国—智利自由贸易协定也是在亚太区域内双边经贸合作迅速发展的背景下开展的。智利由于经济外向度较高等原因，一直是亚太区经贸一体化的主要推动者之一，先后与美国、加拿大、韩国、日本等国签订了双边自由贸易协定。2004年11月18日，胡锦涛主席与智利前总统拉戈斯共同宣布启动中智自贸区谈判。2005年11月18日，在韩国釜山APEC领导人非正式会议期间，在胡锦涛主席和拉戈斯总统的见证下，双方签署《中智自贸协定》。2006年9月，吴邦国委员长访智期间，与智总统巴切莱特共同宣布自2006年10月1日起开始实施《中智自贸协定》，并正式启动服务贸易和投资谈判。该协定纳入了与货物贸易有关的所有内容，包括市场准入、原产地规则、卫生与植物卫生措施、技术贸易壁垒、贸易救济、争端解决机制等，并且还将经济、中小企业、文化、教育、科技、环保、劳动和社会保障、知识产权、投资促进、矿产和工业领域的合作涵盖在内，但在上述领域目前大部分仍缺乏实质性内容。

5. 中国—东盟自由贸易协定

2001年3月，中国—东盟经济合作专家组在中国—东盟经济贸易合作联合委员会框架下正式成立。2002年11月，第六次中国—东盟领导人会议在柬埔寨首都金边举行，《中国与东盟全面经济合作框架协议》正式签署。双方决定到2010年建成中国—东盟自由贸易区。这标志着中国—东盟建立自由贸易区的进程正式启动。随后，2004年11月，中国—东盟签署了《货物贸易协议》，规定自2005年7月起，除2004年已实施降税的早期收获产品和少量敏感产品外，双方将对其他约7000个税目的产品实施降税；同时，《争端解决机制协议》也被签署。2007年1月，中国和东盟签署自贸区《服务贸易协议》，对中国与东盟服务贸易市场开放和处理与服务贸易相关问题进行了法律上的规范；2009年8月，中国—东盟自由贸易区投资协议签署，标志主要谈判结束。

中国—东盟自贸区是目前全球最大的发展中国家之间签署的自由贸易协定，它充分考虑了发展中国家的发展水平和实际状况，在很多领域表现出明显的渐进性和灵活性。如在货物贸易关税减让方面，充分考虑了双方产业发展的现状，将产品分为正常产品和敏感产品两类，将正常产品分为一轨产品和二轨产品两类，将敏感产品分为一般敏感产品和高度敏感产品两类。自贸协定规定：只要是正常产品，则必须将关税水平降低至零；但一轨产品和二轨产品的降税期限有所不同。而敏感产品的最终关税水平不为零，其中高度敏感产品可保留的关税税率要高于一般敏感产品。此外，敏感产品的选择要受到两个指标，即税目数量和进口金额的限制，即敏感产品的数量不能超过一定税目，同时一方敏感产品所影响的进口额也不能超过该方进口总额的一定比例。而在服务贸易方面，各参与国均基于自身国情提出了服务贸易领域的开放清单，即明显高于WTO承诺，也在一定程度上体现了对自身关键产业的保护。

（二）TPP与五大贸易协定的对比分析

根据各贸易协定的英文文本、TPP的框架协议以及部分学者的研究成果（Peter A. Petri，Michael G. Plummer和Fan Zhai，2011），本文在对几大自贸协定进行总结的基础上，选择了商品贸易、服务贸易等26个自贸谈判的重点领域对TPP和上述五大贸易协定进行了对比分析，分析结果如附表1所示。主要结论如下：

1. 在商品贸易领域，五大自由贸易协定的差距不大

一是关税问题。关税减让是自由贸易协定的核心条款之一。包括东盟国家在内，亚太区绝大多数自由贸易协定均将90%以上税目的货物的关税减免至零，远高于其对WTO的承诺水平。二是从降税时间表上看，五个自由贸易协定均设置了相应的降税时间表。中国—智利自由贸易协定中，约定两国在2015年对正常产品全面减免关税；中国—东盟自由贸易协定中，东盟老成员国和中国均在2010～2012年间对正常产品全面减免关税；而越南、老挝等新成员国则将在2020～2022年对正常产品全面减免关税；东盟—日本自由贸易协定中，除新加坡立即实现全部零关税之外，其余各国将在2019～2026年之间实现正常商品零关税。三是均对自身敏感产品（如农产品）适当实施一定的保护措施，如在韩美自由贸易谈判中，韩国最终迫使美国让步，将大米列入敏感产品范畴，没有归入自贸协议范围；即便是开放程度较高的一些小国在签订自贸协议时，也会设置一些敏感产品，智利在中—智自贸协定、新加坡在日本—东盟、中国—东盟自贸协定中均提出了相应的敏感产品；即便是在号称全额减免关税的TPSEP中，文莱也针对牛奶、冰淇淋等个别产品提出了保障措施的相关要求。四是原产地规则基本一致。五大贸易协定在原产地规则上选择的本地增值率测算方法基本一致，且对大多数商品均以40%的本地增值率为确定原产地的标准。但美韩自贸协定在此基础上，针对不同HS分类的商品给出了详细的原产地规则分类标准，其技术含量和复杂程度要高于其他自由贸易协定；TPSEP也对加工贸易等特殊贸易形式和部分商品（如机电类产品）给出了自身特有的规定；其他自由贸易协定仅针对个别商品也给出了例外的判定方法和标准。五是五大自由贸易协定在技术壁垒、贸易便利化、争端解决机制等其他合作领域的核心原则基本没有差别，保持了和WTO原则、规则和相应的法律条文的一致性，但美韩自由贸易协定在某些具体细节上（如技术壁垒中的产品合格评定程序）作出了更为具体的规定。

2. 在服务贸易领域，TPSEP和美韩自由贸易协定的开放程度相对更高

相比商品贸易，WTO在服务贸易方面的约束要更具差异性。不同国家加入WTO时对服务业开放的承诺存在很大差异，很多服务领域完全可以不承诺开放。多边自贸协定中，各参与方对服务贸易的开放程度一般要高于对WTO的承诺，但不同国家之间也存在很大差别，个别自贸协定的开放程度甚至和WTO承诺基本一致。

自贸协定相关服务贸易的条款主要集中在市场准入（特别是针对设立服务业分支机构的准入）、准入后国民待遇和最惠国待遇、例外条款、透明度、资金跨境流动等方面，其中市场准入和准入后国民待遇、最惠国待遇是其核心环节。因此，本文主要对相关市场准入和准入后的国民待遇、最惠国待遇问题进行对比分析。

在市场准入方面，TPSEP不但明确要求各方必须给予协议签订方企业准入后全部国民待遇和最惠国待遇，而且在最关键的准入条款方面，也选择了“全面市场准入 + 例外条款”的做法，即除参与方特别关注的少数行业（如金融业和航空运输业）和特殊情况（如国家安全）允许例外之外，任何成员不得对其他成员的服务业分支机构设置任何形式的门槛（如股本限制、投资规模限制、本地员工比例限制等）。美韩自由贸易协定在这一点和TPSEP基本一致。

而中国—东盟、日本—东盟、中国—智利三个自由贸易协定由于涉及较多发展中国家，因此在服务贸易的开放程度整体高于其 WTO 承诺水平，但基本上仍采取了“水平承诺 + 部门承诺”的做法，整体开放水平仍低于 TPSEP 和美韩自贸协定。如，老挝、柬埔寨等东盟发展中国家在中国—东盟、日本—东盟自由贸易协定中对其国内支柱服务产业（金融、通信、运输、商贸）[①] 设有股本或投资规模的门槛；缅甸在中国—东盟、日本—东盟自由贸易协定中仍未作出任何水平承诺；菲律宾对大多数服务业均给出本地员工比例等方面的限制；印度尼西亚、泰国、马来西亚等国在中国—东盟自由贸易协定中对中国开放的部门数偏低，印度尼西亚只有 5 个，泰国只有 4 个；由于整体服务业发展状况偏低，我国虽然服务业开放程度要高于 WTO 承诺水平（共有 5 个部门下属的 33 个分部门参与开放，其中 21 个分部门高于 WTO 承诺水平），但整体上仍低于日本、泰国、新加坡等亚洲发达经济体在相关协议中承诺的开放程度。商务部研究院亚洲与非洲研究所的一项研究显示，日本在日本—东盟自由贸易协定中，对印度尼西亚、越南、菲律宾、马来西亚开放了 11 个部门，对泰国、文莱、新加坡开放了 12 个部门，所涉及的分部门数目均超过 100 个。同时，我国在中国—东盟自由贸易协定中服务业的开放程度也要低于《内地与香港、澳门关于建立更紧密经贸关系的安排》及相关补充协议中对港澳地区开放的水平。

3. 在知识产权、政府采购等 WTO 约束力较弱的领域，美韩自贸协定和 TPSEP 的深度要高于另外三个自由贸易协定

相较商品贸易和服务贸易，WTO 在知识产权、政府采购、

---

① 水平承诺是指对所有服务贸易相关行业做出的承诺。部门承诺是指单独对某个部门在准入等环节作出的承诺。

投资等领域的协议更为模糊，约束力也较弱。WTO政府采购协议（下称GPA）并非强制性要求WTO成员参加，绝大多数发展中国家并未承诺加入该协议；WTO在知识产权领域主要以TRIPS协议为代表，该协议本身是综合考虑发达国家、发展中国家多方面利益博弈的结果，其中相当一部分条款具有模糊性，与知识产权的多项公约也存在部分冲突，发展中国家和发达国家均已多次对这一协议表示不满。WTO在投资领域的条款主要是TRIMS协定，但该协定仅仅涉及“对贸易有限制或扭曲作用的投资措施”，涉及面较窄，且多数条款同样具有模糊性。

美韩自由贸易协定和TPSEP在上述领域均制定了高于WTO标准的相应协议。如，在知识产权领域，美韩自由贸易协定除要求遵循TRIPS协议外，还要求双方遵守包括《专利法条约》（2000）、《新加坡商标法条约》（2006）等近年来新签署的国际公约在内的多个国际公约①。虽然TRIPS协议基本涵盖了知识产权领域国际公约条约的全部内容，韩美两国也加入了绝大部分的国际公约组织，但在贸易协定中要求严格遵守这些公约内容从某种意义上是增强了对知识产权的保护程度。同时，协定在商标、地理标志、网络域名、专利、药品和农用化学品等领域也作出了较TRIPS协议更为严格的规定。如限制数字产品在互联网上的共享传播、将版权的保护期限由50年提升到70年，两国不得在某种创新药物面市后五年内在境内销售其仿制药等。相比韩美自由贸易协定，TPSEP并未在TRIPS基础上增加过多具体的规范，但也要求在遵循TRIPS协议的基础上，非强制性遵守部分国际公约。

① 《国际知识产权合作公约》（1970）、《巴黎保护工业产权公约》（1967）、《世界知识产权组织版权公约》（1996）、《世界知识产权组织表演和录音制品条约》（1996）等十个公约。

再如，包括我国在内的绝大多数发展中国家目前仍不是WTO政府采购协议的签约国[①]，从法理上并无遵守GPA的义务，因此在中国—东盟FTA、日本—东盟FTA等自贸协定中并未涉及政府采购的相关内容。然而，美韩自由贸易协定明确要求双方应遵循GPA的相应规则，TPSEP虽然并未明确要遵守GPA，但要求对外国供应商采取非歧视性原则，同时也列出了四大成员国国内的政府部门清单[②]，与GPA无原则性的区别。

4. 美韩自由贸易协定涉及了相当一部分传统自由贸易协定较少涉及的领域

电子商务、金融、通信、劳工、环境、国有企业等领域是传统自由贸易协定较少涉及的领域，大多数自由贸易协定或不提及，或只简单提及。但美韩自由贸易协定和TPSEP则对大多数相关领域加以涉及，且在多数领域给出了明确的规定。其中，美韩自由贸易协定的涉及面明显广于TPSEP，劳工和环境两个领域目前基本上仅在涉及美国的自由贸易协定中加以提及；从深度上看，美韩自由贸易协定在这些领域的深度也在几大自由贸易协定中居于首位，对透明度、政府管理、非歧视性、加强合作、减少信息流动壁垒等多个具体问题均给出了明确的规定。

5. 发展中国家之间的自贸协定也有一些独特的条款，发达国家之间自贸协定并未涉及

由于自身发展阶段、产业结构和资源禀赋等原因，发展中国家之间的自贸协定也同样存在一些独特的条款。如，中国—智利自由贸易协定较为重视两国之间的中小企业合作、文化合作、教育合作和矿业合作，美韩自由贸易协定均未提及；中

① 我国已经承诺要加入WTO政府采购协议。

② 政府采购协议仅仅针对公共部门的采购。因此，协议必须明确规定各国国内属于“政府机构”的单位清单。

国—东盟自由贸易协定还特别强调要加强两大经济体之间的农业合作，而美韩自由贸易协定和TPSEP对此并不重视。

6. 美韩自由贸易协定具有鲜明的“美国特征”

这主要体现在两个方面：一是美国式的自由贸易理念。美韩自由贸易协定在绝大多数章节中，均在开篇就鲜明地提出非歧视性、透明性、准入后国民待遇和最惠国待遇、服务贸易的“全面市场准入+例外条款”等原则，且专门加入了劳工和环境两大议题，这些原则均明显体现了美国一贯倡导的“美国式”自由贸易理念。美国所签订的其他自由贸易协定，如美国—巴西FTA、美国—智利FTA、美国—新加坡FTA等，也同样明显体现出这一特征。二是具有相当一部分明显的涉及美国经济利益的条款。如美韩自由贸易协定中的纺织品条款、医药条款以及关税减让中的汽车补充条款等，均是美方在自贸协定谈判中维护本国优势产业利益和保护弱势产业的结果。

7. 从意向性框架协议上看，TPP有望在广度和深度上超过任何一个亚太区的自由贸易协定，但同样也体现出鲜明的“美国特征”

首先，从成员国上看，中国—东盟自贸区仅有11个成员国，而目前已有12个成员国正式参与TPP谈判，韩国、菲律宾、泰国等国在未来也可能会参与；其次，从TPP的框架协议可以看出，TPP涵盖了上述五大自贸协定所涉及的所有领域，特别是明确提出了要建立帮助发展中成员国能力构建（即提升劳动生产率）的机制，该框架可以涵盖相当多的双边经济合作内容，倘若TPP协议能正式签署，其广度很可能要超过亚太区过去的任何一个自贸协定[①]；再次，目前美国声称TPP谈

① TPP的前身——TPSEP已经强调成员国之间的战略合作，涵盖文化、教育、科技等方面。

判要实现统一原产地规则、全面减免关税、服务贸易的国民待遇和最惠国待遇等方面，且在知识产权、劳工、环境、国有企业等现行 WTO 规则不够完善的领域达成一致的标准，倘若这一目标能够达成，其深度也要超过目前的亚太区绝大多数自由贸易协定。最后，TPP 框架协议中涵盖了纺织品、劳工、环境、国有企业等充分体现美国意图的议题，在知识产权领域也希望达成一个 TRIPS－PLUS 协议，充分体现出美国希望通过 TPP 推行其自由贸易的价值理念，并获得最大化的经济利益。

8. TPP 是部分先进理念和美国国家利益、利益集团利益的混合物，不足以承担作为 21 世纪国际贸易规则标准的重任

对外贸易政策固然包含了人类社会的普遍一般规律，但同样也是外交政策在经济领域的体现，国内不同利益集团也会影响政策的具体条款乃至整体取向。美国推行 TPP 也同样受上述三方面的原因的影响：一是自由贸易、保护环境、人权等观念的影响；二是为了支持美国“重返亚太”的国家战略；三是美国相当一部分利益集团要求进一步占领亚太区各国的市场。因此，TPP 的规则实际上是自由贸易理念和美国国家利益甚至部分利益集团利益的混合物。在 TPP 的大部分条款均反映了这一点。TPP 标榜自由贸易，但在纺织品等美国弱势产业领域又专门设置贸易壁垒；知识产权、劳工、环境等领域，美国希望 TPP 达成的增加版权年限、限制强制许可等具体条款，基本上考虑的是美国跨国公司的利益，但也不能否认保护劳工、保护环境、保护知识产权的原则和理念也确实符合人类社会的发展趋势。这种多元理念的混合，导致 TPP 没有充分考虑到事物的两面性，其立场并不是中立的，过于偏重某个阶层、某个国家的利益。在知识产权保护领域，实际上产权所有者和使用者权力的过分集中都有可能造成效率损失。过分保护产权所有者，其实是限制了信息的自由传播，对广大产权使用者是不公平的；过分保护产权使用者，则可能鼓励窃取他人劳动成果的行为，同样是不公平的。在劳工领域，过分保护劳工也会造成效率损失；而不保护劳工则易导致人权受到损害；在环境领域，环境保护和经济发展本身存在矛盾，这种矛盾可以被协调，但不能得到根本解决，单纯重视环境保护不是绝对合乎义理的。

目前，全球贸易体系中既有发达国家，也有新兴市场国家和欠发达国家，既有长期实施市场经济体制的国家，也有中国、俄罗斯等转型国家。一套贸易规则要成为全球贸易体系的指导性原则，必须是具有普适性的，不能只适用于达到某一发展阶段的经济体，更不能维护个别国家的经济利益和政治利益。因此，美国希望TPP协议能够全面放开服务业市场准入及减免关税、进一步大幅提高知识产权保护力度、限制对国有企业的各种支持以及增加医药、纺织品等单独章节，但这些内容并不能够适用于其他国家，特别是新兴市场国家，很可能无助于甚至不利于亚太地区贸易的稳定发展。倘若TPP最终条款与本文的分析相似，最终全面体现了美国的价值取向，则绝不能称之为21世纪国际贸易规则的标杆。

三、TPP的未来发展趋势

TPP正处在谈判进程中，其未来发展存在很大的不确定性。因此，分析预测对TPP的未来发展趋势，即要回答如下几个问题：第一，目前的P12能否签署TPP？什么时候签署？第二，倘若TPP能够签署，TPP会是一个什么样的自由贸易协定？在知识产权、劳工标准等问题上TPP的最终标准将处于何种水平？第三，日本、韩国等亚太区其他经济体是否会加入TPP谈判？何时会加入TPP谈判？这些都是目前亟待回答的问题。

（一）TPP 最终成功签署的可能性较大

本文认为，“P12” 虽然在贸易协定谈判的不同领域上存在立场差异，但最终达成一致、成功签署的可能性比较大。主要原因如下：

1. 各成员国之间已经开展了大量的双边经济合作，TPP 并非无本之木

目前参与 TPP 谈判的 12 个国家之间的经济合作非常频繁，程度加深，并签署了大量的经贸合作协议。以自由贸易协定为例，美国已经和秘鲁、加拿大、墨西哥、智利、澳大利亚、新加坡等六个 TPP 谈判国签署了自由贸易协定，与马来西亚、新西兰等国家也有长期的自由贸易谈判历史；智利更是与所有 TPP 谈判国均签署了自由贸易协定，其他各成员国之间也签署了大量的自由贸易协定（如 TPSEP 等）。这决定了 TPP 谈判的焦点在于如何将这些自由贸易协定统一在“同一套规则、同一个机制”之下，而非从零开始建立一套新的规则机制，前者的难度无疑远远低于后者。由于有着长期经济合作的基础，目前 12 个成员国在大多数议题上均能够基本达成共识，只是在农产品、知识产权等少数问题上存在一定的立场差异。

2. 从产业结构看，目前参与谈判的成员国之间的互补性大于竞争性

虽然在少数敏感产品领域（如农产品），各国之间存在较强的竞争关系（如澳大利亚、新西兰和美国），但整体上 TPP 成员国之间的互补性更为明显。美国、加拿大作为发达国家，在高技术制造业和服务业上具有明显优势；墨西哥、越南、马来西亚和秘鲁等国则主要从事劳动密集型加工制造业；澳大利亚、新西兰、智利等国则在资源型行业上具有明显优势。这种互补的经济结构使得自贸协定能够有效地促进各参与国的经济增长。

3. TPP 谈判国多属发达国家，在知识产权、劳工、环境、电子商务、通信等非传统谈判领域较易达成共识

TPP 除在商品贸易、服务贸易等传统谈判领域外，还将在知识产权、劳工、环境等领域开展谈判，相关议题涉及经济、社会、政治、法律、文化等多个层面。从目前 TPP 的谈判国来看，美国、澳大利亚、新西兰、加拿大、新加坡等国均属于西方发达国家，发展水平基本相当，市场经济制度、政治制度、法律体系之间差异不大，在相关议题的谈判中较易达成一致立场。在发展中国家中，墨西哥、秘鲁、智利等美洲国家已经和美国签署了自贸协定，且协定中已对上述大部分议题做出了详细和具体的规定，这也有利于这些国家在 TPP 谈判中和美国再次达成妥协。越南、马来西亚等发展中国家可能和美国等发达国家在立场上存在分歧，但考虑到越南、马来西亚等国在政治、军事、经济等领域均对美国有较强的依赖性，其最终被迫让步的可能性比较大。

4. 美国的政治影响力有助于 TPP 谈判的顺利开展

从历史经验看，各国政府的态度是自由贸易区进程能否顺利推进的一个重要因素。美国在 TPP 其他谈判国具有非常强的政治影响力，澳大利亚、新加坡等国甚至是美国的传统政治盟友和军事盟友，这种影响力对 TPP 谈判的推动力不容忽视。特别需要指出的是，目前 TPP 各成员国呈现“一超少强多弱”的格局，也在一定程度上有利于美国影响力的发挥。如，澳大利亚和新西兰、新加坡等国的地理位置相近，但澳大利亚在 TPSEP 成立后的数年内从未明确表示要加入该协议，而在美国宣布加入谈判后一个月内，澳大利亚即宣布加入谈判，其背后的政治因素甚至要强于经济因素。2012 年加拿大、墨西哥两国加入 TPP 谈判时，同意对以前几次谈判的成果不提出异议，这在一定程度上也是美国发挥政治影响力的结果。在日本国内存在多个反对日本加入TPP的利益集团的背景下，日本仍然决定加入TPP，美国的政治影响力发挥了很大作用。

5. 在美国重返亚太战略框架下，美国政府可能会强力推动TPP的实施

国际学术界普遍认为，TPP是美国重返亚太战略的一部分，美国推动TPP除加强和亚太各国的经贸往来外，更多是出于扩大其在亚太地区的影响力、制衡中国等政治目的。因此，在美国的自贸区战略中，TPP的地位远远高于其他自贸协定，美国政府可能会采取各种力量平衡国内外矛盾，以尽快促成TPP谈判顺利完成，从而保证重返亚太战略的顺利实施。奥巴马连任后，美国政府高层近日频繁访问东南亚各国，标明未来亚太地区在美国的外交战略中仍将占据重要位置。

6. 奥巴马成功连任有利于美国政府进一步推动TPP

特别需要指出的是，重返亚太这一战略并非民主党奥巴马政府的战略构想，事实上早在共和党执政时期，小布什就提出了亚太自由贸易区的建议，即便共和党上台执政，也不会从根本上改变美国推进TPP的战略构想，但可能会由于政权更迭导致相关政策具体执行效率在短期内有所降低。而奥巴马政府连任之后，无论为进一步推进其“重返亚太”战略考虑，还是为进一步占领国际市场以拉动经济增长考虑，均会加快推进TPP的实施，甚至可能在具体的条款上做出某些让步。

从历史经验看，美国政府在推进自贸协定谈判进程中所发挥的作用是不可低估的。上届共和党执政后期美国就已经加强了重返亚太的步伐，先后与新加坡、泰国和韩国签订了自由贸易协定。其中，美韩两国在农产品、汽车等关键产品上的立场存在较大分歧，导致谈判一度陷入僵局，美国国会甚至否决了两国共同签署的《自由贸易协定》草案。然而，在美国布什、奥巴马两届政府的强力干预下，双方最终各自做出了一定的让步，该协定最终于2010年顺利签署。目前P11同样在部分敏感领域存在一定立场分歧，此时美国政府的努力对协议能否最终签署将至关重要。

（二）TPP协议进展明显慢于预期，但乐观看有望在今年年底之前签署

2011年11月，当时的九大TPP谈判国达成了意向性的框架协议（Outline），并声称要在2012年年底签署具有法律意义的协议文本，然而这一目标至今尚未实现。综合历史经验、各国立场和TPP发展现状考虑，TPP谈判面临多次波折的原因如下：

1. 从历史经验看，参与自贸协定谈判成员国的数量和谈判难度成正比

中国和东盟早在2000年就宣布要开展自贸区谈判，但由于2002年底才签订了框架协议，2004年底才签署了货物贸易协议，服务贸易协议更是经历了很长的时间。日本—东盟的谈判进程也与此相似。而由于美国在自贸协定谈判中强调美国式的自由贸易理念，对关税减让、知识产权、劳工、环境等方面均提出了过高的标准，其自由贸易谈判也是旷日持久、耗时良多。美国与新加坡（下简称“美新”）、美澳的自由贸易谈判也都耗费了数年时间，目前TPP已有12个成员国，这自然会增加自贸谈判的交易成本。TPP谈判已经进行了十六轮，但关于TPP谈判成果的相关报道则几乎没有，这固然有信息保密的原因，但在一定程度上也反映出TPP谈判进展并不顺利。

2. 部分敏感问题仍将对谈判进程造成较大阻力

一是农产品问题。澳大利亚、新西兰、美国、加拿大等国之间在农产品（特别是乳制品）问题上立场存在一定差异，

新西兰至今尚未和美国达成双边自由贸易协定；二是知识产权问题。美国一直力图在区域贸易合作中推行高于WTO标准的TRIPS－PLUS知识产权标准，并要求在贸易中添加劳工和环境标准，但澳大利亚和新西兰等国认为，高标准的知识产权将会严重影响平行进口①和仿制药的进口和生产，越南、马来西亚等国也对较高的劳工和环境标准表示异议；三是美日在汽车、电子信息等产业均存在一定竞争性，日本的金融、医疗、农业等领域的贸易保护情绪较强，日本加入TPP谈判可能会导致敏感问题数量大幅度增加；四是各国在援引TPSEP的谈判方式和条款范围以及是否允许部分敏感产品存在等问题上也存在较大争议。五是关税减让问题。从历史经验看，东盟各国在所参与的各项贸易协定中，均将超过5%的8位码HS关税税目设为敏感产品，保留一定的关税税率；大部分产品的关税减让时间也相对较长。

3. 各国特别是美国的国内利益集团可能阻碍谈判进程

整体上，加入TPP对参与国经济发展和开展经贸合作存在积极的作用。然而，各国由于要素禀赋的原因，部分产业也很可能受到一定损害，因此各国国内反对加入TPP的声音一直不绝于耳。其中，美国国内利益集团的危害可能更为严重。一方面，美国部分产业（如汽车）可能担心受到其他成员国（特别是尚未正式加入谈判的日本）国内产业的冲击，从而向政府施加压力；另一方面，美国国内的农业、医药等利益集团出于自身利益考虑，也会要求美国政府在部分敏感问题上让步，坚持要求其他成员国开放国内市场。从历史经验看，后者对谈判的阻力甚至要大于前者。韩美自由贸易协定之所以几经波

① 平行进口是指经销商将在他国申请专利权的商品转到知识产权所有者所在国销售的行为。由于某些国家的专利费用要低于知识产权所有者所在国，因此同一商品平行进口的价格要低于正常国内销售，这将减少专利所有者的收入。

折，一个重要的原因就是受部分利益集团的影响，美国国会坚持要求韩国对大米等敏感产品开放市场，并接受在条款中增加劳工和环境两个章节。

4. 日本加入TPP谈判客观上加大了TPP达成协议的难度

日本和TPP大多数国家并未签署自由贸易协定，加之日本和美国在部分产业中的竞争力较强，因此，日本在TPP谈判中的立场必然是TPP谈判能否顺利推进的焦点。2013年7月23日日本加入TPP谈判之后，日美关于TPP的谈判已经成为TPP谈判中的重点和难点。从目前日美两国媒体透露的消息看，两国谈判进程进展相对缓慢。虽然两国在知识产权保护、电子商务等非传统领域已经基本达成一致，但在最为关键的农产品、汽车等产品的关税减让问题上，两国目前立场差异较大，数次谈判均未有明显进展。

从历史经验看，自由贸易协定至少需要2年的时间才能完成谈判，而涉及国家多、领域宽的自由贸易协定往往需要3~5年，甚至更长的时间。虽然该协定有着大量自由贸易协定作为谈判基础，美国和其他11个成员国之间的共识也远远多于分歧，但TPP于2010年年底开始第一轮谈判，至今仅过了3年的时间，对于这么一个涉及面很宽、优惠幅度非常大的协定，这个时间也不足以在全部问题上达成共识，日本加入TPP谈判也在一定程度上增加了TPP谈判的难度。然而，必须看到，经历了3年的谈判之后，在大多数议题，特别是知识产权、劳工、环境等非传统条款上谈判方已经基本达成一致意见，可以认为目前谈判已经进入攻关阶段。同时，由于TPP已经连续两次爽约，美国必然会运用政治、经济、军事等各种手段加大对TPP谈判的推进力度，从而避免第三次爽约。因此，乐观估计TPP能够在2014年年底之前达成主要共识，出台较为详细的框架协议，甚至正式法律文本。但倘若美国或日本等主要谈判国家国内格局发生大的调整，或者全球经济出现新的重要热点问题，不排除 TPP 谈判进一步顺延的可能性。

（三）对 TPP 具体法律文本内容的推测

1. 在商品贸易领域，TPP 有望实现 95% 以上商品最终零关税，但仍会有极少数敏感产品存在

目前尚无一个自贸协议达成完全的自由贸易，即便是强调自由贸易理念的美国，在北美自由贸易协定（NAFTA）、美新自贸协定、美韩自贸协定中，也对少数产品在关税税率、进口配额等方面实施了一定的保护措施，对一些零关税的产品也规定了例外条款。TPP 的前身 TPSEP 也未能实现 100% 的零关税，如文莱就针对部分产品设置了保障条款。因此，完全撤除所有关税和非关税壁垒基本上只能认为是官方宣传用语。

然而，从美国签署其他自贸协定的关税减让情况看，TPP 的关税减让幅度可能要高于目前大多数亚太区域内的自由贸易协定。美国所签署的自贸协定中，几乎 95% 以上的产品关税均减少至零，部分协定中甚至 99% 的关税均减少至零。鉴于大多数 TPP 成员国均和美国签署了自贸协定，其前身 TPSEP 的关税减免幅度接近 100%[①]。由此可见，TPP 应该能够实现 95% 以上的关税减免。

同时，参考美韩、TPSEP、美智等其他自贸协定的经验，TPP 也可能对敏感产品的税目数量给予严格的限制，甚至可能要求敏感产品将关税降低到某个水平，并取消配额限制。对于个别敏感度较高的产品，能否参考韩美自贸协定中对大米的处理方法（即完全将其排除出协定之外），则要看具体的谈判博

① TPSEP 的关税减让幅度较高是由于参与国均为小国，且开放程度较高的原因。

弈进程，目前很难做出准确判断。从目前日美TPP谈判的情况看，最终日本实现100%关税减让的可能性不大。

2. 在服务贸易领域，预计TPP仍将采取“准入前国民待遇+最惠国待遇+例外条款”的方式

目前国际上自贸协定中所普遍要求给予的国民待遇条款，主要指的是准入后国民待遇。即在外资企业成立后，在设立、管理、经营、运营、维护、使用、销售、清算及其他形式的处置方面，不得低于对本国或第三国服务贸易企业的待遇。但对于最关键的准入领域，大多数自由贸易协定并没有给予额外的优惠条款。然而，美国所参与的自贸协定在服务贸易领域则要求统一给予国民待遇和最惠国待遇，然后对特殊情况（如部分指向性垄断[①]行业，如国防、金融等）进行例外规定；而发展中国家由于其在WTO承诺中就只是部分开放服务业，往往采取的是“开放清单”准则，即仅仅公布各个行业对协定成员国的准入标准，未公布的默认按照WTO承诺执行。从历史经验看，美国参与的自贸协定无一例外地采取了“例外清单”准则，美国在这个问题上让步的余地是比较小的。因此，TPP可能也会参照惯例选择“准入最惠国待遇+‘例外清单’”的模式。从参与国情况看，大多数参与国服务业开放程度较高，接受“例外清单”这种模式的可能性比较大。如智利、秘鲁、澳大利亚等国在与美国签署自贸协定的过程中均同意采取这一模式。马来西亚、越南等发展程度偏低的国家也很难抵制来自美国及其盟国的巨大压力，加之其目前服务业发展水平偏低，美资服务业的进入对其服务业水平的积极作用较为明显，因此在这一问题上最

① 指向性垄断是指政府出于国家安全等角度指定某些行业的企业准入标准所造成的垄断。

终妥协的可能性很大。

3. 投资协定采取准入后国民待遇的可能性较大

与服务贸易不同，投资协定是针对所有行业投资的协议，倘若采取“准入国民待遇 + 例外清单”的做法，意味着除国防、金融等极少数涉及国家安全和公共服务的领域外，所有行业必须全面对外资开放，这种开放力度超出了绝大多数国家的实际情况。甚至美国在签订自由贸易协定时，也没有要求投资协定必须在准入环节给予国民待遇，基本上还是采取了准入后国民待遇的形式，只是加强了投资保护的相关条款，保障企业可以汇回利润，限制当地政府国有化外资企业等。对于大多数TPP谈判参与国，全面开放所有投资领域均远远超出了目前发展水平，因此很难接受这种条款。预计TPP投资协定的条款也会采取“准入后国民待遇 + 投资保护”的方式。

4. 在原产地规则方面，TPP将采取统一原则和区别对待相结合的模式

不同自贸协定原产地规则的差异往往导致贸易争端，也是“意大利面条碗”[①] 效应的重要原因之一，对自由贸易协定的实际效力有严重的负面影响。因此，统一原产地规则是TPP各成员国的一致利益诉求，各方的共识远远大于分歧，应能达成统一协议。

然而，各国经济发展水平、产业结构存在明显差异，不同商品的生产流程和工序也各不相同，因此出台一个放之四海而皆准的原产地规则也是不现实的。TPP最终的原产地规则很可能和其他自贸协定的原产地规则相似，在统一原则的基础上，对于不同国家、不同产品规定详细的实施细则。

---

① “意大利面条碗”效应是指：在一个大区域（如亚太区域）内存在着多个原产地规则、特惠安排等规则不同的双边或多边自由贸易协定，当这些规则相互干扰甚至冲突时，自贸协定的效果会受到严重影响。

5. TPP 的知识产权保护标准将高于 TRIPS 协议，但仍明显低于美国的预期

知识产权保护问题是目前国际法学界争论的焦点问题，从理论上看，知识产权保护不力将严重阻碍创新能力的提高，对技术进步有明显的负面影响；知识产权的过度保护将会使得产权的拥有者拥有过多的资源和权利，甚至形成垄断和剥削，影响全社会居民福利的提高。目前，国际法学界对于如何判断知识产权的“合理保护”尚无统一的标准，该问题也成为发达国家和发展中国家立场存在较大差异的热点问题之一。即便是WTO 中的 TRIPS 协议这一覆盖面最广的知识产权协议，也同时承受着发达国家和发展中国家的双重职责：前者认为其保护程度不足，严重损害了知识创造者的利益；后者则指责其成为发达国家滥用知识产权保护获取商业利益的工具。

美国由于其在技术创新方面的优势，且凭借这一优势获取了巨大的商业利益（巨额的专利使用费），因此一直呼吁未来的自由贸易必须采取高于现行 TRIPS 协议的标准，即所谓的 TRIPS - PLUS 协议，具体涵盖商标、版权、专利等多个领域。具体而言，要求集成电路的设计版权应采取无限延伸原则，即只要采取这一集成电路的设计图的所有电脑产品（而非集成电路本身）均需向设计者交付专利使用费；要求对各国政府的强制许可[①]加以严格的限制；要求明确限制平行进口；要求增加版权的保护期限；对自身具有优势的产品（如医药制品）实施额外保护条款；将临时复制和传统复制等同看待；取消授予专利前利益相关者的质疑程序；强制要求成员国加入一些有利于自身发展的国际公约等。美国这一立场不但受到广大发展

① 强制许可是防止知识产权过度保护的一个重要手段，即政府可以不经专利权人同意，强制要求其他人可以免费使用其专利权的行为。

中国家的质疑，澳、新、加乃至欧盟也在不同程度上提出了反对意见。

从历史经验看，由于知识产权保护能够充分保护美国国内高新技术产业大型财团的利益，因此，美国在这一问题上的立场相对强硬，所签订的自贸协议中知识产权保护水平均超出 TRIPS 协议。然而，其他谈判国在这一问题上的立场和美国是存在很大差异的，往往最终迫使美国作出不同程度的让步。如在美韩自由贸易协定中，美国最终被迫同意韩国不对新药实施最低价格，对韩国销售仿制药的期限放宽到五年；美新自由贸易协定只要求大家努力加入某些国际知识产权保护公约，等等。鉴于 TPP 的其他成员国均不支持美国的 TRIPS - PLUS 标准，因此，最终知识产权保护水平应低于美国起初的要价，如对加入知识产权公约采取非强制性规范、适度放宽医药产品的保护期、对强制许可和平行进口实施较为软性的约束（如设置鼓励大家不要采取平行进口之类的条款）等。

6. TPP 的劳工条款将会尽量和国际劳工组织进行接轨

近年来，美国强烈要求将劳工问题纳入自由贸易协定的谈判之中，并以国际劳工组织（International Labour Organization，ILO）的各项原则作为自由贸易的标准。在美韩、美新自由贸易协定中，均明确要求缔约方履行作为国际劳工组织成员的义务，遵循国际劳工组织的五大原则[①]；制定公平、透明、可执行的劳工法规并严格遵守法规；由双方的主管部门共同成立劳工合作委员会，推进维护劳工权益等方面的合作等。部分自贸协定还要求成立一个由成员国劳工组成的独立单位，对成员国是否违反劳工法规和国际劳工组织原则进行审议。

① 1998 年国际劳工组织宣言中称，任何成员国均应遵守如下原则：结社自由、集体谈判权、禁止强迫劳动、禁止雇用童工和消除任何形式的就业歧视。

目前，TPP成员国中有六个成员国已经和美国签署了自贸协定，同意了美国提出的劳工相关条款。而日本、新西兰、文莱、越南、马来西亚四国中，日本、新西兰属于发达国家，其劳工制度和美国基本相似，预计不会对相关条款造成阻力；文莱的影响力非常有限，且产业结构以旅游等服务业为主，和美国建立自由贸易区将对其经济发展有显著积极作用，其阻力也不大；只有越南和马来西亚可能会对这一条款提出异议。然而，从美国—秘鲁、美国—哥伦比亚等美国和发展中国家签署的自贸协定的经验来看，发展中国家很难在谈判中迫使美国在该问题上较大幅度的让步。目前，各自贸协定中的劳工条款重点在于强调各成员国在理念上的一致性，并未给出过多具体性的约束条款，具有较强的灵活性，各国劳工政策仍有一定的操作空间。据此推测，TPP最终加入劳工条款的可能性很大，其条例很可能和美韩、美新等自贸协定中的相关条款基本一致，同样以要求成员国遵守五大原则为主。

7. TPP中将加入环境相关条款，涵盖立法、执法、制度安排、公共参与等多个方面

与劳工条款相似，环境条款是美国式自由贸易理念的体现，充分体现出美国的利益诉求。美智、美韩等自由贸易协定中均设置了相应的环境条款，具体如下：要求签约国坚持贸易不得损害环境的原则；遵守《南极海洋生物资源养护条约》、《濒危野生动植物种国际贸易公约》等国际条约；对破坏环境的贸易相关行为有公平、透明的判决、制裁和补救措施；设立专门的环境合作机构以推进公共参与保护环境；加强合作以推进成员国的环境保护能力；鼓励成员国开展多边环境合作机制等。

美国在自贸协定中加入环境条款虽然在一定程度上是为了自身的经济利益，但加强环境保护已经成为国际社会的通用准则，其他成员国从根本上反对这一条款的可能性不大。同时，自贸协定中的相关条款同样具有较强的灵活性，具有较强的操作空间，部分条款甚至有助于发展中国家环境保护能力的提高。因此，最终 TPP 很可能将加入环境条款，其内容和美韩、美新自贸协定中的相应条款基本类似。

8. TPP 将加入电子商务、纺织品、中小企业等大多数 FTA 较少涉及的条款

在电子商务、通信、临时入境、中小企业等领域，相应的条款主要以加强合作为主。如在电子商务领域重点强调支持网上跨境支付、为网上获取商业信息提供便利、海关办公无纸化等；在临时入境方面主要强调签证便利化；在中小企业领域主要强调帮助中小企业能力建设等，各国在这些问题上的立场差异并不大，较易达成一致协议。

需要重点提及的是国有企业问题。从以往美国签署 FTA 的经验看，美国一直强调，可以存在指向性垄断的国有企业，但不得损害公平市场竞争，即国有企业和私营企业、外资企业必须享受同等待遇。由于 TPP 成员国中的绝大多数国家国有企业在经济中的比重比较低，在这一条款上持异议的可能性很小。越南虽然国有企业所占比重相对其他国家偏高，但越南官方已表明支持这一条款，以促进市场经济体系的完善。因此，TPP 也很可能加入其他 FTA 较少涉及的国有企业相关条款，要求成员国的国有企业不得享有特殊待遇。

四、我国对待 TPP 的立场探讨

目前，学术界对我国如何应对 TPP 已有较多的研究，主要包括以下三大类：积极加入、反对加入和暂缓加入。部分学者（张振江，2009；张茉楠，2011）认为 TPP 同样代表了亚太经济一体化的潮流，我国只有顺应潮流，积极主动参与，才能在区域经济一体化进程中获得相关利益；另一部分学者（张燕生，2012）则认为，在中国不参加 TPP 的背景下，美国 TPP 政策的效果可谓微乎其微，我们完全可以按照自己的节奏，通过经济政治外交，应对 TPP 的挑战；特别是加强建设中日韩经济自贸区，从战略上反制美国的孤立政策；还有一部分学者（盛斌，2010）认为，在中国的重大关切利益得到满足时，中国可以考虑介入 TPP 或 FTAAP；同时，根据自己的目标、准则与速度深化已有的双边 FTA 和建立新的双边 FTA，有效地抵消不加入 TPP 所造成的歧视性贸易效应。

然而，这些研究或多或少地忽略了一个事实：加入或不加入 TPP 只是一种手段，是为战略目标服务的。必须先明确战略目标，在综合评价自身实力的情况下，才能使用战术手段。

（一）我国外交的战略目标应是公平合理的国际新秩序，而非对抗美国

目前，很多学者反对 TPP 的一个重要原因在于，认为 TPP 是美国遏制中国的一个手段，因此为了反对美国的遏制，则必须与之对抗。其中一个隐含的前提在于，我国反对加入 TPP 是服务于对抗美国这一战略目标的，中美之间主要是遏制与反遏制的关系。然而，这种判断并不完全符合当前的国际形势。美国的对外经济政策目标是多元的，包括维护其在全球的霸权地位、西方的核心价值理念、保证本国的经济利益等。美国为实现这些目标，可能实施遏制中国的战略，也可能实施和中国合作的战略。即便是从美国目前的对外政策取向看，也不能简单地判断美国对中国实施的完全是遏制战略。

核心利益属于价值判断，是可以用正义性进行评述的。美国的核心利益是不是正义的呢？应当说，其中既有正义的部

分，也有非正义的部分。美国在运用霸权地位为自身获取额外利益时，表现出明显的非正义性；但美国的领导地位也为世界提供了公共产品，客观上有利于全球秩序的稳定，存在一定的正义性。西方的核心价值理念虽然不是所谓的普世价值，但其中诸多观念也值得世界各国借鉴和学习；美国政府维护本国经济利益的措施既有公平合理的，也有不合理的，不能一概而论。

如果将我国外交、对外经济政策的战略目标定义为对抗美国或者反对美国的遏制，会使我国的政策方向偏离正常的轨道，甚至可能导致我国和其他发达国家，甚至发展中国家之间的矛盾增多，不利于我国外部环境的改善。因此，我国外交政策、对外经济政策的战略目标不能定义为对抗美国，而应定义为推动建立公平、合理、有序的国际新秩序。对于美国加剧不平等和地区冲突的行为，我国应坚决予以反对；而对于美国一些承载着先进发展理念和价值理念的做法，我国也应予以适当支持。

（二）虽然 TPP 在劳工、产权和环境上的条款和我国的各项原则在法律上冲突不大，但加入 TPP 将会导致我国国内政策严重受美国的限制

部分学者反对加入 TPP 的理由在于 TPP 中知识产权、环保和劳工等领域的条款与我国现行制度存在较大冲突。但这种说法是不确切的。实际上，我国已经加入了几乎所有的知识产权保护和环保条约，也是国际劳工组织的重要成员，并不反对国际劳工组织的五大原则。我国虽未加入国际劳工组织的所有核心公约，但这些公约并不具有强制性（美国加入的核心公约数目甚至要少于我国），目前 TPP 的条款不会对我国的劳工政策造成严重的负面影响。

当然，法律上我国现行条款虽然与TPP冲突不大，但必须注意到这样的两个客观事实：一是我国法律的执行力要远远低于发达国家。以食品安全为例，我国相关的法律法规已经非常完善，但我国的食品安全事故近年来频频发生，也导致我国出口商品屡遭召回。在知识产权保护方面，我国的知识产权法和TRIPS协议几乎没有任何冲突，但我国国内盗版、侵权现象屡禁不止。二是美国运用法律维护自身利益的能力远超我国。如前所述，美国设置这些规则既有其价值理念的因素，更有维护自身利益的因素。倘若我国加入TPP，将会大大便利美国利用其运用法律规则的能力干预我国国内的政策，并利用我国执法能力较弱这一不足限制我国进入美国市场。

相较劳工、产权和环境等条款，TPP中的国民待遇和最惠国待遇原则可能对我国的影响更大。在TPP的框架下，国民待遇意味着不得在任何领域对外资企业、进口产品实施歧视（除例外条款外）。然而，目前我国在服务业等领域并未全面对外资开放，且对内资、港资甚至国有资本存在一定的差别待遇，美国很可能利用这些条款对我国施压，强迫我国开放市场。

（三）应对TPP必须内外兼治，双管齐下

综上所述，我国对待TPP应采取如下原则：

一是承认TPP对亚太经济一体化的促进作用，肯定其部分原则和精神的积极意义。如前所述，我国的立场是建立公平合理、兼顾自由和发展的国际贸易新秩序，这应作为我国评价任何一个自贸协定的参考标准。对于TPP的正面积极作用和合理性，不应回避，更不应否认。

二是明确指出TPP过分考虑发达国家利益，对于很多问题的立场不够中立的不足。如前所述，TPP在自由贸易、知识产

权、劳工等问题的立场是明显维护美国利益的，不具备合理性和正当性。对于TPP的这种不足，也应作出正面的回应。

三是表示TPP倘若能够真正站在公平、合理的立场上构建国际贸易秩序，我国将积极加入，并将发挥重要作用；并建议以观察员的身份参与相关条款的咨询和评议进程。这一行为将使我国化被动为主动，也表明了我国在国际贸易规则上的立场，无论最终我国是否加入TPP，均有利于改善我国的国际形象，有利于我国在全球经济治理改革中发挥应有的作用。

四是积极吸取TPP中积极的部分推进我国自身的自贸区战略。知识产权、劳工、环境、电子商务、临时入境等领域已经是国际经济合作中的重要领域，我国在推进自贸区进程中不能回避，而应加强相关研究，设置相比美国更公平合理的条款，并将其用于我国的自贸区战略。

五是加强国内制度建设，构建规范、公平的市场经济环境。一国输出国际价值理念的能力是自身国内制度体系的体现。目前，我国国内市场经济环境仍明显落后于发达国家，有法不依的现象相当严重，同时也缺乏先进道德标准来引导企业和民众行为。在这种文化价值观下，很容易导致我国的对外经济政策过于注重短期功利，缺少长远谋划和应对。为此，唯有苦练内功，扎实推进国内各项制度改革，并在全社会范围内大力弘扬先进的价值观和文化理念。

参考文献

1. Bergsten and Jeffrey Schott, Submission to the USTR in support of the Trans－Pacific Partnership Agreement, 25th January 2010 .

2. Barfield, Claude, The Trans－Pacific Partnership：a model for 21th

century trade agreements, American Enterprise Institute, International Economic outlook, No. 2, June. 2011.

3. Peter A. , Michael G. and Fan Zhai, "the trans – pacific Partnership and Asia-Pacific Integration: A Quantitative Assessment", Working Paper, 2011.

4. Siriwardana M. , The Australia – United States Free Trade Agreement An economic evaluation, The North American Journal of Economics and Finance, 2007, 18 (1): 117 – 133.

5. Chirathivat S. , ASEAN – China Free Trade Area: background, implications and future development, Journal of Asian Economics, 2002, 13 (5): 671 – 686.

6. Marcelo Olarrega, Isidro Soloaga, Alan Winters (1999), What's Behind Mercosur's Common External Tariff? World Bank Policy Research Working Paper, No. 2231.

7. 李巍. 制度变迁和美国国际经济政策 [M]. 上海: 上海人民出版社, 2006.

8. 盛斌. 亚太自由贸易区的政治经济分析: 中国视角 [J]. 世界经济与政治, 2007 (3).

9. 李巍. 你有 TPP. 我有中日韩自贸区 [J]. 中国经济周刊, 2011 (46).

附表

表 2－1　亚太区几大自由贸易协定内容对比

项目	中国—智利自贸区	中国—东盟自由贸易协定	日本—东盟自由贸易协定	韩国—美国	TPSEP	TPP（待定）
商品贸易（关税减让）	约 97% 的货物	涵盖 90% 以上的商品；对不同产品、不同国家设置不同的最终关税税率和减让期限	日本：93% 的产品完全减免关税，6% 适当降低关税；东盟：六大主要成员国 90% 的货物完全减免关税，其他成员国适度减免关税	五年后 95% 的关税削减至零；最终除极少数产品外，所有产品关税均降为零	接近 100% 减免关税	100% 减免关税
服务贸易	中国：允许保留对国内服务的补贴；允许律师行业设立代表处提供相关服务；在零售、教育、商业服务、专业服务等领域开放程度较 WTO 承诺更高，允许合作办学	中国：在部分行业开放程度加强（部分专业服务、运输等）；东盟国家开放程度整体上较我国更为广泛，涉及商务服务、分销、金融、医疗、娱乐和体育休闲服务、运输、银行、保险、工程、广告、非武装保安服务、药品和医疗用品佣金代理和零售的概念领域	简单提及	除航空等极少数行业外，实施国民待遇和最惠国待遇；在专业服务业推进两国标准体系统一	除航空等极少数行业外，实施国民待遇和最惠国待遇；在专业服务业推进标准体系统一	在绝大多数行业实施国民待遇和最惠国待遇；标准体系统一

续表 2-1

项目	中国—智利自贸区	中国—东盟自由贸易协定	日本—东盟自由贸易协定	韩国—美国	TPSEP	TPP（待定）
投资	规定了国民待遇、避免国有化、为利润汇回提供便利、禁止对投资企业设置的一切门槛（包括国有化采购比率、技术转让等）	签订专门的投资协议，规定了国民待遇、避免国有化、为利润汇回提供便利、投资争端解决机制等方面	简单提及	规定了国民待遇、避免国有化、为利润汇回提供便利、禁止对投资企业设置的一切门槛（包括国有化采购比率、技术转让等）	简单提及	设立非歧视性条款、最低待遇标准，禁止一切可能造成贸易扭曲投资的措施等；公平、透明和反应迅速的争端解决机制
原产地规则	整体上按照区域价值 40% 的规定；针对部分产品采取的特殊的规则	整体上按照区域价值 40% 的规定，针对部分产品设置例外条款	整体上按照区域价值 40% 的规定，针对部分产品设置例外条款	按 HS6 位码给出了各类商品原产地规则的判定标准	分大类给与同不同的原产地规则，如对加工贸易要求增值率不低于 45%	统一原产地规则，具体尚未确定
贸易救济	允许，时间最长为 2 年	允许，时间最少为 3 年，延长期不得超过 1 年	允许	允许	允许，但程度很低	允许
透明度	在各内容内适当涉及，无专门章节	在各内容内适当涉及，无专门章节	有专门章节，较为重视	有专门章节，较为重视	有专门章节，较为重视	极为重视，在各个领域中均重点强调

续表 2－1

项目	中国—智利自贸区	中国—东盟自由贸易协定	日本—东盟自由贸易协定	韩国—美国	TPSEP	TPP（待定）
技术性壁垒	成立专门机构负责，基本按照 TBT 标准	简单提及，按照 TBT 标准	成立专门机构负责，完全按照 TBT 标准	成立专门机构负责，基本按照 TBT 标准；对汽车环保等领域给出了专门的标准规定；规定了明确的评定程序	成立专门机构负责，基本按照 TBT 标准，强调技术标准的等价性；规定了明确的评定程序	基于并高于 TBT 标准
卫生壁垒	成立专门机构负责，基本按照 SPS 标准	简单提及，按照 SPS 标准	成立专门机构负责，基本按照 SPS 标准	成立专门机构负责，基本按照 SPS 标准	成立专门机构负责，基本按照 SPS 标准，并强调要加强具体事项安排的合作，包括主管机关和联络点和病虫害检查等	基于并高于 SPS 标准
知识产权	主要基于 TRIPS 协议	主要基于 TRIPS 协议	简单提及	有，除 TRIPS 协议外，要求双方加入多项国际知识产权条约；在域名、商标、专利和医药产品纺织等领域都高于 TRIPS 协议	以 TRIPS 协议为基础，鼓励成员国加入其他知识产权条约	基于高于 TRIPS 协议

续表 2－1

项目	中国—智利自贸区	中国—东盟自由贸易协定	日本—东盟自由贸易协定	韩国—美国	TPSEP	TPP（待定）
通信	无	无	无	有，要求对对方的电信服务商开放公用线路，互相开放电信服务等	无	通信服务业的公平竞争、加强透明度建设
电子商务	简单提及	简单提及	无	要求不得对数位产品的进出口实施补贴或限制；加强在认证信息化方面的合作；推进海关无纸化办公、网上消费者保护；减少信息流动的壁垒	简单提及	完善交易平台、提供电子交易证明、消费者保护、支持电子商务相关信息的传播、减少政府限制
争端解决机制	有专门的争端解决机制协议，整体较为完善	有专门的争端解决机制协议，整体较为完善	有专门的争端解决机制协议，整体较为完善	有专门的争端解决机制协议，整体较为完善	有专门的争端解决机制协议，整体较为完善	有，并试图成为亚太区争端解决机制的标准
自然人流动	简单提及	简单提及	简单提及	简单提及	要求对临时性入境给与便利化	要求对临时性入境给与便利化

续表 2-1

项目	中国—智利自贸区	中国—东盟自由贸易协定	日本—东盟自由贸易协定	韩国—美国	TPSEP	TPP（待定）
劳工	简单提及	无	简单提及	要求遵守世界劳工组织的相关要求	无	切实履行保护劳工权利的义务，并将就相关问题的合作、协商和对话建立常设机制
政府采购	无	无	无	在 WTO 政府采购协议的基础上给出两国开放清单	要求给与外国供应商和国内供应商同等待遇；对公开招标、反腐败等问题均给与了规定	公平、透明和非歧视性，但发展中国家应采取渐进方式
金融服务	无	简单提及	无	明确规定给与国民待遇和最惠国待遇；禁止对跨境金融服务提供限制；禁止对外资金融机构给与任何门槛限制（包括资本、本地员工比例等）	无	提高透明度、非歧视性、公平对待金融创新、投资者保护条款及相应的争端解决机制

续表 2 –1

项目	中国—智利自贸区	中国—东盟自由贸易协定	日本—东盟自由贸易协定	韩国—美国	TPSEP	TPP（待定）
环境	简单提及	简单提及	简单提及	要求各国环境相关法规的公平、公正及透明；各国应提供便利保护环境的机制；建立专门的环保促进机构；签署环保合作协定	无	所有贸易相关议题必须充分考虑其对环境的影响，以实现贸易和环境的共同发展；通过有效的制度安排为增强发展中国家的环境保护能力提供支持；重点关注海洋渔业、生物多样性、气候变化、环境产品和服务、外来物种入侵等问题
海关管理	简单提及	简单提及	简单提及	明确要求海关必须为商品出入境提供灵活有效的程序；相关政策信息必须及时公示，以帮助贸易商作出决策	要求加强商品出入境便利化、海关合作、法规信息披露	透明、高效、有利于贸易便利化的海关体系

续表 2-1

项目	中国—智利自贸区	中国—东盟自由贸易协定	日本—东盟自由贸易协定	韩国—美国	TPSEP	TPP（待定）
市场环境	无	无	简单提及	要求双方必须具有保护市场竞争的法规、专门机构和执行措施（不包括政府采购）；要求国内的指向性垄断企业也不得违背相关法律规定	要求所有的商务活动（包括公共商务活动）均遵循同样的市场竞争相关法律体系；允许政府指向性垄断的存在，但必须遵守市场竞争相关法律规定	对待其他成员国的进口商品，其市场准入应是便捷的、稳定的和透明的
纺织品和服装	无	无	无	专门订立相关协议，内容包括加强双方海关合作，对纺织品进口采取应急限制措施的程度进行了规范等	无	有
能力构建	无	无	无	无	无	应支持发展中国家的能力构建
常设机构	成立自由贸易委员会	由中国——东盟贸易谈判委员会负责，但并未明确表示设置常设机构	有	有	有	有

续表 2－1

项目	中国—智利自贸区	中国—东盟自由贸易协定	日本—东盟自由贸易协定	韩国—美国	TPSEP	TPP（待定）
国有企业	无	无	无	强调国有企业在投资、贸易等方面必须遵循非歧视原则	简单提及	有
中小企业	提出了加强中小企业合作的十大重点领域	简单提及	简单提及	无	简单提及	加强在支持中小企业领域的国际合作，注重信息共享和能力建设
文化	提出了加强文化合作的六大重点领域	简单提及	简单提及	简单提及	简单提及	目前未提及
其他	特别提出了对矿业合作的要求	提出要加强农业合作，但无实质性内容	强调了标准、技术和合格评定程序的重要性	单独就医药产业和药品贸易签订了协议，涉及药品定价、药品市场准入等多个方面；单独对于韩国相对敏感的农产品设定条款	特别提出要加强战略合作，包括政策对话、商务合作信息交换机制、科技合作、教育合作等	可能单独对农业设置条款

专题报告二

美国加入 TPP 的动因、挑战和影响——从美国视角分析[①]

内容提要：

美国加入并主导 TPP 有内在的经济动因，更有深刻的战略意图。美国推进 TPP 面临成员国差异性大、其他区域合作组织竞争以及国内利益集团干扰等挑战，而且，现阶段的 TPP 成员国之间贸易占美国对外贸易总量比例较小，但如果美国重要贸易伙伴都加入 TPP，TPP 对于美国贸易和经济的影响将扩大。更重要的是，以 TPP 为平台，美国将加强与亚太地区其他国家各项事务的合作，从长期来看，TPP 担负着其亚太地区进行战略布局的重要使命，可能给美国带来巨大战略利益。

① 报告执笔人：曲凤杰，朱梦曳。本报告发表于《国际贸易》2012 年 9 月。

一、美国加入 TPP 的动因

TPP 是泛太平洋伙伴协定（Trans-Pacific Partnership Agreement）的缩写，最早是由文莱、智利、新加坡和新西兰四国发起的一组多边关系的自由贸易协定（FTA），旨在促进亚太地区的贸易自由化。TPP 成员之间彼此承诺在货物、服务贸易、知识产权以及投资领域相互给予优惠并加强合作。此协议采取开放的态度，欢迎任何 APEC 成员和非 APEC 成员参与。该协议的重要目标之一就是建立自由贸易区。最初创立的四个成员国统称为 P4，其影响范围并不大。但美国于 2008 年宣布加入 TPP 后，提出扩大 TPP 计划，继而邀请了澳大利亚、秘鲁进入谈判并最终加入了 TPP。2010 年越南和马来西亚也成了 TPP 的成员，2012 年 10 月，加拿大和墨西哥加入，TPP 由以前的 P4 成了 P11。

美国加入 TPP 并积极推动其发展的动因要从经济和战略两个层面分析。

在经济方面，TPP 作为自由贸易协定可以给美国带来贸易扩大的利益。尤其是在经历了金融危机的巨大冲击后，美国亟须转变贸易发展格局，美国总统奥巴马提出的五年出口倍增计划（NEI：National Export Initiative），力争于 2015 年将美国出口增加一倍。亚太地区拥有世界 40% 的人口，占有全球 50% 的 GDP，对亚太地区贸易占美国总贸易量的 60% 以上。这样一个快速发展的新兴市场对于美国扩大贸易和发展经济具有重要意义。

但是，美国加入 TPP 绝不仅仅是经济方面的考虑，更深层次、也更为重要的是美国将其视为亚太地区的重新战略部署中至关重要的一枚棋子，是美国重返亚太的重要战略工具。美国加入TPP的战略意图主要有三：

1. 直接参与并主导亚太地区贸易合作机制，继续引领制定亚太地区乃至世界自由贸易的新标准

WTO 的多哈回合从 2001 年启动谈判开始到现在，十年间未取得成果，整个谈判由于无法达成共识而陷入了僵局。对于美国而言，多哈回合的搁置不代表自由贸易的停滞，美国需要积极寻求其他方式作为多哈谈判的替代品。而 TPP 的前身 P4 则给美国提供了这一契机。P4 奉行在贸易的各个领域，包括农业完全自由贸易，实现零关税，这一点非常吸引美国。美国提出了建立“高标准、高质量”自由贸易协定的设想，将 TPP 发展目标确定为：一是将 TPP 建成一个全面高标准的区域自由贸易协定，从而达到消除、减少贸易壁垒以及提升美国贸易和投资机会的目的；二是让美国参与到亚太地区贸易自由化的发展之中；三是让美国能在国际贸易上建立新秩序，增加中小企业的贸易机会。

对于美国而言，TPP 的高标准是树立贸易新秩序的基石。美国自身在许多领域都可以达到这样的高标准，对 TPP 成员和准成员起到示范作用。而且这样的高标准又是美国提出发起的，也就是说，从加入 TPP 起美国就已经成了 TPP 的领导者。随着 TPP 在亚太地区的影响力和地位的不断扩大与提高，美国自然而然也就成了亚太区域贸易规则的主导者。一旦这样的高标准范本被推广，许多寻求贸易发展的国家将不得不加入这一阵营。不仅是亚太地区，甚至全球许多 FTA 都可能向着这样的新范本看齐。美国作为规则制定者，便可以加强其对全球贸易的掌控力。这就是为什么美国积极加入引领 TPP，并提出“高标准”贸易范本的原因。也就是说，“高标准”协议特点是美国领导贸易规则的重要说辞和“一面旗帜”。

2. 积极配合美国重返亚太的战略，作为其重返亚太的一把“金钥匙”

“重返亚太”的是针对美国战略重心的调整而提出的。9·11以来，小布什将美国战略重心放在反恐，对外政策也主要针对中东地区，而将亚太地区放在了相对次要的位置上。在这十年间，美国错过了许多在亚太、特别是东亚地区的发展机会，在亚太地区大部分的双边贸易和投资协议中都没有美国的介入。从1997年金融危机以来，东亚的合作进程较快，特别是在金融和自由贸易领域。目前中国与东盟十国建立了“10+1”的自由贸易区，中国还提出了“10+3”，日本提出了“10+6”的合作机制。尤其是在“10+3”、“10+6”的框架下都将美国排除在外，但却包含了全球第二、第三大经济体以及其他亚太主要经济体。另外，整个亚太地区有180多个优惠贸易协定，其中大部分都美国都没有参与其中，对未来美国在亚太地区的控制力和地位都造成了一定威胁。美国担心一旦东亚地区的合作成熟，美国将面临被边缘化的危险，贸易、投资的转移效应会给自己的经济利益造成极大的损失。加之东亚各经济体十年间蓬勃发展的形势更刺激了美国的神经，美国需要尽快把投入在中东地区的精力转移到亚太地区。

从2009年奥巴马宣布重返亚太开始，美国已经采取了一系列的行动。在军事上，美国重新部署了在澳大利亚的军队，在新加坡增派了海军，与菲律宾在许多新的军事领域进行合作；美国在东亚地区整体加强了军事部署，并制定了新的军事防备计划。美国正式参加了东亚峰会，也证明美国在亚太地区的足迹在逐步扩大。而TPP就成了美国重返亚太经贸领域的一把金钥匙。以亚太合作为名的TPP对于美国而言更多的是要与东亚的联盟抗衡，打破没有美国参与的东亚合作。即使TPP面临诸多挑战，甚至可能陷入谈判僵局或者推进时间较长，美国也可以利用TPP不断参与到亚太的经济事务中而不会被排除在外。有了TPP在经贸方面的基础，美国便可以不断渗透深入到亚太合作的各个领域。比起TPP在短时间内带给美国的经济效益，这样温水煮青蛙式的参与模式才是美国真正想达到的目的。

3. 制衡中国在东亚地区逐步增强的影响力

美国反恐十年，放松了对亚太地区的控制，也给中国十年时间在相对宽松的环境下迅猛发展。美国重返亚太的战略很重要的一部分原因就是制约中国在东亚、亚太及整个世界政治经济中的影响力。TPP作为美国重返亚太计划的一个重要部分，对这一目标也将起到关键作用。

我国人均GDP增量在1978～1990年间不到100美元，90年代增长到600多美元，而在近十年增长到4000多美元。如今已经超越日本成了世界第二大经济体。根据这样的增速推算，中国有可能在下个十年结束初期就可以赶超美国成为全世界第一大经济体。经济实力的增强使得我国在地区间，国际上的政治地位大大提升，军事实力有明显的提高。中国更是在这十年间成了世界最大出口国。除美国外TPP国家从中国的进口由2000年的6%上升到了2010年的15%（见图3－1）；而对美国的进口则从16%下降到了11%。出口方面，除美国外，TPP国家对中国的出口由4%上升到15%，对美国则由16%下降到8%。这充分说明了中国的对外贸易逐步扩大，有赶超美国的趋势（见图3－2）。

在这种情况下，美国感到在亚太地区的贸易地位受到了来自中国的挑战。近些年来，世界舆论也一直将中国看作是美国最大的竞争对手，各种中国“威胁论”层出不穷。奥巴马在多次公开演讲中都提到绝对不当世界第二。不仅美国担心中国会取而代之其世界霸主的地位，中国周边国家也对中国崛起有着不同程度的担心，恐惧未来中国会对东亚拥有绝对的控制权，对其他国家造成威胁。因此，美国有强烈的意愿参与到亚太方方面面的事务中，而东亚各国家也对美国的参与持开放、默许甚至欢迎的态度。制衡中国成了美国与东亚其他国家的一项共同利益。TPP 则成了在经贸领域遏制中国的工具。

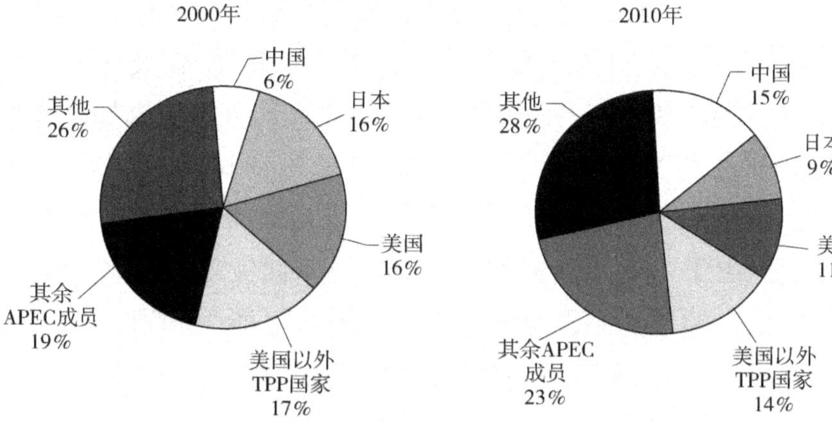

图 3－1　TPP（除美国外）商品贸易进口情况

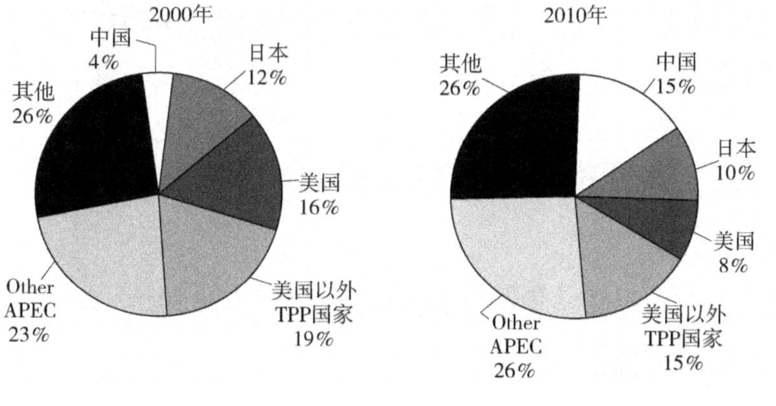

图 3－2　TPP（除美国外）商品贸易出口情况

资料来源：美国 ITC。

一方面，美国领导的 TPP 给东亚各个国家提供了在促进自由贸易上的另一个选择，东亚各个国家可通过加入 TPP 在促进自由贸易的同时借助美国平衡中国在亚太的影响力。中国积极倡导“10+3”的合作模式，出于对中国崛起的担心，东盟和其他国家并未给出明确的答复。美国可以利用TPP不断吸收亚太地区经济体而减少建立“10+3”的可能性，从而阻止和干扰由中国积极推动的东亚一体化进程。

另一方面，TPP使得中国的福利受到损失。根据GTAP模型分析，当P8成立后（未包括马来西亚），8个国家均受益，其中美国的GDP将增长0.05%，福利增加0.27亿美元。中国的GDP下降0.06%，福利减少1.43美元。当日本也加入TPP并完全开放相关产业，美国GDP将增长0.06%，福利增加18.77亿美元，而中国GDP将下降0.31%，福利将减少7.76亿美元。由于东南亚国家如菲律宾、马来西亚等在服装、电子产品等出口领域与中国有竞争关系，TPP可能引起贸易转移效应，其成员国势必会减少从中国在相关领域的进口。这对中国来说是非常不利的。

以上三个战略目标互相交织、相辅相成，目的都是为了使美国巩固其在亚太，尤其是东亚地区的经济、政治和军事的主导地位。

二、美国推动TPP发展面临的主要挑战

（一）TPP成员和准成员的差异性给美国推进TPP带来挑战

TPP成员和潜在成员无论从地理、人口还是经济发展程度上都有较大的差距，贸易类型、规模以及开放程度也各不相同。美国是TPP最大的成员国，在经济、人口以及国土面积上都远远超过其他10个国家。TPP中人口数量排名第二的越南仅是美国人口数量的四分之一；TPP中GDP总量排名第二的

澳大利亚是美国GDP总量的十二分之一。根据2010年统计数据显示，不包括美国在内的8个国家的GDP总量为2.3万亿美元，仅是美国的16%；人口为1.95亿，是美国人口的63%。2010年美国与TPP成员国之间的贸易总额仅占美国贸易总量的5%，而美国与整个亚太地区的贸易量则占到了美国贸易总量的60%。说明TPP成员在美国对外贸易中的地位和作用并不突出。中国、日本是全球第二大和第三大经济体，也是美国最重要的贸易伙伴，目前都未加入TPP。由于缺乏亚太地区重要经济体的参与，TPP目前的影响力有限。

亚太地区具有多样性和复杂性（见表3－1），从地理上看，TPP成员遍及北美、南美、东亚和大洋洲；从经济水平来看，既有发达国家，也有发展中国家，既有以制造业为主的国家，也有以资源为主的国家；从政治体制上看，既有资本主义国家也有社会主义国家；从宗教信仰来看，既有基督教国家，也有佛教国家，还包含儒家文化圈。这种差异决定了亚太地区经济体在涉及农业、劳工、知识产权等领域都有着较大的利益分歧。但TPP的要求极高，根据现有规定，成员国须在10年内取消所有关税，实现贸易完全自由化，并具有法律效益。TPP设立的高标准无疑会给各国贸易带来极大挑战，将对许多国家敏感的贸易领域造成极大冲击。如果在一些国家无法预知开放某些领域的后果时强行按高标准行事，无异于对某些TPP成员国进行“休克疗法”。而为了让所有成员都能达到标准，进行不断的协商和谈判，则有可能让TPP陷入僵局。

表3－1　APEC成员基本情况

类型	成员	GDP（10亿美元）	人口（百万）	人均GDP（PPP）	实际GDP增长率
TPP国家	澳大利亚	1237	22.2	39764	2.68
	文莱	12	0.4	48333	2.6

续表 3-1

类型	成员	GDP（10亿美元）	人口（百万）	人均 GDP（PPP）	实际 GDP 增长率
	智利	203	17.2	15040	5.19
	马来西亚	238	28.3	14744	7.19
	新西兰	141	4.4	27130	1.66
	秘鲁	154	29.6	9358	8.79
	新加坡	223	5.2	56694	14.47
	越南	104	88.3	3143	6.78
	美国	14527	310.0	46860	3.03
	加拿大	1577	34.1	39171	3.22
	墨西哥	1034	108.6	14406	5.42
潜在 TPP 国家	日本	5459	127.6	33885	3.96
	泰国	319	63.9	9221	7.78
	韩国	1014	48.9	29997	6.16
	菲律宾	200	94	3920	7.63
其他 APEC	中国	5878	1341.4	7544	10.33
	中国香港	224	7.1	45944	6.97
	印度尼西亚	707	237.6	4347	6.11
	巴布亚新几内亚	10	6.5	2307	7.03
	俄罗斯	1480	142.9	15612	4.00
	中国台湾	430	23.2	35604	10.88
	合计	10262	1965.5		
APEC		35171	2741.4		

资料来源：IMF 世界经济展望 2011 年 9 月，2010 年数据。

（二）TPP 与 APEC 以及其他亚洲区域合作组织可能存在竞争

APEC（亚太经合组织）是亚太地区乃至全球最有影响力

的经济合作官方论坛。目前有21个经济体加入了该组织。TPP的11个成员全部都是APEC的成员。APEC拥有全球40%的人口和全球50%以上的GDP。显然APEC相比于TPP来说是亚太地区更大的区域性合作组织。从APEC成员国的基本情况看，TPP与整个APEC相比在实力上有着巨大的差别。除美国以外的TPP成员国GDP总量分别少于中国和日本的1/2。APEC属于经贸合作的软机制，其合作精神是“开放、渐进、自愿、协商、发展、互利与共同利益”。在APEC的松散体制下，各个经济体可以本着求同存异、互相尊重的原则进行各方面的合作，抛开分歧和矛盾，消除紧张关系。而TPP则建立的是一个高标准全面的多边贸易协定，有着严格的规章和很高的合作门槛，合作范围也比普通的FTA要广泛，自由化程度更高。相对于APEC的这种开放的、自愿的和松散的合作方式，TPP发展的难度会更大。APEC本身并不对贸易协定进行协商，但其目标中包括了建立更加自由的贸易和投资区域，最终目标也是建立亚太自由贸易区（FTAAP），达到亚太经济一体化。与TPP相比，APEC较为温和的协商合作方式也许更适合亚太地区的发展，缩小各经济体的差距，最终达到经济一体化的目的。

从亚洲区内区域合作组织情况看，中国与东盟成立了东盟—中国自由贸易区（ACFTA）。中国与东盟中的六个国家将近90%的进口产品都实行零关税政策，其余四个国家也将与2015年实行这一政策。同时，东盟还与澳大利亚、印度、日本、新西兰和韩国建立了FTA。东盟往往对损害自己主导权的方案一向较为谨慎，因此也没有对中国主导的“10+3”（东盟+中、日、韩）或日本提倡的“10+6”（10+3，澳大利亚、新西兰、印度）明确表示支持，旨在平衡中日之间的关系，使自己不受牵制。但TPP由美国主导，分化了东盟的成员，作为单个个体的东盟国家在谈判中的发言权会极大缩水，这并不符合东盟利益。未来，“10+3”和“10+6”都将可能对TPP构成竞争。

（三）TPP的“高标准”招致美国以及其他成员国内部利益集团的阻挠和反对

尽管每个国家都站在自己国家立场考虑自由贸易给国家带来的利益，但每个国家都必须面对国内部分受自由贸易影响的利益集团的反对呼声，即使是美国也不例外。TPP的高标准对美国以及其他成员国的利益集团的利益构成威胁，利益集团的干扰有可能影响谈判的进程。

在农业方面，美国一直以来都拒绝大部分农产品贸易的FTA，而TPP的前身P4恰好规定了农产品实行完全的自由贸易，成员国必须除去对农产品的全部关税。美国从新西兰的进口一半以上都是农产品，主要包括肉类和奶制品。之前美国奶制品行业已经对一项与降低新西兰奶制品进入美国市场难度相关的协定提出了警告，30名参议员联名给美国贸易代表署（USTR）写信表达了对此事的担忧。新西兰也很难将奶制品这一项从协定中去除，因为奶制品是新西兰的重要经济支柱之一。但如果不去除奶制品这一项，新西兰也没有其他交换条件提供给美国，因为新西兰市场较小，又已经是贸易高度自由化，很可能在TPP的贸易协定中无法满足美国的需求。从这点上看，农业的贸易自由化不仅给美国自身，也给像新西兰这样的国家带来贸易上的困扰。在农业问题受阻的还有日本和韩国，这两个国家都非常有兴趣加入TPP的谈判。但农产品贸易自由化使得两个国家都在国内面临着极大压力。作为两个资源比较匮乏的国家，一旦农产品贸易自由化，国内的农产品将被进口产品取代，农业将受到非常大的冲击。这成了日本和韩国加入TPP的绊脚石。

在知识产权问题上，美国以及其 FTA 伙伴实行着高于 WTO 的知识产权保护标准。对于其 FTA 伙伴，这样的高标准不成问题，例如美国与澳大利亚之间的 FTA（AUSFTA）。尽管如此，AUSFTA 与美国和新加坡之间的 FTA 在知识产权问题上还是有不衔接的问题。如美国和新加坡的 FTA 并不禁止平行进口，但 AUSFTA 却明确禁止。另外，新西兰也不禁止平行进口。如果美国在 TPP 当中规定必须禁止平行进口的行为，便会遭到新加坡和新西兰的反对。这样的矛盾会造成 TPP 的高标准难以达到。

此外，TPP 的程序问题也给 TPP 的发展造成了困扰。即使美国解决了以上问题，跟其他 11 个成员国都协商完成，要执行还必须通过国会进行立法，否则这些协商成果都是无效的。就以往立法通过 FTA 的经验来看，总统都使用了“贸易促进权”（TPA：Trade Promotion Authority）。这项总统的特殊权力可以使国会不需要逐项投票给贸易协定的每个条款，而是直接判定是通过还是否决。直接判定要比逐项投票进程快得多，而且通过概率远大于后者。但目前国会不愿意授予奥巴马总统 TPA，其中很重要的原因是许多民主党议员出于贸易保护的思想也反对建立新的 FTA。因此 TPP 能否正式在美国生效的前景也具有不确定性。

三、TPP 对美国的影响

（一）加入 TPP 谈判后，美国对其他 TPP 谈判参与国的出口有所增加

根据美国对 TPP 国家商品贸易 10 年来的变化情况（见图

3－3)，美国由以前对 TPP 国家的商品贸易逆差逐步转变为顺差。从 2008 年加入 TPP 谈判到 2010 年，这三年都呈现了贸易顺差，而之前 7 年，美国一直处于逆差。

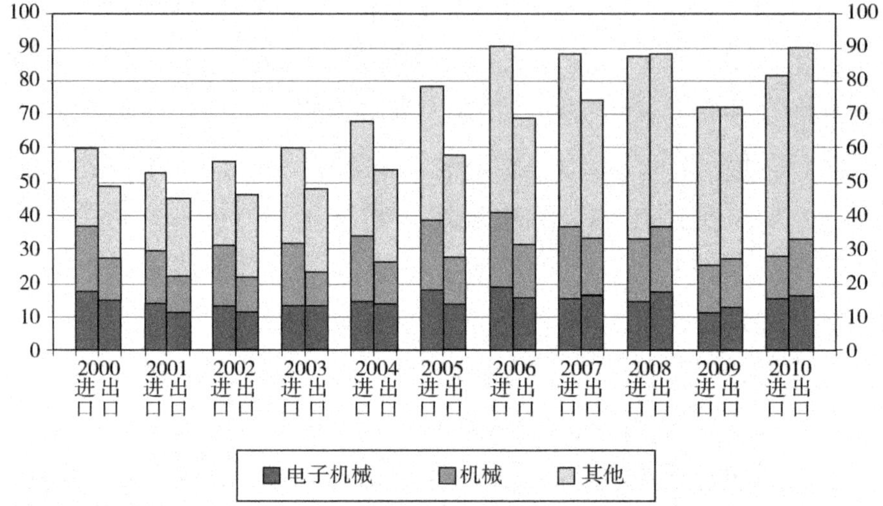

图 3－3　美国对 TPP 成员国贸易变化情况（单位：10 亿美元）

资料来源：美国 ITC。

导致变化的原因是美国从 TPP 国家的进口减少而出口明显增多。就 2010 年来说，美国从 TPP 国家的进口额比 2006 年的峰值要下降将近 100 亿美元，而出口额增长了近 200 亿美元。而 2011 年统计数据显示，美国对 TPP 国家的贸易余额已经比 2010 年同期翻了一倍，高出了 60 亿美元。主要归功于加入 TPP 后美国对马来西亚进口减少，并大幅度增加了对澳大利亚、智利、秘鲁和新加坡的出口（见图 3－4、图 3－5）。

美国加入 TPP 谈判对美国服务贸易也产生积极影响。在与 TPP 的服务贸易中，美国也是顺差国。2010 年美国对澳大利亚、智利、马来西亚、新西兰和新加坡等五个 TPP 成员国的顺差高于 150 亿美元。具体来看，澳大利亚和新加坡是这五个国家中美国最大的两个贸易伙伴，除了新西兰之外，美

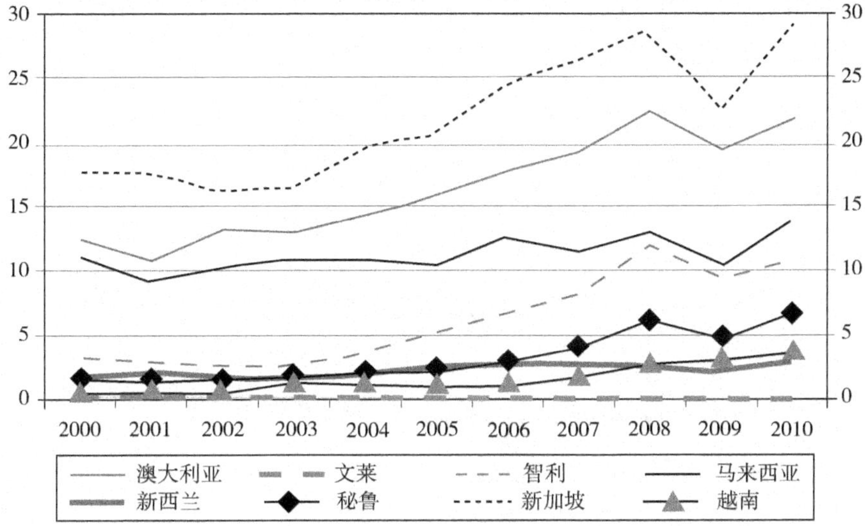

图3－4　美国与TPP成员商品贸易出口

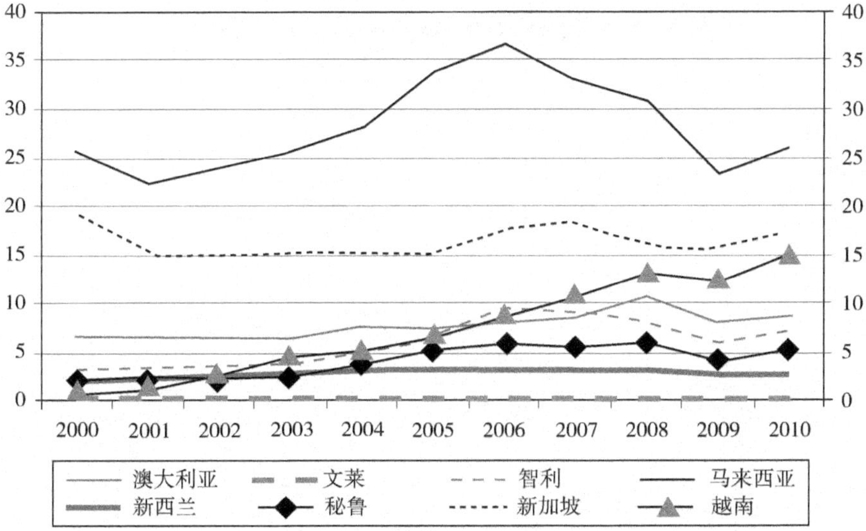

图3－5　美国与TPP成员商品贸易进口（单位：10亿美元）

资料来源：美国ITC。

国对其余几个国家都有着显著的贸易顺差。美国对澳大利亚的出口更是增长迅猛，由之前的48亿变为了131亿。相反，美国从澳大利亚进口的服务则增长缓慢，导致美国对澳大利亚的服务贸易顺差从12亿美元激增至76亿美元（见图3－6和图3－7）。

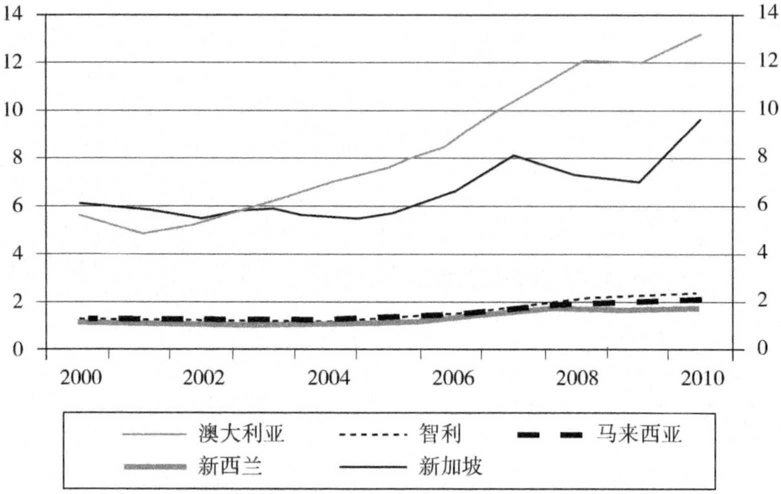

图3－6　美国与5个TPP成员服务贸易出口

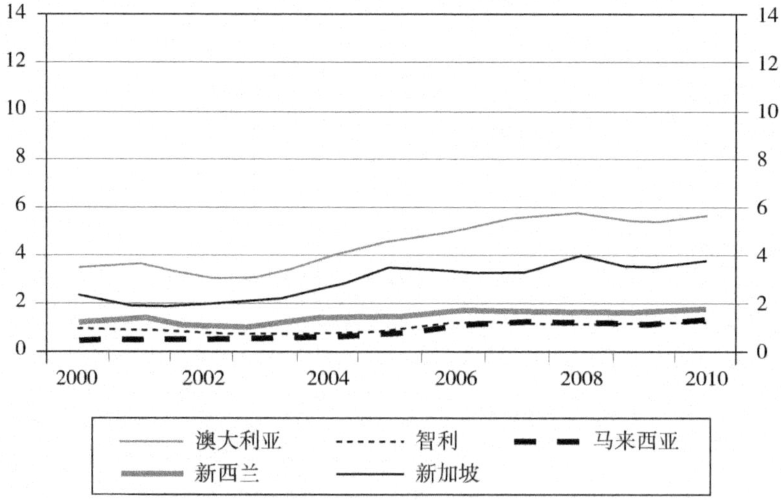

图3－7　美国与5个TPP成员服务贸易进口（单位：10亿美元）

资料来源：美国ITC。

美国经济主要以服务业为主，服务业为美国提供了83%的非农业就业机会和65%的GDP。服务贸易的增加为美国的就业带来了福音，不仅增加了供应链上的就业机会，也提高了就业岗位的质量。因为美国出口的服务以金融服务和专利使用权（royalties）服务为主，服务贸易的扩大有利于为受到金融危机冲击后大量失业的金融等领域的高端人才提供大量“高薪高质量”的就业岗位。

（二）现阶段TPP并没有大幅度提升美国的贸易量

美国目前与全球17个国家都签订了FTA，还有三个国家正在谈判中。在TPP成员国中，美国与其中的澳大利亚、智利、秘鲁、新加坡、加拿大和墨西哥六个国家都签订了FTA，澳大利亚和新加坡是美国在TPP中的主要贸易合作伙伴。美国最大的FTA是于1992年与加拿大、墨西哥签订的NAFTA（北美自由贸易协定）。尽管TPP是美国第二大的FTA，但从贸易量来看，TPP在现阶段并没有大幅度提升美国的贸易量，即使加入日本，TPP在与美国对外贸易上也远远不能与NAFTA相较（见图3-8）。

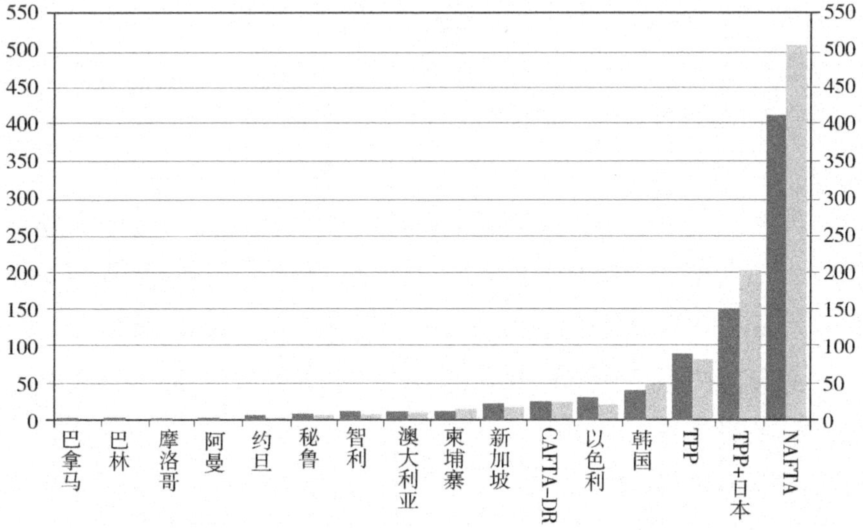

图3-8 2010年美国与其现有的FTA伙伴以及TPP国家的进出口情况

资料来源：美国ITC。

从过去十年美国与TPP成员国的进出口情况看，2010年，美国商品有一多半出口到澳大利亚和新加坡；而进口商品，则大部分来源于马来西亚和新加坡。也就是说美国加入TPP对于美国与这些成员国的贸易暂时还不会产生太大影响。从目前情况看，美国加入TPP在短时间内很难大幅提高其进出口总量，至少很难仅凭TPP达到奥巴马提出的五年内将美国出口翻一番的目标。

（三）从长远来看TPP有可能取代APEC而成为亚太地区最重要的经贸合作组织，对于美国贸易发展具有很大的推动作用

亚太地区发展迅速，对于开放贸易有着较高需求，TPP扩张的可能性较大。根据2010年的数据显示，75%以上的亚太地区经济体GDP增速都大于3%（美国GDP增速），三分之二的经济体都保持着5.1%（全球平均GDP增速）的增速。由于自由贸易是经济发展的催化剂，大多数亚太经济体对加入TPP都有着较高的热情。除了日本已经加入谈判外，力图通过积极加入TPP来获得更多海外份额以及在全球贸易规则中增强影响力，韩国和中国台湾都明确表示了对TPP的兴趣。

日本的加入对TPP和美国来说是重大利好，首先，日本是全球第三大经济体和美国第四大贸易伙伴，日本的参与对于TPP提高其在亚太地区乃至世界的经济地位有着显著作用。届时，除美国外的TPP成员国的GDP总量将是现在的三倍。其次，也是更重要的一点，日本的加入会起到领头羊的作用，吸引更多亚太地区的经济体加入TPP。目前受日本的影响，加拿大与墨西哥也正在考虑加入TPP。对于美国而言加拿大和墨西哥分别是其第一和第三大贸易伙伴。加拿大和墨西哥的加入使

TPP在亚太地区的影响力大幅度提升，未来有可能取代 APEC 而成为亚太地区最重要的经贸合作组织。

（四）TPP 将极大助力美国重返亚太战略目标的实现

TPP 可能不会为美国带来迅速有效的巨大经济利益，但只要美国能把握住关键机遇，极力促使日本、加拿大和墨西哥等美国重要贸易伙伴加入 TPP，便可使其贸易和经济效应扩大。而 TPP 更深层次的影响在于美国凭借 TPP 可以顺利快速的成为亚太经贸合作的领导者。美国通过 TPP 的“高标准”设立起自由贸易协议的新标杆，让自己在规则制定中更有话语权。在重返亚太的战略中，美国通过 TPP 来保持美国在亚太经济领域的介入。即使面临着许多操作困难，这样的介入也是绝对有效的。同时，美国利用东亚各国对中国崛起表现出的恐惧以及迫切希望制约中国不断扩大的权利的愿望，用 TPP 来牵制没有美国参与的东亚经济一体化。对于美国而言，越早介入东亚经济一体化进程对美国越有利，否则随着一体化进程的加快，美国也很难再找到牵制机会。另外，TPP 可以帮助美国实现制衡中国的目的。

总之，TPP 对于美国来说不是普通的 FTA，而是美国总体战略部署的关键环节，其长远意义大于短期意义，战略意义大于经济意义。为此，需更多地站在战略高度来谋划化解方案。不能因为 TPP 目前在贸易方面影响有限而忽视了其可能对我国产生的重大不利影响。

参考文献

1. Brock R. Williams, "Trans – Pacific Partnership (TPP) Countries: Comparative Trade and Economic Analysis", Congressional Research Service, 2012.

2. Meredith Kolsky Lewis, "The Trans – Pacific Partnership: New Paradigm or Wolf in Sheep' s Clothing?", Boston College International and Comparative Law Review, 2011, Volume 34 Issue 1.

3. 沈铭辉. 跨太平洋伙伴关系：美国应对东亚合作，工作论文.

4. EABER SABER Newsletter, 2010.

5. Alice M, "TPP Tool of US imperialist globalization: Fight for People' s Sovereign Rights and Power", 2012.

6. Mark E. Manyin etc. , "Pivot to the Pacific? The Obama Administration's 'Rebalancing' Toward Asia", Congressional Research Service, 2012.

7. John Ravenhill, "Extending the TPP: The Political Economy of Multilateralization in Asia", Paper for Asia Pacific Trade Economists' Conference ARTNeT, United Nations Economic and Social Commission for Asia and the Pacific, 2009.

8. Razeen Sally, "Regional Economic integration in Asia: The Track Record and Prospects", ECIPE occasional paper, 2010.

9. C. Fred Bergsten& Jeffrey J. Schott, "Submission to the USTR in Support of a Trans – Pacific Partnership Agreement", Peterson Institute for International Economics, 2010.

10. Bernard K. Gordon, "The Trans – Pacific Partnership and the Rise of China: What Japan Joining the TPP Means for the Region", Foreign Affairs, 2011

11. C. Fred Bergsten, "World Trade and the American Economy", Peterson Institute for International Economics, 2010.

12. Mireya Solis, "Last train for Asia – Pacific Integration? U. S. Objec-

tives in the TPP Negotiations", Waseda University Organization for Japan - US Studies, Working Paper No. 201102, 2011.

13. 王玉主. 后危机时期中国—东盟经济合作前景［J］. 亚太经济, 2010（3）.

14. 李坤望, 宋立刚. 中国的贸易扩张及其对亚太地区贸易增长的贡献［J］. 经济学（季刊）, 2006（1）.

15. 卢锋. 大象难以藏身于树后——中国经济相对体量观测, 北京大学国家发展研究院, 讨论稿, 2011.

16. Peter A., Michael G. & Fan Zhai, "The Trans - Pacific Partnership and Asia-Pacific Integration: A Quantitative Assessment", Working Paper, 2011.

17. Löfgren H., "The Trans-Pacific Partnership Agreement: a threat to affordable medicines and public health", Southern Med Review, (2011) 4; 2 : 2 - 3.

18. Ken Itakura& Hiro Lee, "Economic Integration in the Asia - Pacific Region: Sequencing, Welfare Impact, and Industrial Adjustments".

20. 万璐. 美国 TPP 战略的经济效应研究——基于 GTAP 模型的分析［J］. 当代亚太, 2011（4）.

专题报告三

美国推进 TPP 谈判的立场、利益诉求及发展趋势[①]

内容提要：

美国官方明确表明，推进 TPP 谈判意在维护其在亚太地区的利益、扩大出口和增加就业，最近美国批准加拿大和墨西哥加入谈判，更表明了其主导地位和霸权思维。在深入分析美国当前经济发展特征的基础上，本文认为，推进 TPP 谈判既是国际金融危机后美国解决短期经济发展动力的积极举措，更是美国塑造长期发展战略优势的重大利益所在。TPP 虽然有其坚实的推行基础，但发展仍面临一系列的不确定性。

关键词：美国　TPP　立场利益诉求推行基本趋势

泛太平洋伙伴关系协定（TPP）是美国积极推动并主导的

① 报告执笔人：杜琼。

自由贸易协定。其初始协议由新加坡、文莱、智利和新西兰四个国家在2006年签署生效，2009年11月美国高调加入，意图使TPP成为一个高标准、广覆盖的亚太区域经济一体化组织。此后，澳大利亚、秘鲁、越南和马来西亚等国加入谈判，成员国增至9国。2012年6月墨西哥和加拿大加入TPP谈判，成员国扩展到11国，影响力进一步增加。2013年7月，日本代表团出席了在马来西亚举行的第18轮TPP谈判，成了TPP的第十二个成员国。

美国对TPP谈判有哪些立场，从短期和长期看美国推进TPP谈判究竟有哪些利益诉求，深入分析和研究这些问题，有助于准确把握我国经济发展所面临的国际经贸环境的变化，并在此基础上对潜在的挑战和风险做出积极应对。

一、美国推进TPP谈判的立场

2009年11月14日，奥巴马宣布加入TPP谈判。美国推进TPP谈判，与其多年来谋求建立以美国为核心的亚太多边合作机制的战略构想是一脉相承的，是奥巴马政府在秉承美国主导亚太地区合作的既定目标基础上，针对当前地区格局的演变和其国内经济诉求而采取的一项战略举措。

（一）官方发言表明的立场

美国贸易代表科克指出，美国经济需要TPP为国内创造工作机会，增强经济增长潜力，需要TPP来依靠全球经济增长最具活力的亚太地区，美国也需要依靠TPP将美国重要的新理念注入全球贸易规则的设计中。

1. 维护美国在亚太地区利益，促进出口和增加就业

奥巴马指出，提振美国经济，降低贸易和投资障碍，增加

出口，为美国人创造更多的就业机会，是奥巴马政府的首要目标。亚太地区是全球经济增长最快的地区，美国是亚太地区国家，美国将致力于塑造未来亚太地区的安全和繁荣。美国将通过 TPP 协议增加向增长最强劲的亚太地区出口，创造和获取高质量的就业机会。

2. 将 TPP 协议建成 21 世纪自由贸易协定的标杆

奥巴马表明要将 TPP 建成一个具有 21 世纪的高标准的、广泛成员基础的地区贸易协定。美国贸易代表科克指出，美国将和 TPP 成员国共同探讨建立一个能够从范畴、覆盖范围和标准上成功地实现亚洲经济一体化的平台，解决目前企业和工人之前从没遇到过、而目前的贸易协定又无法解决的问题和新挑战。协议文本将主要围绕国有企业和其他企业面对的不公平性、劳工问题、市场准入、地区的生产和供应链等问题，消除贸易和投资障碍，促进鼓励中小企业参与全球贸易。美国官方还强调，TPP 不仅可能成为亚太地区经济贸易协定的标杆，更可能是一个未来全球贸易协定的模板。

3. 推进谈判进程、确保高标准与协调不同发展水平的国家利益间的平衡

2011 年 11 月 26 日科克在新加坡的一次演讲中讲到，衡量 TPP 成功与否，不仅看最终是否达成法律文本，更主要的是看，达成的法律文本是否达到了原预期的高标准。但由于不同国家发展水平存在较大差异，为推进 TPP 谈判，使得成员国能够履行高标准的贸易协定的规定义务，美国也强调，TPP 协定应对发展中国家和发达国家的贸易和发展具有更大的包容性，确保贸易协定对地区贸易和投资产生的收益能让更多国家分享。

（二）美国最近主导 TPP 谈判的立场

TPP 是美国重新主导亚太经济一体化的切入点。美国倡导成立的APEC和“亚太自贸区”（FTAAP）方案在推进亚太一体化方面一直没有取得明显进展。而东亚经济合作进程中的两个主要方案即“东盟+3”以及“东盟+6”，均未邀请美国参加，不管哪种方案推进，美国都会在东亚经济融合的进程中被边缘化。目前，美国通过TPP掌握了推进亚太地区经济一体化的主导权，主要表现在以下两点：

1. 批准墨西哥、加拿大和日本加入TPP谈判，凸显了美国的主导地位

2012年6月美国批准加拿大和墨西哥加入TPP谈判，主要是由于美国与加拿大、墨西哥已形成北美自由贸易区，经贸关系较为紧密，开放程度较高，谈判达成一致的难度较小。虽然美国与日本存在较多的经济利益冲突，尤其是在汽车产业和服务业领域，谈判达成一致的难度较大，但是，2013年7月，日本代表团出席了在马来西亚举行的第18轮TPP谈判，日本作为世界第三大经济体，正式成为其成员国，由此，TPP的影响力大大增加。而美国通过TPP平台，积极推进亚太区域一体化，更加显示出其主导地位。

2. TPP新成员国面临苛刻条件，体现了美国的霸权行径

之前担忧，加拿大、日本和韩国等国加入TPP协定谈判，可能会导致协议的修改。但加拿大和墨西哥面临条件苛刻，两国不得对已经达成的协议提出异议，对即将达成一致的协议也没有发言权。美国宣称TPP的高标准并极力维护，实则在维护美国自身的经济利益。美国虽然批准墨西哥和加拿大加入TPP谈判，但施以苛刻的条件，一方面确保了新增成员国但不影响谈判进程，另一方面也向有意加入TPP的成员国释放出信号，要维护高标准，充分体现了美国在维护自身利益过程中的霸权行径。

二、美国积极推进 TPP 谈判的战略利益诉求

推进 TPP 谈判，作为一个重要的平台和手段，是解决美国短期经济发展动力如增强出口拉动力和增加就业问题的积极举措，同时更是美国塑造长期发展战略性优势的重要举措。短期看，国际金融危机后，美国经济面临经济复苏以及发展模式调整的挑战。奥巴马政府启动再工业化政策，并提出“出口倍增计划”。TPP 的推进，成为奥巴马政府应对国际金融危机、增加出口和创造就业机会最主要的对外贸易政策。长期看，美国作为世界经济超级大国，未来经济的发展，其技术创新和对外直接投资优势的保持和增强，更离不开亚太地区市场，通过 TPP 推进并主导亚太地区经济一体化，成为其强化战略性优势的重要举措。

（一）短期：增加出口，创造就业

本报告将通过分析美国对亚太地区货物贸易和服务贸易的出口和贸易平衡状况，准确把握美国对外贸易中亚太地区所占的地位、面临的挑战以及美国下一步政策重要着力点，进而在分析 TPP 大纲框架的基础上，得出美国积极推进 TPP 谈判的战略利益诉求。

1. 亚太地区在美国对外贸易中占重要地位

整体来看，亚太地区是美国对外货物贸易和服务贸易的重要市场。美国与亚太地区的货物贸易主要有以下两大特征：

一是亚太地区是美国主要的货物出口市场。2012 年，美国对亚太地区（APEC 成员国）的出口占其出口总额的比重达 60% 左右，加拿大、墨西哥和日本加入 TPP 谈判，使得美国对 TPP 成员国的货物出口比重提至 45%，尚未加入 TPP 的 APEC

其他成员占比15%。因此，亚太经济一体化的推进，TPP成员国的扩大，对美国出口市场的扩大仍具有重要的意义。

二是亚太地区是美国货物贸易逆差的主要来源地。2012年，APEC成员国的逆差占其全部逆差的比重为70%左右，高于其出口所占比重。美国对TPP成员国的逆差占比仅为11.9%，低于其出口所占份额，也就是说，目前尚未加入TPP谈判的亚太地区国家，是美国贸易逆差的主要来源国。因此，通过推进TPP，发挥美国优势，扩大对成员国的出口规模，是美国扭转长期贸易逆差的主要举措（见图4－1）。

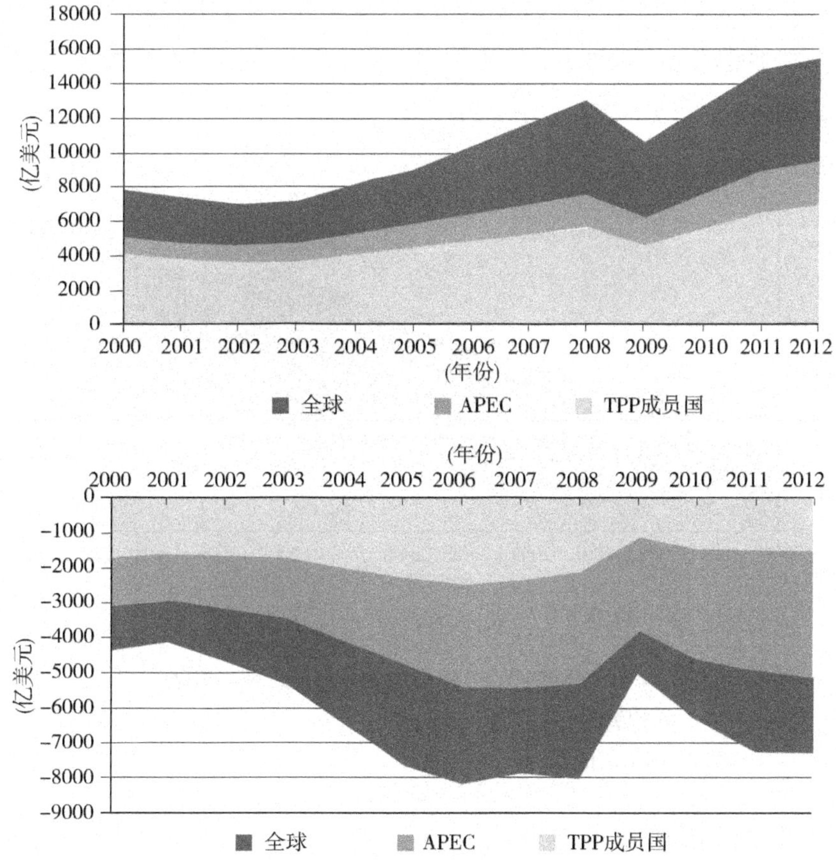

图4－1 美国对TPP成员国的货物贸易出口及贸易逆差

资料来源：美国国际贸易委员会（ISITC）。

美国的服务贸易对全球市场和亚太市场都呈现出顺差。美国与亚太地区以及 TPP 成员国的服务贸易主要有以下三大特征：

一是亚太地区是美国重要的服务贸易出口市场。2012 年，美国对亚太地区的服务贸易出口占美国服务贸易出口总额的 36.5%，对 TPP12 个成员国的市场份额占比 23.1% 左右，尚未加入 TPP 的其他 APEC 成员国的占比为 13%。由于亚太地区国家的经济发展水平和市场开放程度较低，与货物贸易相比，亚太地区服务贸易的市场占比要低于货物贸易。因此，未来随着亚太地区国家经济发展水平的提高，以及市场的进一步开放，美国扩大对亚太地区服务贸易出口的空间很大（见图 4－2）。

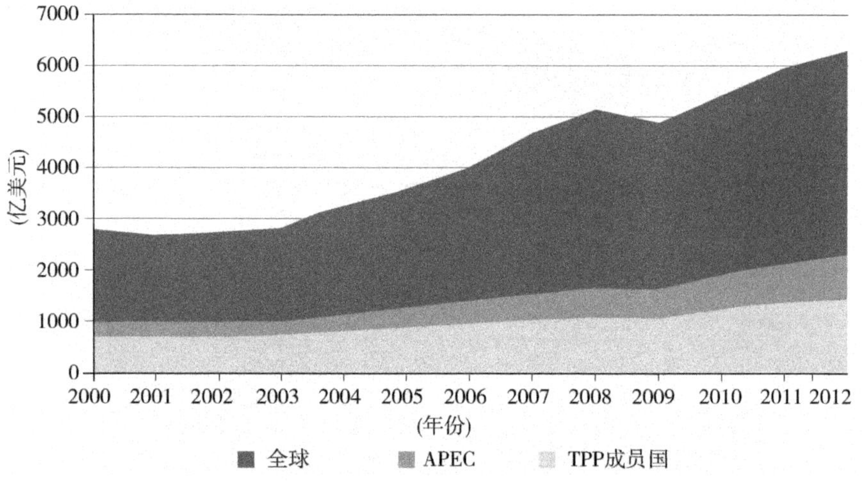

图 4－2　美国对 TPP 成员国的服务贸易出口

资料来源：美国经济分析署，http：//www. bea. gov/international/international services. htm.

二是美国在亚太地区的服务贸易优势比较显著。美国对整个亚太地区的服务贸易顺差占全部顺差的比重，超过出口份额的占比。2012 年，美国对 APEC 的服务贸易顺差占比 44%，超过其出口36%的占比。加拿大、墨西哥和日本是其重要的服务贸易顺差来源国，美国对未加入TPP的其他APEC成员国的服务贸易为顺差，规模较小，但2008年以来扩张趋势较显著（见图4－3）。

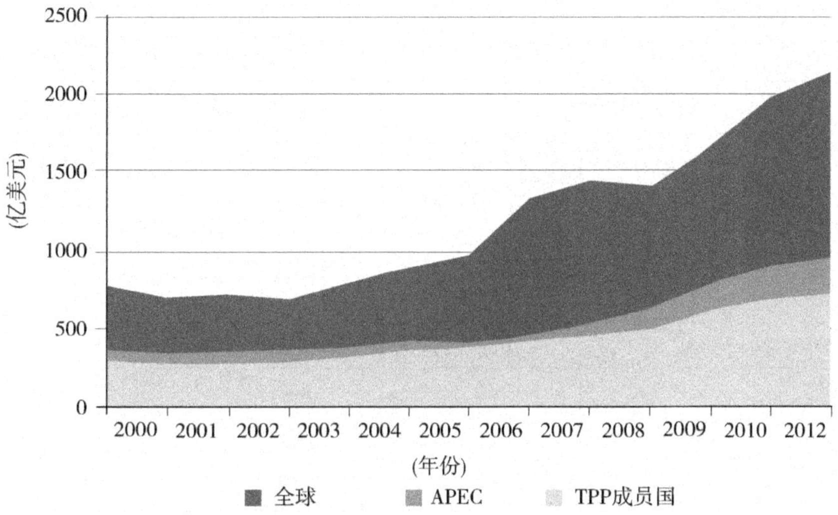

图4－3　美国对TPP成员国的服务贸易顺差

资料来源：美国经济分析署，http：//www.bea.gov/international/international services.htm.

三是美国通过其海外子公司向国外市场提供的服务（Foreign Affiliates Trade in Services，简称FATS），具有更加重要的地位。[①] 在美国的服务贸易中，从贸易总额和贸易顺差来看，美国通过其海外子公司向国外市场提供的服务。2009年，美

① 国际服务贸易统计遵循《服务贸易总协定》关于国际服务贸易的定义，确定以四种供应模式，即跨境提供、境外消费、商业存在和自然人移动作为服务贸易统计的范围。具体操作上，以居民与非居民之间的服务贸易（即国际收支项下的服务贸易）和通过外国附属机构实现的服务贸易（即FATS）两条主线进行服务贸易统计。而对于自然人移动统计，因其范围难于界定以及可行的统计指标有限，仅作为服务贸易统计的次要组成部分。目前，有包括中国在内的26个国家（地区）开展了FATS统计。

国跨境服务贸易为4879亿美元，而通过美国公司的海外子公司向海外市场提供的服务为10764亿美元，跨境服务贸易的顺差为1419亿美元，而通过美国公司的海外子公司向国外市场提供的服务实现的顺差高达4076亿美元。金融和通信则主要是通过海外子公司向国外市场提供服务（见表4－1）。

表4－1　通过跨境贸易和通过子公司向国外和美国市场提供的服务

年份	国外市场（10亿美元）		美国市场（10亿美元）	
	跨境贸易（美国出口）	通过美国公司的海外子公司	跨境贸易（美国进口）	通过外国公司的美国子公司
2002	278.2	423.5	206.4	367.6
2003	287.2	452.5	218.6	374.1
2004	331.7	684.9	253.7	540.9
2005	362.9	795.6	272.6	571.2
2006	404.0	889.8	307.3	648.3
2007	472.6	1019.2	336.9	683.8
2008	519.5	1116.9	371.2	701.6
2009	487.9	1076.4	346.0	668.8
2010	530.3	—	368.0	—

资料来源：http：//www.bea.gov/international/international services.htm.

当前来看，亚太地区在美国的对外服务贸易出口中，所占比重低于欧洲地区，但是呈现出增长态势，并且是美国服务贸易顺差的主要来源地。随着亚洲的快速发展，对亚太地区服务贸易的扩展，有着巨大的空间，也是发挥其相对比较优势的主要方面。因此，亚太地区市场对美国扭转其货物贸易领域的逆差状况、继续保持和扩大其在服务贸易领域的优势，实现其扩大出口、增加就业的目的，具有重要的意义。

2. TPP协议的着力点：提升服务业开放水平，为货物贸易创造更便利的环境

基于亚太地区的市场潜力，以及当前对亚太地区的贸易状况，通过重新树立贸易规则成为起主要的贸易政策。而TPP协议的主要着力点一方面在于提高服务业开放水平，促进服务业更大程度的开放，另一方面则是降低交易成本，为货物贸易创造更便利的环境（见表4－2）。

表4－2 TPP协议大纲的主要内容

类别	协议章节	协议大纲内容
服务业开放水平的提高	跨境服务	TPP成员国将致力于推动服务贸易市场的开放型、公平性、透明性和信息化，着重鼓励中小企业的跨境服务，并保证政府在公共服务领域的管理权
	金融服务	TPP力图推进各成员在提高透明度、非歧视性、公平对待金融创新、投资者保护条款及相应的争端解决机制等方面达成一致，以在加强对金融市场的监管，保证金融市场运行稳定的前提下，促进各成员国在金融创新、融资便利化、创造就业机会等方面有所改进
	通信	TPP将致力于支持TPP成员国之间通信服务业的竞争，以使得消费者获益。由于供应链的发展越来越依赖于互联网，TPP各成员国已经基本就加强互联网监管规则的透明度、保证相关企业上诉权利等问题达成一致。同时，TPP也将关注新通信技术的应用以及降低国际漫游费用等问题
货物贸易规则的提升	市场竞争、海关规则等	市场准入；海关管理；法律框架；原产地规则；电子商务
	标准	卫生及检疫标准；技术性贸易壁垒

TPP协议大纲内容的主要特点：

一是提高服务业的开放水平，提供国民待遇和最惠国待遇。跨境服务，TPP成员国将致力于推动服务贸易市场的开放型、公平性、透明性和信息化；金融服务领域，TPP力图推进各成员在提高透明度、非歧视性、公平对待金融创新、投资者保护条款及相应的争端解决机制等方面达成一致；通信服务领域，TPP将致力于支持TPP成员国之间通信服务业的竞争，以使得消费者获益。

二是货物贸易领域，主要目标为通过市场准入、海关管理、法律框架等方面的规定，降低交易成本。市场准入方面，各成员国必须保证，对待其他成员国的进口商品，其市场准入应是便捷的、稳定的和透明的，各成员国必须在高于其WTO义务的规则基础上减免关税，并继续消除其非关税壁垒；同时，TPP成员国也在考虑就进出口许可证管理、再加工制造、农产品出口竞争、食品安全等问题进行讨论。关税减让，幅度更大、覆盖商品更广泛。

三是提高在卫生及检疫标准和技术性贸易壁垒领域的标准。TPP各成员国同意建立基于并高于WTO的卫生及检疫标准体系的卫生及检疫标准，各成员国将承担科研、透明度、区域化、合作和平等方面的一系列新义务；技术性贸易壁垒的文本将贯彻和发展世界贸易组织《技术壁垒协议》中现有的权利和义务，从而将便利TPP国家间的贸易，帮助监管人员维护卫生、安全与环境以及实现其他合理的政策目标。

（二）长期：保持技术创新优势，获取环境劳工等国际问题的主导权

1. 熊彼特的创新理论与维农的国际直接投资理论

技术创新是经济发展过程中的主要动力，而垄断对企业家精神和技术创新具有重要的意义。根据熊彼特的经济周期理论，经济发展的长周期是以技术创新和技术扩散为基本脉络的，创新是将原始生产要素重新排列组合为新的生产方式，是非连续性的，创新基础上形成的垄断以及由此产生的利润对企业家创新精神和技术创新具有重要的作用，是经济发展的主要动力。经济景气循环到谷底，某些企业家不得不考虑退出市场，或是另一些企业家必须要创新以求生存。一些成功的创新产生，便会使利润增加、景气提升、生产效率提高，但是当某一产业的扩张和技术扩散时，会吸引新的竞争者投入，然后是

一次利润递减的过程，在此过程中伴随着技术的逐渐成熟、信用的扩张以及商品价格的下降，由此也形成了经济周期中的萧条、衰退、复苏和繁荣的循环。

各国间技术扩散的实现途径是商品、货物和资本的流动。随着经济全球化的深入发展，国际直接投资逐渐成为国际生产网络的主导力量。根据维农的产品生命周期理论，产品生命是要经历形成、成长、成熟、衰退这样的周期，而这个周期在不同技术水平的国家里，发生的时间和过程不一样，反映了同一产品在不同国家市场上的竞争地位的差异，从而决定了国际贸易和国际投资的变化，费农把这些国家依次分成创新国、一般发达国家、发展中国家，而资本流动通常要经历从创新国开始、逐步向一般发达国家、发展中国家转移的过程，这过程也正是创新国家在进行技术创新后实现其垄断利润的国际化过程。

2. 技术创新和扩散对美国经济发展的长期战略利益具有重要意义

一是美国的技术创新与知识和技术密集型产业在发达国家中具有垄断性优势，但呈现出减弱态势。美国主导全球经济，科技实力是基础。通过世界第二次科技革命与第三次科技革命。美国经济主导地位得以确立，并且逐渐巩固。始于20世纪的IT技术和生物基因等领域的技术革命，使得美国在世界经济整体处于高速增长和经济全球化程度日益深化的背景下，依然维持了其全球经济霸主的地位。但是，随着美国技术创新这一非连续性过程的减弱，其他国家技术研发能力的增强和技术进步，美国当前的技术垄断优势呈现出减弱的态势。我们从主要国家的知识和技术密集型产业增加值占全球的知识和技术产业增加值的比重来看，1985年，美国知识和技术密集型产业增长占全球的比重超过五分之二，达43.25%，日本居第二位，为10.79%，2007年美国比重稍有降低，为33.83%，日本比重也降为7.88%，而中国知识和技术密集型产业快速发展，占全球比重升为4.71%（见图4-4）。

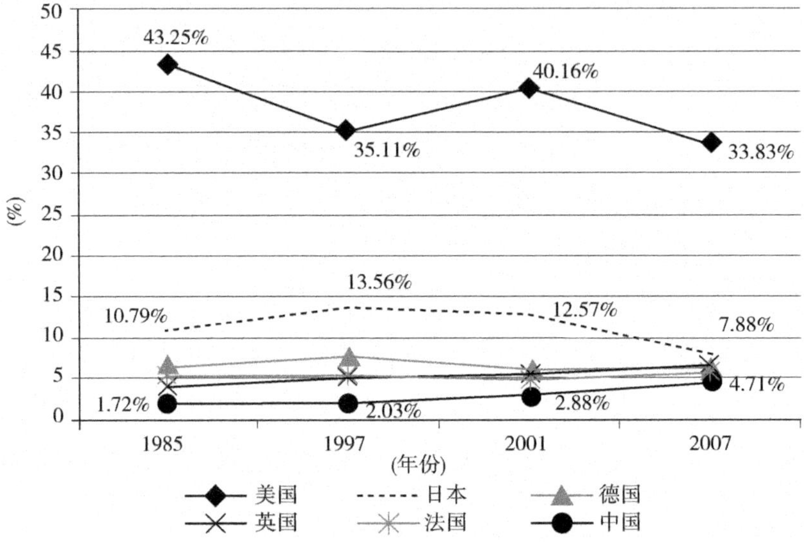

图4-4　主要国家的知识和技术密集型产业增加值占全球的比重

资料来源：Science and Engineering Indicators：2010.

二是美国是当前最大的对外直接投资国，持续保持优势也面临一定挑战。虽然在20世纪80年代和90年代，个别年份日本和英国的对外直接投资高于美国，但整体看，美国对外直接投资都远高于其他发达国家。2001~2011年，美国对外直接投资占全球对外直接投资的比重在20%左右，而日本、英国和法国主要发达国家占全球对外直接投资的比重基本都在5%左右。美国的优势地位非常显著。但是，当前全球范围内，上一轮的技术革命和产业革命带来的大规模的贸易和投资的扩散效应已经逐渐减小，而新一轮的技术革命正在酝酿。作为当前居于全球经济霸主地位的美国，持续具有技术创新的优势，以及持续的保持对外直接投资的优势，是其战略利益的重要部分之一（见图4－5）。

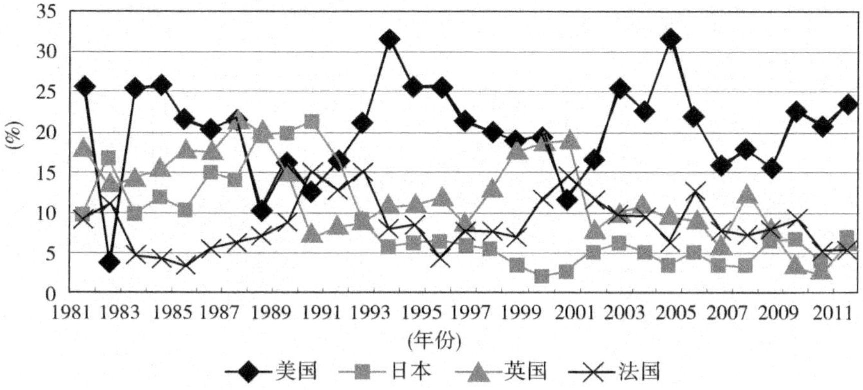

图4－5 美国及其他主要国家对外直接投资占全球的比重

资料来源：UNCTAD数据库。

三是美国对亚太地区投资比重不高，而亚太地区对其技术创新和扩散具有重要意义。高端市场的需求，对产品创新具有重要意义，同样，直接通过资本的流动，打开市场、扩大产品市场规模，对产品的生产规模成本和普及成本发挥着非常关键的作用，尤其是在全球经济一体化加速发展的背景下，作为全球最具发展潜力的亚太市场，对美国的技术创新、新产品生产的规模成本和产品的普及程度，都具有非常重要的意义。而由于历史、地理和经济发展以及亚太地区对外开放水平等原因，美国对外直接投资中，北美地区的加拿大、欧洲地区和拉美地区所占比重较高，对亚太地区的投资不高。2010年，美国对加拿大直接投资占其全部对外直接投资的比重为7.59%，对欧洲地区的投资占比55.93%，而对亚太地区的投资占比为15.64%。随着亚太地区经济的发展、市场的扩大和对外开放程度的提高，亚太地区虽然在短期内无法取代北美和欧洲地区在美国对外直接投资中的地位，但美国对亚太地区的投资将逐渐增强（见表4－3）。

表 4 - 3　美国对外直接投资头寸的地区结构

国家或地区 \ 年份	2002	2003	2004	2005	2006	2007	2008	2009	2010
加拿大	10.30	10.62	9.95	10.34	8.28	8.37	7.63	7.52	7.59
欧洲	53.16	55.20	54.61	54.01	56.42	56.18	57.05	56.55	55.93
拉美	17.90	16.80	16.28	16.93	16.89	18.58	18.22	19.06	18.54
非洲	0.99	1.12	0.94	1.02	1.14	1.09	1.14	1.23	1.37
中东	0.94	0.95	0.88	0.94	0.98	0.95	0.97	1.02	0.94
亚太	16.71	15.30	17.34	16.76	16.29	14.83	15.00	14.62	15.64

资料来源：美国经济分析署网站。

3. TPP 协议着力点，提高知识产权保护强度，争取跨国直接投资的裁决权

一是提高知识产权保护标准。TPP 将超越现有 WTO 规则中与贸易相关的知识产权协定（TRIPS）。与 WTO 规则相比，最重要的差异在专利，特别是医药专利。奥巴马政府提出比现有 WTO 附加知识产权协议条款更严格的要求，具体来说，这些额外条款包括在药品专利方面新增加数据的排他性、专利的延期规则和其他一些能使仿制药生产商对原专利到期后进行商业竞争变得更加困难的规则。此外，在几个自由贸易协议中，美国一直试图限制自由贸易区的合作伙伴“利用”与知识产权条例中关于健康例外的条款。2011 年，美国进一步强调知识产权的重要性，特别是在版权、互联网、地理指标等方面提出了更详细的建议。地理指标方面，美国正试图削弱欧盟的指标而推行更严格的国内地方或区域指标，如葡萄酒和奶酪方面。关于版权，美国正在寻求停止进口违反版权持有人权利的产品。

二是投资争端解决机制超越国家主权。TPP 成员已经形成的自由贸易协定中，很多已包含了投资的国民待遇和最惠国待

遇，征用规则、资本自由转让、无盈利要求，以及关于金融服务的特殊规定。在美国国内以及TPP国家间，关键问题在于投资者与国家之间争端解决的有关部分。美国投资者要求政府当局利用TPP形成更有利的投资保障，要求有独立的国际仲裁机构和司法程序解决投资者与国家之间的争端。

另外，获取环境劳工等国际问题领域的主导权，也是美国经济长期发展的利益所在。由于经济发展水平较高，美国在环境和劳工领域的保护程度和法律完善程度相对较高。因此，在当前美国经济复苏艰难的情况下，美国一方面利用自身已有优势，增强技术创新和对外直接投资的能力，另一方面，用相对较高的环境和劳工标准，统一强加于发展水平较低的国家，这样能够增强美国的相对优势，获得更大的利益。在劳动力方面，对于TPP协定，美国方面可能突破2007年劳动协议的规定，主张双边合作伙伴应通过和实施具有强制力的国际劳工组织劳工公约。2007年，协议中规定自由贸易协定的签署国必须采用1988年国际劳工组织宣言所确定的基本原则和权利，以及以下五个基本的国际劳工标准：结社自由、言论自由、废除任何形式的强迫劳动、废除童工和消除就业歧视（见表4-4）。

表4-4　TPP协议大纲的主要内容

类别	协议章节	协议大纲内容
美国长期战略利益	知识产权	TPP认为贸易区的知识产权规则应立足于并高于WTO的TRIPS协议，所涉及的范围包括商标、地理标志、版权、专利、商业机密，等等，并准备将相关文本同样交由多哈回合的相关议题进行讨论，争取使之成为国际通行标准
	投资	TPP希望能够对各成员国在其他成员国内的投资实现有效的保护，包括非歧视性条款、最低待遇标准以及禁止一切可能造成贸易扭曲投资的措施等。同时，相关文本也将包含公平、透明和反应迅速的争端解决机制，并保证各国规范公共投资的权利

续表 4-4

类别	协议章节	协议大纲内容
美国具有优势的领域	环境问题	TPP 框架协议要求所有贸易相关议题必须注重对环境的影响，以便实现贸易和环境的共同发展；并通过有效的制度安排以提高发展中国家的环境保护能力。海洋渔业、生物多样性、气候变化、环境产品和服务、外来物种入侵等问题在框架内也应予以关注
	劳工	TPP 各成员国一致承认，在劳工方面开展合作将有助于提高劳工福利和劳动者素质，提升人力资本。因此，框架协议要求各方有保护劳工权利的义务，并将就相关问题的合作、协商和对话建立常设机制

三、TPP 推行的基础及其发展趋势

(一) 推行基础

1. “竞争”与“对发展中国家的能力建设”成为 TPP 推行的价值理念基础

TPP 协议大纲强调，要为区域内市场竞争创造良好环境。协议相关竞争的文本指出，TPP 要为各成员国企业提供一个竞争性的商业环境，形成一套规范的促进竞争的法律法规，并保证法律法规的实施公平性，透明度，消费者保护条款，促进企业间技术合作。另外，目前各成员国一致认为，为使得各成员国都能从 TPP 中获益，TPP 必须致力于各成员国特别是发展中国家的能力构建（Capacity building），以帮助这些国家能够达到 TPP 的相关标准，并从协定中受益。这两点成为目前推行 TPP 的价值理念基础。

2. 各国对经济利益格局重新组合的不确定及政治利益因素成为 TPP 推行的利益基础

国际金融危机后，世界经济复苏艰难曲折，美国经济复苏

不稳，而欧元区经济受成员国主权债务影响，前景很不明朗，新兴经济体在外部需求不振和内需不足的情况下，又面临着经济硬着陆的风险。一方面，由于各国经济都面临可持续增长的挑战，而大国尤其是全球经济实力最强的美国在经济利益格局重新组合中发挥重要的影响作用，另一方面，由于TPP将区域自由贸易框架推向一个新的标准和高度，相关国家既担心既有的贸易格局中的利益受损，但更多的是担心，在美国积极推进TPP的过程中，如果本国不加入，可能面临以美国为中心的经济贸易格局的重新调整，而本国经济和贸易发展可能面临的机会的丧失和长期经济发展利益的损失，会成为推行TPP重要的利益基础。另外，对中国崛起的遏制，也形成了TPP得以推行的一个重要的利益基础。中国经济的发展和实力的逐步增强，使中国在亚太地区的经济影响力也逐步增强，周边国家对中国经济影响和政治影响增强的担心也成为其加入TPP的考量因素。

（二）不确定性及发展趋势

1. 美国推进TPP谈判中经济利益与政治利益何者为主

从美国的意图和TPP的整体推进看，美国是推进TPP的主导因素，经济利益为主，还是更多地会考虑政治利益和安全保障目标，成为决定TPP谈判立场的主要因素，而这短期取决于美国下一届总统对亚太地区的战略考虑，长期取决于美国的经济利益。

初步判断：基于亚太地区在全球经济增长中最具潜力，亚太地区对于美国的战略利益是任何一届政府都不能忽略的。美国当前经济发展面临复苏动力不足、技术创新优势有待强化的问题，美国在推进TPP的过程中，可能更多地基于经济利益，维护美国自身利益成为主基调，而由于成员国和潜在成员国经济发展水平存在较大差异，TPP谈判的推进，面临的困难可能会多一些。当然也不排除美国以政治目标为主并为此降低TPP标准的可能，在这种情况下推进TPP谈判面临的阻力可能会相对较小。

2. TPP法律文本的高标准和成员国经济发展受益程度的大小的均衡

长期看，一项自由贸易区协议能够形成，并能在成员国中实行下去的基础是成员国能够从中获得自由贸易和投资的好处。如果成员国经济发展能够从中获得更多收益，那么TPP的规则可能符合当前经济发展的方向，也将会有更多的国家遵循这样的规则。反之，TPP的高标准没有给成员国的经济发展带来收益，那么TPP的高标准则会受到影响。

初步判断，TPP达成法律文本的高标准可能受到影响。一方面TPP的谈判不公开，目前对TPP协议具体内容的谈判进展不能准确把握，而TPP谈判的法律文本尚未形成，另一方面，当前全球经济增长动力不足，成员国的经济发展水平存在很大差异，达成较高标准的自由贸易区法律协议的难度较大。

3. TPP新成员国对TPP协议的发言权和推进TPP谈判进程间的均衡

新加入TPP谈判的成员国对TPP法律文本的发言权和推进TPP的谈判进程之间的均衡。美国目前对加拿大和墨西哥采取的方式是没有给其对协议的发言权，原因是面临大选的奥巴马，担心谈判进程缓慢影响其大选，因此致力于积极推进TPP进程。而加拿大和墨西哥作为北美自由贸易区的成员，谈判达成一致的难度本来就小。长期来看，美国在贸易中提出的不合理要求将超出它的需要，对于存在重大国家利益的较大亚洲经济体，如日本、韩国和印度尼西亚等国家，必然争取更多的发言权以维护自身利益，这样TPP的谈判进程必然受到影响。

参考文献

1. 陆建人．美国加入TPP的动因分析［J］．国际贸易问题，2011（9）．

2. 赛迪专报．如何应对美国TPP新战略？2011年12月19日，第60期．内部资料。

3. Outlines of the Trans – Pacific Partnership Agreement.

4. Remarks by President Barack Obama in Meeting with Trans – Pacific Partnership.

5. Remarks by U. S. Trade Representative Ron Kirk at Singapore Meeting.

6. Remarks by United States Trade Representative Ron Kirk at the United States Chamber of Commerce on Asia – Pacific Trade and Jobs.

7. Kawai, M. & G. Wignaraja, Asia' s Free Trade Agreements: How is Business Responding, 2011, UK: Edward Elgar Press.

8. Solis M. , 2011, Last train for Asia – Pacific Integration: U. S. Objectives in the TPP Negotiations, Working Paper.

9. Ann Capling & John Ravenhill, Multilateralising regionalism: What role for the Trans – pacific Partnership Agreement? The pacific Reivew, 2011, (24) 5: 553 – 575.

10. Innwon Park & Soonchan Park, Best practices for regional trade agreements, Review of World Economics, 2011, 147 (2): 249 – 268.

专题报告四

亚太区其他经济体未来加入TPP的可能性研究[①]

内容提要：

本文构建一个国际政治经济学的分析框架对日、韩等经济体未来加入TPP的可能性进行了分析。从长远看，日本虽然已经加入TPP，但需经较长时间的谈判才能和其他成员国达成一致；韩国短期内加入TPP所面临的障碍要小于日本，但将致力于中韩或中日韩自贸区建设；东盟剩余6国中，泰国、菲律宾可能在未来1~2年内加入TPP；俄罗斯和印度在未来3~5年内加入TPP的可能性不大；中国政府对台湾地区加入TPP具有足够的约束力，但不排除台湾省以此为筹码在ECFA中谋取更多利益，甚至会出现扰乱两岸关系发展进程的可能性。

① 报告执笔人：李大伟，杜琼。

关键词： TPP　对外经济政策利益集团外交战略

TPP谈判开始以来，其成员国数量不断增加，由P5扩大到P8、P9，目前进一步扩展到P11。伴随着这一进程，日本、韩国、菲律宾等国也都不同程度地表示出对加入TPP谈判的兴趣，日本官方曾明确表示将加入TPP谈判。实际上，日、韩等国关于是否加入TPP的立场，直接关系到今年一个时期TPP的发展态势和影响力。

一、各国未来加入TPP可能性的方法论研究

目前，学术界和媒体对日、韩等国加入TPP的可能性分析尚无系统的方法，往往只是援引相关国家的高层官员、反对党人士以及企业界人士的言论进行说明。而官方的言论则被认为是最重要的参考标准。显然，这种分析方法存在一定的片面性。首先，各国政府的表态往往非常谨慎，要考虑到政治、经济、社会等多方面的因素，且具有较强的政治目的，所以其语言往往是模糊而不确切的；其次，目前相当一部分有关TPP的表态由于是在非正式会谈中作出的，致使媒体得到的信息和真实情况可能存在偏差，甚至可能引起民众对官方表态的误读；再次，官方立场也是不断变化的。以日本为例，2011年11月13日，日本首相野田佳彦称，将就加入TPP谈判与相关国家展开协商，并在奥巴马的会面中声称日本将积极加入TPP谈判；最后，而在2012年4月，大量媒体声称野田在与奥巴马的会面时表示日本要暂缓加入TPP谈判；2012年7月，又有日本媒体称，某高层官员表示日本将继续“积极推动”TPP进程。现在日本参与TPP谈判已成事实，回顾这些言论发现，仅仅基于政府部分官员的立场和

表态来对其未来是否加入TPP的可能性进行分析，往往不够准确，还必须建立一种多层次的分析框架，以系统考虑一个国家对外经济政策的深层次动因。

目前，国际关系学和国际经济政治学的最新理论表明，一个国家的对外经济政策不是单维度的，而是多维度的。传统理论中一个国家只有“一个声音”的假设并不符合现实社会中对外经济政策的决策机制（李巍，2010）。根据这一理论，本文将在放宽国际关系学中的一元假定的基础上，从外交战略、对外经济战略、国内经济发展、国内政治格局和文化价值体系五个层面来统筹考虑对外经济关系的决策机制，具体结构如图 5 –1 所示。

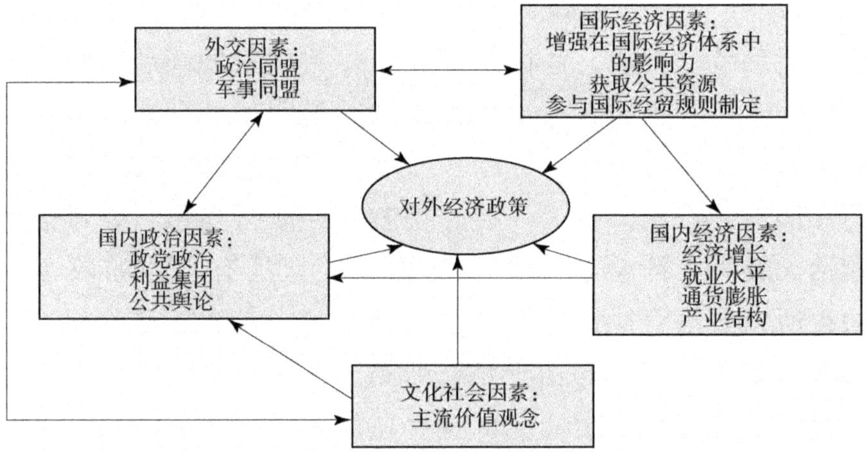

图 5 –1　对外经济政策的形成机制图

在这一理论框架下，不同因素在对外经济决策中的地位和作用是存在差异的。一般可以认为：

（一）外交因素和国际经济因素是决定对外经济政策的“必要条件”

对外经济政策不可能违反一国的外交准则。二战时期德国出于轴心国战略考虑，中止和国民党政府的经济合作；西班牙内战中苏联、德国分别对双方提供经济援助等均是典型的案例。

对外经济政策也不能违背一国对参与国际经济体系的基本原则。如清朝时我国整体对外经济选择闭关自守的方针政策，因此我国基本上无法开展任何对外经济合作活动；20世纪末以来，各种形式的国际经济合作日趋频繁，WTO成为全球基本公认的国际贸易组织，其根本因素在于开放经济和国际经济合作已经成为全球基本认同的原则之一。

（二）在大多数情况下，对外经济政策必须在宏观层面上有利于一国经济的长期稳定发展

在和平与发展的大背景下，绝大多数国家的政府均将拉动经济增长、保证就业、稳定物价等作为其绩效的核心指标。倘若一项对外经济政策严重阻碍上述目标的实现，政府的执政基础则会受到严重削弱，甚至可能导致政权更迭。因此，对外经济政策和一国经济发展重心相违背的可能性是非常小的。

然而，必须充分考虑到，某项具体对外经济政策可能不利于本国的经济发展，但有可能是符合外交战略的。特别是在地区局势紧张的状态下，这种情况屡见不鲜。如在二次世界大战中，敌对双方均对对方的商船进行禁运，这种政策实际上不利于经济增长，但却能够服务于战时的目标要求。

（三）国内政治因素对一国对外经济政策的影响主要集中在短期

在大多数国家，国内不同利益集团的博弈是国内政治的重要因素之一。在多党制的美国、日本等发达国家，国内利益集团具有极强的政治影响力，各个政党背后均有较强的利益集团

作为财力支持；即便在我国，也客观存在着一些能够影响政府决策的利益集团。

不同利益集团的利益往往是严重对立的。某项对外经济政策可能会对不同利益集团造成不同的损益。以美韩自由贸易协定为例，双方全面降低关税将有利于韩国的LG、三星等大型跨国公司，但对韩国的农民是不利的；而对美国的情形则相反。因此，诸多利益集团为维护自身利益，必然会要求对外经济政策符合自身利益，这就会带来一国对外经济政策实施过程中往往伴有大量的波折和杂音，甚至导致符合外交战略、对外经济战略和经济发展战略的政策无法实施。

在发达国家，议会、学术界和民间组织是国内利益集团影响对外经济政策的三大主渠道。利益集团可以通过议会中的代言人强烈反对不利于自身利益的对外经济政策；学术界中相关人士的观点也往往被利益集团用作理论支撑；民间组织则可以通过声势浩大的抗议和示威游行来影响政府的决策。

虽然这些利益集团的声音难以改变一国的整体外交战略和对外经济战略，但可以延缓或阻碍对外经济政策实施的进程和力度。从美韩自由贸易协定的签订历史看，双方的受损利益集团多次提出了声势浩大的抗议，导致协议签订一波三折，双方在最终条款上也都被迫作出一定让步。有时，这种影响甚至可能长达数十年的时间，如海合会和欧盟、美国等经济体的自贸谈判已经进行了数十年的时间，虽然双方一直宣称积极推进自由贸易，但受双方国内利益集团的影响，至今尚无明显进展。

（四）价值观念等文化因素对对外经济政策的影响则主要集中于长期

价值观念等文化因素看似虚无缥缈，但从长期看则是一国外交政策、国际经济政策的基础。美国对自身文化价值观念的自信正是美国企图主导国际经济政治秩序的重要因素之一。随着一国价值观念的转变，一国的政治同盟可能发生转向，也会谋求在国际经济体系中的新位势，从而影响对外经济政策的制定和实施。

然而，TPP 和其他自贸协定不同，加入传统的自贸协定谈判较为容易，但谈判很可能最终无果而终；但一国加入 TPP 谈判必须经过所有成员国的批准后才能加入，因此一国的主观立场并不能完全决定其是否能够加入 TPP，还需要看美国及其他成员国的态度。

二、日本参加 TPP 谈判的原因和前景分析

日本加入 TPP 的谈判一直是媒体关注的焦点问题，存在较大的不确定性。一方面，日本官方立场曾经发生过变化。日本官方一度对加入 TPP 持有相当积极的态度。2011 年 11 月，日本首相宣布将积极加入 TPP；2012 年 2 月，日本官方宣布开始与美国就加入 TPP 问题进行“初步”谈判，同意进行绝大部分产品的自由化，但仍保持在“敏感”产品如农产品进一步讨论的权利；然而，2012 年 4 月，日本首相野田在 4 月 29 日访美前正式明确表示日本将暂时放弃加入 TPP 谈判的决定。另一方面，按照 TPP 谈判的原则，日本加入 TPP 必须得到 9 个 TPP 成员国的一致批准，目前 TPP 成员国并未批准日本加入 TPP 谈判。因此，日本加入 TPP 的前景曾一度扑朔迷离。

2013 年 7 月 23 日，日本正式加入 TPP 谈判，但未来谈判前景尚存较大不确定性。本文认为，即便日本加入 TPP 谈判，也需要过较长时期的谈判才能与其他成员国达成一致。日本加

入TPP谈判呈现出一波三折的特点，其原因如下：

（一）日本加入谈判的影响因素

1. 美日同盟是日本最终决定加入 TPP 的主要政治原因

从目前情况看，在政治军事联盟中，日本不可能支持中国而反对美国。首先，日中两国存在领土争端；其次，历史问题也是干扰日中政治关系正常化的重要因素，日本右翼势力从未对当年的侵华战争进行反思；再次，从地缘政治格局看，两国分别为世界第二、第三大经济体，都想在东亚地区牟求主导权，特别是日本一直认为自身的政治地位和经济实力不相称，提升自身政治地位的愿望非常强烈；最后，从民众情绪看，中日两国民众仍旧存在很大误解。这就决定了未来美日同盟不可能会破裂。在短期内，由于中日钓鱼岛争端导致两国政治关系处于冷淡状态，对日美同盟甚至将起到一定的强化作用。对于日本来说，加入 TPP 对于巩固“日美同盟”、强化日本与发达国家和资源富集国之间的联系都有积极作用，符合日本的政治外交利益，使得日本虽然国内存在诸多反对加入 TPP 的利益集团，但最终仍然决定加入 TPP。

2. 加入 TPP 符合日本的对外经济政策

《日本重生战略》和《综合经济伙伴关系的基本政策》阐述了日本的对外经济政策立场，也明确体现出日本已感受到双边自贸协定推进明显滞后，必须加快加入 TPP 等自由贸易区步伐的意愿和决心。日本推进自由贸易协定建设有以下几方面的原因：

一是全球经济重心在过去三百年中从欧洲转向美国，现在正向亚太区域转移，日本必须加快推进自贸协定建设，以符合其积极参与构建世界经济新秩序的大目标；

二是日本作为发达国家，在规则体系上具有一定优势，推进自贸协定将使日本成为全球贸易规则的制定者之一；

三是自由贸易也符合“以外促内”，通过外部压力推动国内特别是部分敏感产业改革的动机。

3. 加入TPP将对日本的经济增长和出口有较强的推动作用

日本对TPP11个成员国的出口占其总出口的比重达到27%（2010年），且日本汽车、芯片制造等产业相较其他成员国具有一定优势，加入TPP对日本经济的积极效应非常明显。北大国家经济发展研究院的一份内部研究报告称，日本出口的实际增长率由TPP前的5.02%上升到TPP后的6.42%，进口由5.77%上升到7.77%。其中，日、美贸易会因双边关税下降而有所加强。2000～2010年，日、美两国货物贸易占美国货物贸易的比重年均下降6%，在日本加入TPP后，这一降幅调整为年均1.54%，有所缓和，但下降趋势不变。日本内阁府的研究结论称，与2009年日本GDP25万亿日元相比，加入TPP，由于出口增加将导致日本每年的GDP最大增加3.4万亿日元；而考虑到贸易投资自由化的影响，日本每年GDP将最大增加7.3万亿日元；日本经济产业省的估算结果则高于这一数字，为10.5万亿日元（见图5－2）。

4. 中日政治冲突使得客观上日本更倾向于推进TPP谈判

国内和国际学术界曾有观点认为，日本暂缓加入TPP是考虑到中国因素的结果，即担心刺激中国，并认为只要推进中日韩自贸区，就可以使日本不加入TPP。这种观点是不确切的。现在又有一种观点认为，日本加入TPP，完全是由于中日政治争端因素，这种观点也是不确切的。

首先，虽然TPP具有一定政治色彩，但本质上还是属于经济合作范畴，与政治同盟、军事同盟有所不同，不能简单用国

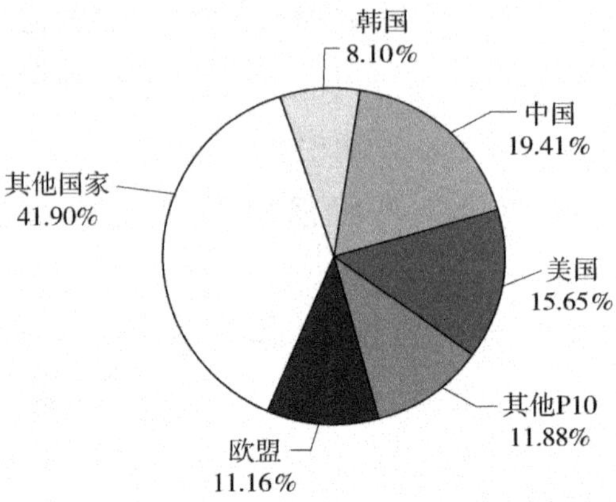

图 5-2　日本对 TPP、中国、韩国和欧盟出口占其总出口的比重（2010 年）

际关系学中的“法俄同盟”、轴心国同盟等政治同盟来类比自贸区的决策机制。事实上，各国都是同时与多个国家或经济体进行自贸谈判，日本也是在同步推动日欧自贸区谈判和中日韩自贸区谈判，我国积极支持中日韩自贸区谈判，同时也率先启动了中韩自贸区谈判。因此，将自贸区谈判视为日本必须在中美之间选择一个作为“盟友”的观点是不确切的。其次，如前文所述，倘若日本必须在中国和美国之间选择一个“盟友”，在当前东亚的政治经济格局下，日本无疑会选择美国而非中国；最后，根据贸易转移理论，我国应对日本加入 TPP 的最佳对策是加快推进中日自贸区建设，而非中止两国自贸协定谈判。因此，这种博弈格局决定了日本会选择同时加入 TPP 谈判和中日韩自贸区谈判的策略，产生一种“轮轴—辐条效应”。

事实上，最初日本确实采取了以 TPP 和中日韩自贸区谈判为筹码，使其能够在两大自贸协定中争取更大的利益，这也是日本最优的现实选择。但在中日政治冲突日益加剧、中日韩自贸区谈判陷于停滞的背景下，日本客观上确实会更多考虑日美同盟的政治因素，从而推进加入TPP谈判的进程。

（二）前景分析

虽然日本最终加入了 TPP 谈判，但从目前的谈判进程看，日本和美国等其他成员国最终达成一致意见仍有待时日。具体原因如下：

1. 不同利益集团对加入 TPP 的态度存在很大差异，必然导致日本加入 TPP 一波三折

TPP 对日本国内不同利益集团的影响存在很大的差异。日本制造业协会的一份研究报告称，日本加入 TPP 有助于改善日本、美国两国的福利，也将对全球自由贸易发挥较强的推动作用，对日本汽车等产业的积极作用将非常明显，因此，制造业是推动日本加入 TPP 的主要支持者。相反，农业、金融、医药等行业则对 TPP 持较强的抵制态度。日本农林水产省的研究称，加入 TPP 后，日本农产品生产额将减少 3.7 万亿日元，甚至会导致日本农业彻底崩溃，造成340 万人失业；部分日本学者甚至认为，日本的公立医疗制度也将瓦解，金融体制也会受到严重冲击。为此，日本农协曾作出了坚决阻止参加 TPP 谈判的特别决议，举行了多次示威游行。与此同时，自民党一直坚持保护农业的 FTA 战略，对 TPP 也一直持批评和抵制的态度，一度曾联名上书要求取消加入 TPP 的决定（刘昌黎，2010）。部分学术界人士，如东大教授铃木宣弘也认为，加入 TPP 对日本农产品收入会造成严重影响，认为这几乎等于休克疗法。

由于日本在部分制造业的优势较为明显，部分发达国家，特别是美国国内的部分利益集团也反对日本加入 TPP。2013 年 2 月 2 日，底特律汽车厂商就致函奥巴马，认为日本加入 TPP 谈判不利于自由贸易协定的推广，声称日本不愿意放弃汽车产业的壁垒，加入 TPP 对美国汽车产业不利，对日本汽车业进入

美国市场的担心溢于言表。从目前日本加入 TPP 后日美谈判的进程看，汽车、农产品等产业目前双方仍很难达成一致。

2. 日本逐渐接受自由贸易的理念需要一个过程

历史地看，日本并不是积极推动自由贸易的国家。日本主流学术界一直将日本经济腾飞归因于采取了所谓高关税的战略性贸易政策。20 世纪末以来，在全球化浪潮的推动下，日本虽然也开始了贸易自由化的进程，但受传统价值观念、国内利益集团等多方面因素的影响，这方面的进展一直较为缓慢。直到 1999 年，日本才在《通商白皮书》中首次改变了对 FTA 的消极看法；目前，日本仅仅与 7 个国家或经济体签署了自由贸易协定，远低于韩国的 17 个。从贸易协定的内容看，大多数自由贸易协定中均设置了部分敏感产品，将其排除出自由贸易之外；在服务贸易、投资等领域的开放程度明显低于美国的自贸协定，也很少超出 WTO 所规定的最低标准；大多数自贸协定较少涉及政府采购、电子商务等新兴领域。整体上看，日本对待自由贸易的理念也正在从消极向积极方向转变，但这需要有一个过程。

3. 从具体谈判进程看，日本和几大 TPP 主要成员国之间并未建立自贸协议，加大了各国就日本加入谈判达成一致意见的难度

目前，在 TPP 成员国中，日本仅和越南、文莱、新加坡、智利和秘鲁五个小国达成了自由贸易协定，而和澳大利亚、美国这两大经济体之间尚缺乏自由贸易合作的基础。因此，澳、美两国和日本的立场很容易出现冲突，需要经过长时期的磋商才可能达成一致。在新成员国参加 TPP 谈判必须得到原有 9 个成员国一致同意的背景下，澳、美两国至今尚未同意日本加入 TPP 谈判，影响了其加入 TPP 的进程，各方立场协调一致还有待时日。

三、其他国家和地区加入 TPP 的可能性分析

（一）韩国将同时推进 TPP 和中韩自贸区谈判

与日本不同，韩国除和智利等小国签署自贸协定外，也与美国签署了自由贸易协定，目前加入 TPP 对韩国经济的积极影响要小于日本。相比美国之外的其他 TPP 成员国，韩国对我国的经济依赖度非常高，对我国的出口占其出口总额的 24%，目前打开我国市场对韩国经济的积极作用要明显大于参加 TPP。同时，韩美自贸协定已经说明了美韩同盟的立场，韩国暂缓加入 TPP 所承受的政治压力并不大。因此，韩国学术界、官方均表示对 TPP 存在兴趣，但仍将自贸政策的重点放在中韩自贸协定谈判的推进上。目前中韩自贸区谈判已经进入具体要价和文本协商阶段，进展较为顺利。韩国外交通商部官员 2012 年在华府演讲中声称，韩国将密切关注 TPP 的谈判进程，但韩国可能不参加前几轮 TPP 谈判，等到形势明朗后再加入 TPP。而在 2013 年朴瑾惠总统上任后，鉴于 TPP 谈判已经取得了一定进展，韩国加快了加入 TPP 谈判的步伐，目前已和美国开始加入 TPP 的预协商谈判工作。

对韩国而言，目前加入 TPP 所面临的障碍比日本要小得多。韩国加入 TPP 符合韩国外交政策；长期以来，韩国大力推进自贸区建设的成功经验表明，韩国在价值理念和对外经济政策上都比日本开放；韩美自由贸易协定的签署意味着韩国国内的利益集团之间已经就相关问题达成共识，TPP 中的关税减让、TRIPS－PLUS 标准、劳工、环境等条款引起国内强烈反对的可能性要明显小于日本。因此，只要韩国申请加入 TPP 谈判，就有望在短时期内通过相关成员国的一致审查，从而顺利

加入。因此，未来韩国完全有可能同时推进中韩自贸区和TPP谈判。

（二）俄罗斯和印度在未来3～5年之内不太可能加入TPP谈判

从政治立场看，俄罗斯和美国处于对立立场，不愿意加入美国主导的任何协定；从国内经济角度看，俄罗斯的国内制造业水平和美国、日本有明显差距，加入TPP对俄罗斯的经济发展，特别是民族工业的发展可能产生负面影响，因此俄罗斯不愿意加入TPP谈判；从价值体系看，俄罗斯并不认同美国的自由贸易理念。加之俄罗斯刚刚加入世界贸易组织，其国内市场建设、法制水平、政府管理方式都与高标准的TPP相差甚远。因此，俄罗斯在未来3～5年内加入TPP谈判的可能性不大。

印度以独立自主的外交政策为主，加入TPP并不违背印度的外交战略；但在价值理念上，印度极为重视自身的文化和民族传统，在各大国中对完全自由贸易的认同度是比较低的，在对外经济政策上和美国并不站在同一立场上。从经济利益来看，印度高科技企业主要属于低成本创新，模仿在印度已经升级为国家战略，美印两国在知识产权问题上一直存在较大争端，加入TPP对印度经济发展也可能会带来较大的负面影响。因此，印度在未来3～5年内加入TPP谈判的可能性也不大。

（三）中国政府完全有能力干预台湾地区对TPP的立场

从经济层面看，加入TPP有利于参与新的贸易规则的制定，且有利于扩大台湾的出口，符合台湾的经济利益；从对外经济政策角度看，台湾一贯支持开放型的发展战略，对国际经济合作的态度较为积极。从政治角度看，台湾加入TPP对提高其政治影响力是有利的，也有助于台湾和大陆在国际政治格局中的博弈。近年来，台湾学术界和商界要求加入TPP的呼声日益高涨。台湾当局领导人也曾一度表示对TPP有浓厚的兴趣。台湾也在积极谋求与欧盟、新加坡等国签订自由贸易协定。

然而，台湾加入任何一个双边或多边贸易协定，从法理上都要受到我国政府的干预。按照现行国际贸易体系的规定，国家和“单独关税区”均可加入双边或多边自由贸易协定，但后者需要得到中央政府的授权。目前，香港、澳门两大特别行政区已经得到了中央政府的授权，但台湾由于历史原因并未得到此授权。因此，倘若台湾在未经中央政府授权的情况下加入某个双边自由贸易协定，中央政府从法理上完全可以予以阻止；倘若台湾以主权国家的身份加入TPP，那就从根本上触犯了大陆的底线，很可能引发台海局势加快升级，美国等发达国家出于自身利益和东亚局势稳定的考虑，也不可能同意台湾的这一要求。从历史经验看，台湾正是在大陆加入WTO后以“单独关税区”的身份加入WTO的；而台湾至今并未与任何一个与我国大陆建交的国家签署自由贸易协定，这充分表明中国政府对台湾的FTA战略行动是完全可以控制的。

台湾当局对此也是很清楚的。目前，台湾当局之所以积极宣称要加入TPP或其他自由贸易协定，其根本目的在于通过向中央政府施压，以加快ECFA开放进程并谋取更大利益；或者通过形成一种“大陆打压台湾生存空间”的国际舆论，以在国际政治格局的博弈中牟求政治利益。

（四）在其他东盟国家中，泰、菲两国在未来1~2年内加入TPP谈判的可能性最大

目前，东盟国家中已有4个国家（新加坡、越南、文莱、马来西亚）参与TPP谈判。其余6个国家在政治立场、国内

产业结构、发展水平均存在明显差异。

1. 从外交关系上看，泰、菲、印三国加入 TPP 均符合其外交战略

泰、菲两国是美国在东南亚地区的传统盟友。在冷战时期，美国为了在亚太地区抗衡苏联，给予了泰国大量的军事、经济和教育援助，具体包括 1955 ~ 1959 年的基础设施援助、1965 ~ 1974 年的经济援助等。这些援助有力地帮助了泰国成长为东南亚较为发达的国家。虽然冷战结束后，泰国外交政策逐渐回到多元化的轨道，开始注重发展和周边国家的关系，但亲美势力在其政坛，特别是军方的影响举足轻重。据称，目前泰国已有将军事基地租给美军使用的计划。而菲律宾曾是美国殖民地，两国关系极为紧密，亲美政策一直是菲律宾外交的重点。近年来，菲律宾出于自身利益考虑，和美国的军事、政治等层面的合作进一步增强，目前美国在菲律宾的军事基地可谓名亡实存。

印度尼西亚和美国虽然在冷战时期也有着长期的合作历史，但冷战结束后，两国在宗教、人权等问题上的矛盾曾一度频繁出现，加之印度尼西亚属于伊斯兰国家，其价值和信仰体系与美国存在较大差异，因此两国关系一度趋于冷淡。近年来，虽然美国有意通过将印度尼西亚树立为民主伊斯兰国家的典范来控制阿拉伯世界，同时美国也希望通过加强和印度尼西亚之间的合作巩固其在东南亚和反恐中的地位，但美国和印度尼西亚之间外交关系的亲密程度要弱于菲、泰两国。

2. 泰国加入 TPP 所受国内利益集团的阻力最小，菲、印两国次之

整体上，东盟各国发展水平要落后于发达国家，加入 TPP 后国内多项产业均会受到较为严重的冲击。目前泰、菲、印三国经济发展水平中，泰国处于最高水平，其电子、纺织等制造业已具有较强的国际竞争力，相关产业集团一直支持泰国通过自由贸易协定拓展海外市场；而菲律宾虽然国内部分制造业企业支持菲加入TPP，但其国内服务业开放程度较低，物流、航空、信息等服务业对TPP的反对态度较为强烈；而印度尼西亚一直对自由贸易持较为保守的态度，目前和大多数TPP成员国均未签署自由贸易协定，国内农业、矿业、制造业等行业的利益集团均不支持加入TPP。

3. 为达到TPP的要求，印度尼西亚的制度改革成本最高，菲律宾次之，泰国最低

由于TPP是一个高标准的自由贸易协定，因此，各国加入TPP均面临严峻的制度改革问题。印度尼西亚作为伊斯兰国家，其国内的市场经济发展极不完善，大多数行业均存在着不同程度的准入壁垒，部分法律还带有鲜明的穆斯林色彩，和TPP规则有较大抵触。菲律宾整体上已经建立了市场经济制度，但国内整体法规体系也达不到TPP在透明度、公平性等方面的要求，特别是将在大多数产业领域对外国人就业存在较大限制这一严重违背TPP原则的条款写入宪法，大大增加了制度改革的成本。美国贸易代表小组2012年3月访菲后，菲律宾贸易部长明确表示，菲律宾目前离加入TPP尚有一定距离。而泰国的整体法律制度体系和TPP抵触较少，只需要在知识产权、劳工、环境等部分领域的条款进行适当的调整，其制度调整成本较低。

4. 柬、缅、老三国加入TPP的前景存在较大不确定性

从外交战略上，加入TPP符合柬、缅、老三国的外交战略，且能够大量吸引来自美国、澳大利亚等发达国家的投资，对其经济的促进作用较为明显。然而，这三国加入TPP目前面临较大障碍：

一是这三国尚不属于APEC成员国，参与亚太区域合作的层次很低，目前仅在东盟框架下参与了若干区域自由贸易协定；

二是这三国在东南亚的影响力较低，美国部分政府官员虽然曾提出欢迎三国加入 TPP 的主张，但整体上未将这三个国家作为当前推进 TPP 的重点；

三是这三国发展水平偏低，其国内目前的政策体系和 TPP 要求存在较大差距；

四是三国国内农业等利益集团也反对其加入 TPP 等自由贸易协定。

因此，这三国加入 TPP 的前景存在较大不确定性。倘若严格按照现行规则进行谈判，这三国在未来 3 ~5 年内加入 TPP 的可能性不大；但倘若美国出于政治目的，强行支持其中某一国（如缅甸）加入 TPP，甚至给予其例外条款，该国出于加强和美国经济、军事、政治等多方面合作考虑，也可能迅速成为 TPP 成员国。

综上所述，在东盟余下 6 国中，泰国很可能首先加入 TPP，菲律宾很可能在未来 1 ~2 年内加入 TPP，印度尼西亚加入 TPP 的进程可能要晚于泰国和菲律宾。而柬、老、缅三国加入 TPP 的进程则存在较大不确定性，在美国不强行推动的情况下，三国未来 3 ~5 年内加入 TPP 的可能性不大。

参考文献

1. Kojima Arika, The TPP: Will Japan take part in the new pacific order?, 2011.

2. Yamashita Kazuhito, Incomprehensive objection to the Trans – Pacific Partnership, 2011.

3. Yachi Shotaro, The TPP as an International Public Good, 2011.

4. Kim SuK – han, The Korea – US FTA and the Trans – Pacific Partner-

ship, 2010.

5. 刘昌黎．日本参加TPP谈判的动因、制约因素与政策措施[J]．日本学刊，2011（1）．

6. 高兰．日本TPP战略的发展特征及其影响［J］．世界经济研究，2011（6）．

7. 赵放．日本FTA战略的困惑［J］．当代亚太，2010（1）．

8. 李巍．制度变迁与美国国际经济政策［M］．上海：上海人民出版社，2011.

专题报告五

TPP对亚太区域一体化的影响及中国战略策略应对[①]

内容提要：

TPP是美国搭乘亚太经济增长快车，继续主导全球贸易投资规则的战略举措。TPP出现给亚太区域一体化，尤其是给中国主导推动的东亚一体化带来变数。我国应将区域合作视角从东亚转向亚太，继续凸显“10+1”、“10+3”等既有机制的基础性作用。

一、立体认识TPP

金融危机虽然并没有从根本上改变西方大国主导国际体系和国际规则的战略优势，但以美国为首的西方国家调整对新兴

① 报告执笔人：关秀丽。

大国的策略已成趋势。抗衡现存竞争对手，牵制潜在对手，采取“双轮驱动”是美国实现其全球战略利益的必然选择。TPP是美国影响亚太国际关系格局、全球范围内的区域合作平台和高标准贸易投资规则，以主导利己的全球化进程的重要尝试。尽管TPP前景不确定，但其可能对世界政治经济格局、主要大国关系、TPP成员或非成员国家（经济体）的深远影响备受关注。从TPP成员构成、谈判内容及利益结构看，TPP在某种程度上显示出美国全球利益和区域利益同时调整特征。立体看待美国倚重的TPP，可能便于察觉美国全球战略布局的战术用心。

（一）TPP进展

金融危机以来，为搭上亚太经济发展快车并占据一体化主导地位，美国于2011年11月12至13日的APEC会议以及17~21日的东亚峰会上携TPP高调登台。TPP创立国家为新加坡、新西兰、文莱、智利（2005年）；核心国家为美国（2008年决定加入谈判）；积极跟进者为澳大利亚、秘鲁（2009年加入谈判），越南、马来西亚（2010年加入谈判）；表达加入意愿者为日本、加拿大、墨西哥（2011年）、韩国（2013年）。目前，TPP成员共12个（含日本），中国仍未受邀。协定宣称框架具有开放性，任何APEC成员均可申请加入，最终目标为亚太自贸区（FTAAP）。截至目前，TPP已在一些方面取得重要进展。如在TPP协议全文29个章节中，已达成协议超过2/3；在美国与越南等新兴市场国尖锐对立的竞争政策领域已接近达成一致，以3~5年过渡期为条件，废除国有企业优待政策（见表6-1）。

表 6-1　TPP 成员国特征分布情况

地　区	TPP 成员国	是否发达国家[①]	是否与美国签订 FTA	是否与中国签订 FTA
东亚	新加坡	是	是	是
	马来西亚	否	否	否
	文莱	是	否	否
	越南	否	否	否
	日本	是	否	否
大洋洲	澳大利亚	是	是	谈判中断
	新西兰	是	否	是
南美洲	智利	否	是	是
	秘鲁	否	是	是
	墨西哥	否	是	否
北美洲	美国	是	—	否
	加拿大	是	是	否
总计	12	7	6	4

资料来源：笔者根据相关网站资料整理。
注：①根据联合国开发计划署 UNDP 定义。

（二）TPP 尝试从制度和市场两个取向主导全球治理制高点

美国推动 TPP，旨在以经济贸易等手段实现广泛的政治、外交、社会等发展目标；在贸易谈判中，更关注贸易规则制定以捍卫自身利益，同时将 TPP 协调范围延伸至参与经济体国内的经济政治文化社会等多个领域。美国此举一方面是解决经济全球化和区域一体化下产生的新问题，如环保、劳工等需要全人类携手才能解决的问题，有合理的一面，但其强力主导有利于自身战略利益，推行美国价值观，参与别国内政的霸权意图也是明显的。

1. 从制度和规则层面看，21 世纪需要 TPP

TPP 正在构筑 21 世纪新的国际贸易投资规则。TPP 有明确的日程表和谈判问题清单，有美国大力推动和加入国配合。反观 EAFTA，至今仍处于纸上谈兵状态，虽有中国大力推动，但日本明显不配合，韩国也没有明确态度，东盟则缺乏足够力量，其前景很不明朗。目前，TPP 谈判成员已达 12 个，超过 APEC 半数，其经济规模远超“10 + 3”、EAFTA，TPP 纲要文本已按美国要求完成了，尽管谈判未如美国所愿在 2012 年内结束，但事实将继续表明美国推动 TPP 将会取得新成果。尽管目前各界对 TPP 看法不一，但笔者认为，TPP 将会在美国主导下继续前行。一方面，解决全球化中出现的非传统贸易问题需要有新的规则和平台。另一方面，美国实现其全球战略利益再平衡，需要有新的平台和抓手。

美国以多种手段推动高标准 TPP。从军事上看，美国重返南太平洋地区，主要是运用其老的盟友建立新的军事存在，如澳大利亚北部的达尔文港。再是通过翻建扩大增加其军事兵力，旨在为实现其经济利益保驾护航和创造条件。此外，美将军事盟国放在一线，自身兵力布在二线，也彰显其战术用心。自身综合实力大不如从前是一个方面，更重要的是美国意在通过制造各种紧张和矛盾，增加亚太地区和平发展的战略和经济成本。对美国而言，并不期冀与中国形成直接冲突，而是放大地区间矛盾，保持适度的地区紧张状态，其在多方斡旋中获取自身最大利益，维持亚太地区霸权和 21 世纪东亚主导权，令其影响长期存在。中国至今尚未受邀，折射出中美在地区和全球层面存在战略和经济利益上的适度冲突。

2. TPP框架下，亚洲国家仍面临强大经济压力，带给TPP发展变数

东亚部分国家面临TPP压力处于分合共存状态。

一是美国与东南亚国家在产业结构上大体可以做到互补，美国做中高端，东南亚做中低端。但这与日韩的高端商品存在明显竞争。如果美国通过FTA进到东南亚市场，在没有规则掌控力的前提下，日韩的产业经济，如汽车、电子产品、医药、化工、装备制造等产业将面临强大压力。此外，东亚地区的金融市场，一直是1997年金融风暴后各国非常精心打造的重点领域。一旦根据TPP要求将资本市场放开，在高盛、大通摩根这样的金融巨无霸面前，西太平洋诸国将很可能再次失去金融自主权。从目前TPP谈判进程看，中国被隔绝于外。这意味着中国可能会失去（至少是大幅削弱）现有的与本地区国家的经贸联系。同样，对本区域国家而言也将面临异常艰难的取舍，因为与中国的贸易份额占据了西太平洋地区国家外贸的很大一块。

二是美国通过TPP传达出了安全保障承诺。西太平洋诸国对TPP和美国的积极反应，似乎是为了应对中国崛起带来的“安全困境”。地区安全最重要的保障是秩序。当代最典型的例子就是欧洲和北美。美国以军力支持西太平洋地区安全，又通过TPP维持和推动由美国主导的区域自由贸易秩序。此举值得中国借鉴。

综上分析，笔者认为，TPP是美国主导全球政治经济安全等新秩序的重要抓手，是美国实现其全球战略利益的重要依托。尽管不会一帆风顺，但终将在动荡中前行。中国至少应在经济和安全两个取向上适时调整应对。

二、TPP对亚太区域一体化的影响

美国推进TPP与亚太地区现有和正在谈判中的各种机制并

不互相排斥。目前，TPP 并不具有任何法律意义，其采取闭门磋商机制也令外界无法获得真实分析资料。但从目前披露的有限信息看，其推动新一轮贸易规则的动机彰显无疑，对亚太区域一体化的影响体现在多个层面。与其他自贸协定不同的是：TPP 对我国的影响不仅限于经济、贸易方面，更重要的是战略层面。涉及国际政治、国际关系，事关我国对外开放全局及参与全球化的战略策略调整。

（一）亚太区域一体化现状

亚太地区经济体的发展水平和经济规模差异很大，参与区域经济合作的意愿和收益目标各不相同，这决定了目前亚太地区区域经济一体化格局。

根据 WTO 公布的数据，到 2013 年 10 月，向 WTO 通报并生效的自贸协定已达 221 个。其中，80% 都是近十年签署谈判的。到 2013 年 8 月，亚太区域主要国家向 WTO 通报的已生效的区域贸易协定数达到 98 个。美国、澳大利亚和新西兰签署的 FTAS 多涵盖服务贸易自由化内容（见表 6－2）。

表 6－2　亚太区域主要国家向 WTO 报备的已生效区域贸易协定数

国家	货物（RTAS）	服务（EIAS）	区域贸易写定数
美国	14	13	14
加拿大	9	5	9
澳大利亚	9	7	9
新西兰	9	8	9
墨西哥	17	13	17
智利	24	18	24
秘鲁	16	11	16
小计	98	75	98

资料来源：根据 WTO 网站相关资料整理。数据截至 2013 年 8 月。

截至2013年8月，东亚及东南亚各国（地区）通报WTO的已生效区域贸易协定数为140个（见表6-3）。

表6-3　东亚及东南亚各国（地区）向WTO报备的已生效区域贸易协定数

国家/地区	货物（RTAS）	货物（补充）	服务（EIAS）	区域贸易写定数
老挝	8	1	3	8
缅甸	7	0	3	7
柬埔寨	6	0	3	6
文莱	8	0	5	8
印尼	8	0	4	8
马来西亚	13	0	8	13
菲律宾	9	0	4	9
新加坡	19	0	15	19
泰国	11	0	6	11
越南	8	0	4	8
中国	10	1	9	10
中国香港	3	0	3	3
中国澳门	1	0	1	1
台澎金马独立关税区	4	0	4	4
日本	13	0	12	13
韩国	12	1	8	12
小计	140	3	92	140

资料来源：根据WTO网站相关资料整理。数据截至2013年8月。

在发达成员中，美国RTAS伙伴地理分布较为分散，发展层次差异很大，其在亚太地区的RTAS伙伴只有加拿大、墨西哥、澳大利亚、智利、新加坡、秘鲁。作为地区大国日本、澳大利亚和加拿大更为重视地区利益，其RTAS伙伴方与谈判对象多位于该国所在区域，并以发展中经济体为主，更多着眼于经济收益。

新兴经济体和发展中成员参与区域经济一体化的差异很大，智利、新加坡和墨西哥积极参与区域经济一体化，已成为区内 RTAS 体系中的轮轴国，而广大发展中成员由于参与 RTAS 不充分而成为辐条国家。智利、墨西哥和新加坡的 RTAS 伙伴地理分布广泛，发展程度、经济规模和经济制度也不相同，说明这些经济体主要目标在于获得经济收益（见表 6 –4、表 6 –5）。

表 6 –4　亚太地区主要经济体参与或正在谈判的 RTAS 伙伴方

国别	已签署的 RTAS 伙伴	正在谈判的 RTAS 伙伴
美国	澳大利亚、阿曼、摩洛哥、约旦、智利、新加坡、秘鲁、巴林、NAFTA、CAFTA –DR、以色列	与韩国、哥伦比亚、巴拿马签署协议，与泰国正进行 TPP 谈判，与欧盟商签 TTIP
日本	东盟、新加坡、越南、菲律宾、文莱、马来西亚、泰国、印度尼西亚、墨西哥、智利、瑞士	澳大利亚、GCC、印度和韩国
澳大利亚	东盟、智利、新西兰、新加坡、泰国、美国、巴布亚新几内亚、SPARTECA	中国、GCC、TPP、马来西亚和日本
智利	澳大利亚、加拿大、哥伦比亚、哥斯达黎加、萨尔瓦多、日本、墨西哥、EC、EFTA、韩国、巴拿马、TPP、美国、中国、印度、GSTP、LAIA、PTN	暂无正在谈判的国家
墨西哥	智利、哥斯达黎加、EC、EFTA、日本、萨尔瓦多、危地马拉、洪都拉斯、尼加拉瓜、NAFTA、GSTP、LAIA、PTN、以色列	韩国
韩国	新加坡、智利、EFTA、APTA、GSTP、PTN	美国、日本、东盟、加拿大、欧盟、印度、墨西哥
东盟	澳大利亚、新西兰、中国、日本、AFTA	韩国

续表 6－4

国别	已签署的 RTAS 伙伴	正在谈判的 RTAS 伙伴
中国	东盟、APTA、智利、巴基斯坦、中国香港、中国澳门、新西兰、新加坡、秘鲁、中国台湾地区、哥斯达黎加、冰岛、瑞士	澳大利亚、挪威、SACU、GCC、韩国
加拿大	智利、秘鲁、NAFTA、哥斯达黎加、EFTA、以色列	哥伦比亚、约旦、CARICOM、多米尼加、洪都拉斯、尼加拉瓜、危地马拉、萨尔瓦多、新加坡、EU、韩国
新西兰	澳新与东盟的协议、澳大利亚、中国、新加坡、泰国、TPP、SPARTECA	暂无正在谈判的协议
俄罗斯	独联体自由贸易区域协议，与独联体成员国及塞尔维亚和黑山签订的双边贸易协定，与哈萨克斯坦、塔吉克斯坦和吉尔吉斯斯坦成立关税联盟和欧亚共同体，与白俄罗斯、塔吉克斯坦的关税联盟	俄罗斯与越南、叙利亚有商签意愿
新加坡	东盟与澳新、日本、中国、EFTA、印度、约旦、韩国、新西兰、巴拿马、秘鲁、澳大利亚、TPP、美国、东盟与中国、东盟与日本、AFTA、GSTP	独立参与加拿大和乌克兰的谈判，并参与东盟与韩国的谈判

注：APTA（亚太贸易协定）、CARICOM（加勒比共同体）、CAFTA－DR（中美洲—多米尼加自由贸易协定）、EFTA（欧洲自由贸易联盟）、GCC（海湾合作委员会）、GSTP（发展中国家全球贸易优惠制）、LAIA（拉丁美洲合作协会）、PTN（贸易谈判协定）、SPARTECA（南太平洋区域贸易经济合作协议）、SACU（南部非洲关税同盟）、TPP（跨太平洋战略经济伙伴协议）。

资料来源：1. WTO 网站 WTO home > Trade Topics > Regional Trade Agreements > RTAS database。
2. APEC 网站。

表 6－5　中国的 FTA 发展进程

已签订的 FTA	签订及生效时间
东盟	2002 年 11 月 4 日签订，2005 年 7 月 20 日生效，2010 年建成
中国香港特区	2003 年 6 月 29 日签订，2004 年 1 月 1 日生效

续表 6 –5

已签订的 FTA	签订及生效时间
中国澳门特区	2003 年 10 月 17 日签订，2005 年 1 月 1 日生效
智利	2005 年 11 月 18 日签订，2006 年 10 月 1 日生效
亚太贸易协定（曼谷协定）	2000 年 4 月 23 日签订，2002 年 1 月 1 日生效
巴基斯坦	2006 年 11 月 24 日签订，2007 年 7 月 1 日生效
新西兰	2008 年 4 月 7 日签订，2008 年 7 月 1 日生效
新加坡	2008 年 10 月 23 日签订，2009 年 1 月 1 日生效
秘鲁	2009 年 4 月 28 日签订，2010 年 3 月 1 日生效
哥斯达黎加	2010 年 4 月 8 日签订，2011 年 8 月 1 日生效
中国台湾地区	2010 年 6 月 29 日签订，2010 年 9 月 12 日生效
冰岛	2013 年 4 月 15 日签订，尚未生效
瑞士	2013 年 7 月 6 日签订，尚未生效
谈判中的 FTA	最新进展
海合会	2004 年 7 月启动谈判，截至 2009 年 6 月 22 日已举行 5 轮谈判
澳大利亚	2005 年 4 月启动谈判，截至 2010 年 2 月 24 日已举行 14 轮谈判
挪威	2008 年 9 月启动谈判，截至 2010 年 9 月 14 日已举行 8 轮谈判
南部非洲联盟	2004 年 6 月启动谈判，谈判尚未进入实质性阶段
韩国	2012 年 5 月 2 日双方宣布正式启动中韩 FTA 谈判
研究中的 FTA	最新进展
印度	2007 年 10 月完成官产学联合研究
日韩	2012 年 5 月 13 日签订中日韩投资协定，三国同意年内启动中日韩 FTA 谈判
哥伦比亚	2012 年 5 月 9 日启动 FTA 联合可行性研究

资料来源：笔者根据商务部信息整理。

（二）亚太地区主要合作机制特点及关系

美国一直致力于主导地区一体化进程。20 世纪 90 年代，美国非常瞩目亚太经合组织（APEC），强力推动 APEC 的各种机制。但由于 APEC 并非正式组织，仅是论坛，它所通过的决议、文件：如要求发达国家在 2010 年、发展中国家在 2020 年实现贸易投资自由化的茂物目标，对于成员国来说没有法律约束力，美国对此失望并转向其他路径。在东南亚地区，有东盟主导的“10 + X”等 RTAs 进程并行、交叉推进。东北亚有由中国倡议主导的上海合作组织。东亚地区经济一体化取得的进展，均不是美国主导的。2011 年，美国参加东亚峰会标志美国“挤进”东南亚地区重要合作组织。上合组织也是美国觊觎的重要地区合作组织。

1. 有美国参与的亚太地区主要合作机制（见表 6 –6）

表 6 –6 当前亚太地区主要合作机制

项目	APEC	FTAAP	TPP	APC
中文名称	亚太经合组织	亚太自由贸易区	跨太平洋经济伙伴关系	亚太共同体
成立/提议时间	1989	研究中，2005	实施中，2006	提议中，2008
成员	美、中、日、澳等 21 个经济体	同 APEC，21 –X	新加坡、新西兰、文莱、智利，+美国、澳大利亚、秘鲁、越南、马来西亚共、加拿大、墨西哥、日本 12 个	APEC – 台、港 + 印度 + 老挝、缅甸、柬埔寨，共 23 个
发起国（者）	澳、日	加拿大、智利、新加坡	新加坡、智利、文莱新西兰、	澳

续表 6-6

项目	APEC	FTAAP	TPP	APC
性质	经济论坛+特定安全议题	经济一体化组织	经济一体化组织，FTAAP 的先行者	松散的政治、安全、经济合作组织
前景（2020）	与 TPP 与并行	有可能实现	有可能扩大为 FTAAP	有一定可能实现

资料来源：笔者自制。

2. 异同点比较

第一，可分为两类：一类是经济贸易组织（APEC、FTAAP、TPP），一类是政治、安全为主并兼有经济合作内容的综合组织，如 APC；

第二，从运行机制看，可分三类：APEC：非约束性，协商一致；FTAAP 和 TPP：约束性+谈判机制；APC 可能在两者之间（半约束性）。APEC 奉行“开放的地区主义”，但未做到。TPP 具有开放性和渐进性，成员可扩大，但中国至今未受邀。

第三，成员的重叠性：这些组织都以 APEC 成员为基础，但 APC 含印度。而 APEC 至今没有接纳印度。而东盟在 APEC 中只有 7 个成员。APC 的最初方案也只有印度尼西亚一个东盟成员，后来才全部包括在 APC 中。

美国在这些组织中都是核心成员，标志亚太合作已进入大国主导时代，东盟影响力受到挑战。此外，台湾在亚太合作中已被进一步边缘化。除 APEC 外，其他都排除了台湾。目前，台湾对加入 TPP 跃跃欲试。

第四，目标的重叠性：经济合作被包括在所有机制中。但程度不同：FTAAP 和 TPP 是以建立自由贸易区为目标，APEC 范围更广。而 APC 以政治、安全为主，经济目标为辅。

第五，从组织的成熟度看，目前 APEC 第一的地位牢不可破，它是亚太地区级别最高、机制最完善、合作领域最多的区域组织。但对它的不满和抱怨也在日益增加。其余三个机制正是对其扬长避短产生和发展的。

3. 各种合作机制间的相互关系

金融危机后，全球政治经济安全等格局处于动荡转型期，世界进入“亚稳定”时期。从目前形势看，各组织机制合作共存的可能性较大，并呈现以下特点：

第一，东盟是所有合作机制的根基。从 20 世纪 80 年代末到 21 世纪最初五年，东盟为东亚和亚太地区合作提供了制度框架、合作理念、运行机制等公共产品，东盟的“协商一致”原则对 APEC 运行起了根本上的保障作用，并为亚太其他组织提供了思想营养。但随着东盟提倡的“10 +6”东亚峰会的诞生，东盟的主导能力明显削弱。美国加入进一步削弱东盟领导力。

第二，美国是决定各合作机制走向的关键国家。目前，美国已进入所有亚太组织。21 世纪前 20 年，美国仍将是为亚太地区各组织提供从市场到制度等公共产品的核心国家，其领导力和影响力不可低估。而 2020 年后，中国可能成为竞争对手，中国将成为东亚乃至亚太最大的进口市场。美、中将成为亚太合作的核心。但此进程不会一帆风顺。鉴于此，有中国强力推动的东亚一体化，将受到美国强力推动的 TPP 走势的影响。

第三，APEC 功能扩大的可能性较大，在 APEC 基础上增减成员，加入安全、政治议题，从而建成 APC 是有可能的。这样，上述各种合作机制将进一步整合。但 FTAAP 或 TPP 或可同时存在。

第四，FTAAP 作为一个最低标准的亚太自贸区，有可能建立，但台湾的席位是一个问题。另外，中、美处于同一个 FTA 中，美国国会是否能通过，是未知数。TPP 是高质量的

FTA，它发展成 FTAAP 有一定难度。

第五，当前出现新一波亚太合作潮流，除了对 APEC 不满外，主要针对中国崛起，为了牵制中国，APC 就是如此。这将是各种机制相互联系的“结合点”。中国应及早思考化解之策，谋取主动。

第六，今后 10 年将是各种亚太合作机制整合的年代，但各机制并存局面不会维持很长时间。将经济、安全、政治结合起来的综合性机制最终出现的可能性较大。改造后的 APEC，即 APC——亚太共同体以及未来某时美国加入上合组织等，都可能成为兼具政治、经济、安全功能的合作组织。TPP 是美国主导推动的名为经济合作旨在构建“制度”合作的重要步骤。

（三）TPP 对亚太一体化的影响

TPP 是美国的全球战略组成而非亚太战略体现，是美国重塑国际政治经济安全军事格局的重要抓手，是美国在 21 世纪继续维持霸权、主导区域化、全球化的“慢战略”。当前，亚太合作既存在同心合力，也可能会各怀心计：如，在东亚一体化中，日韩既思考中日韩合作，又考虑拓展与美国的同盟关系。如在南海问题上各方立场及反应。在钓鱼岛问题上，美国从持中立态度转向与日本密切合作，在钓鱼岛的称谓及军事方面，明显倾向日方，暗中支持日本挑战中国钓鱼岛主权。

1. 客观地看，TPP 加速了亚太经济一体化进程，并提高了起点，其影响是正面的

成立亚太自由贸易区（FTAAP），促进贸易投资自由化便利化，是包括我国在内的 APEC 全体成员的共同期待，也是 APEC 长期以来追求的目标，但这条道路漫长而曲折。现在，亚太一体化进程因美国大力推动 TPP 已出现突破。虽然目前就

断定 TPP 将发展成为 FTAAP 为时尚早，但这至少标志着亚太经济一体化已从提议进入实际操作阶段，显然，是 TPP 加快了这一进程。另外，TPP 作为“21 世纪的高质量 FTA”，还提高了亚太经济一体化的起点，在 TPP 基础上构筑的 FTAAP 也必将是高质量的区域贸易协定（RTA），这将对 WTO 和世界经济区域化产生深刻影响。

当然，TPP 确实存在逐渐弱化 APEC 的可能。这要看各成员对待 TPP 与 APEC 的相对态度与客观实践。APEC 受阻是美国推进 TPP 的重要因素之一。经济技术合作是 APEC 的重要支柱。在新地区主义框架下，经济技术合作可以看作是 APEC 成员为了获得集体利益而开展的集体行动，它的发展瓶颈主要源于集体行动中的“搭便车”问题。理论上，“搭便车”问题可以通过“轴心机制”来克服。对于经济技术合作而言，如要克服集体行动中的“搭便车”问题，则需要推动经济技术合作的制度建设。目前，推动 APEC 经济技术合作的制度建设可以从规则、组织两个层面展开。前者即建立相关规则来推动合作项目开展。其优点是最大限度尊重各个成员方意见，比较容易获得成员方支持。但它的缺点在于谈判成本较高，在处理具体事情上缺乏灵活性。组织层次即建立和健全指导经济技术合作开展的各种组织机构，从组织制度上支持经济技术合作的开展。这个层次的制度建设有助于强化经济技术合作过程中的规则制定、运作协调以及事后监督，但由于 APEC 成员在加强 APEC 组织制度建设问题上仍存在分歧，因此，它的实现需要克服巨大阻力，近期难以实现。

2011 年 11 月，APEC 首脑会议上，美国宣布与 8 个 APEC 成员国家，就泛太平洋经济战略伙伴关系（TPP）达成了协议框架，并希望在 2012 年年底前签署“下一代贸易协定”—TPP。APCE 成立 20 多年，规模比 TPP 大得多，美国突然积极扩大TPP，是金融危机引致欧美经济不振，美国急于寻找经济增长动力的内外原因共同促成。除了力图分享亚洲经济高速增长成果，更看重掌握亚洲主导地位。另一方面，亚洲邻国对中国的友好也仅仅来源于中国能为其提供经济可持续增长的唯一希望，而美国能为其提供军事、安全等战略保障，令亚洲邻国对 TPP 表现出一定的欢迎态度。

TPP 与 APEC 最大不同点是除全面零关税外，还涉及各国内政，如成员国的监管、竞争政策、经济立法等。如 TPP 成功建立，将对上述贸易机制，甚至 APEC 机制均具有极大的替代性。TPP 一旦开始运转，其他的经贸机制甚至有可能面临被架空的风险，亚太地区将会更加分化。

2. TPP 对东亚区域一体化进程产生了阻碍和促进的双重影响

从整体看，一方面，TPP 的强势推进，对“10+3”机制推动的东亚经济一体化进程产生了强烈冲击。随着日本加入 TPP 谈判，“10+3”中已有 5 个成员进入 TPP 阵营，“10+3”队伍事实上已被分化。另外，菲律宾、泰国和韩国也都表示了加入意愿，一旦进入，“10+3”队伍将被彻底瓦解，以建立东亚自由贸易区为目标的东亚一体化进程有可能被终止。但另一方面，TPP 的强大压力，也刺激了中国和东盟推动东亚一体化的决心。针对近年东亚一体化进程停滞不前的状况，在檀香山 APEC 峰会之后召开的“10+3”领导人会议上，中国提出了“务实推进东亚自贸区”的主张。东盟则重申由东盟主导的东盟与中日韩合作将继续作为建立东亚共同体这一长期目标的主渠道。东盟已经开始加快了以东盟为中心的自由贸易协定的政府间磋商。

2012 年 5 月，中日韩三国签订了首个促进和保护投资的法律文件。协议囊括了维护知识产权、实现投资自由化、对投资方赋予等同于本国人的待遇或最惠国待遇。三国投资协议为中日韩自由贸易协定（FTA）奠定了基石，为启动中日韩FTA谈判创造了条件。

3. TPP对中国的影响

亚太区内、区外因素林林总总，辨别战略方向是我首要问题。其次，对国际问题分析应有国际关系和国内视角两个维度。在对外关系上，中国面临如何推进自贸区战略的紧迫问题。

从战略层面看，TPP对中国区域合作战略的影响是双重的，一是增加了中国推动东亚一体化的难度，二是增强了中国推进东亚一体化的决心和动力。

中国的亚太区域合作战略以东亚为核心。自2001年以来，形成了“10+1”、“10+3”两条主轴；“10+1”是基础，“10+3”是主体。2001年中国和东盟宣布在10年内建成中国—东盟自由贸易区（CAFTA），这一任务随之成为“10+1”合作的主要内容。同年，“东亚展望小组”向“10+3”领导人会议提出建立东亚自由贸易区（EAFTA）建议，此后，以“10+3”为成员的EAFTA以及东亚共同体（EAC）被作为“10+3”机制的长远目标来实施。中国恪守这一目标，一贯主张以“10+3”为主渠道，推动以“10+3”为成员的东亚经济一体化。但日本却另有盘算，在2006年提出以“10+6”为成员的“东亚全面经济伙伴关系”（Comprehensive Economic Partnership for East Asia，即CEPEA）来取代EAFTA。中日两国在东亚一体化上出现了分歧和对立。东盟起初在两者之间摇摆，后来转而支持日本的倡议。

此后几年，中日各推各的一体化，韩国在推韩—美FTA和韩—欧（盟）FTA，东盟则把精力放到东盟共同体建设上，于是东亚一体化进程由强转弱。而美国逐渐从反恐中摆脱出来，将战略重点转向亚太。金融危机加快了这一转向。2009年，美国开始大力推动TPP，并试图将其作为通往FTAAP的唯一途径，以此遏制东亚一体化势头。但2010年APEC横滨峰会发表了《通往FTAAP之路径》的领导人声明，明确指出实现FTAAP的三条路径，包括“10+3”、“10+6”或者TPP。这显然是美、中、日和东盟博弈后的折中结果。

然而，美国在2011年一年内，强势推进6轮谈判，很快打破了短暂平衡，美国推动的亚太一体化后来居上，走到了东亚一体化之前。尽管“10+3”在领域合作上取得了很大成就，但EAFTA建设至今尚未进入启动阶段。相反，由于日本转而加入TPP谈判，使停滞不前的东亚一体化进程雪上加霜，今后，中国在实施“10+3”这一亚太区域合作战略的主轴会遇到更多困难。

东亚另一个主轴“10+1”进程，目前尚未受到TPP的明显冲击，尽管东盟10国中有四个已经进入TPP阵营。CAFTA已如期建成，但服务贸易和投资自由化进展缓慢。不过，TPP的压力正在加快CAFTA在这些方面的进展。相关措施已写入第14次中国—东盟领导人会议联合声明。显然，这可以视为中国对TPP的一个正面回应。

TPP对中国亚太区域合作战略的另一方面影响，是更加坚定了中国领导人推动“10+1”和“10+3”进程的决心。中国坚持以“10+1”为基础，“10+3”为主体，东亚峰会为重要补充，推进东亚合作。

日本仍是中国推进东亚合作以及观察TPP影响的重要因素。笔者认为，鉴于日本的不配合和中日关系中根深蒂固的矛盾，以及近期不断激化的钓鱼岛“岛争”，JCK（中日韩自贸区）启动难度不小。TPP发展可能超过JCK，更不用说尚未启动的EAFTA（东亚自贸区）。如果TPP谈判成功并开始实施，而JCK或EAFTA仍未建立甚至未启动，东亚一体化进程将可能终止于此。原因在于，JCK或EAFTA的一体化程度远低于

TPP，所获得的一体化利益也明显少于后者。TPP和JCK或EAFTA的进程谁快谁慢，将决定各自的成败。这是一场与时间和智慧的赛跑与较量。中国的困境在于：JCK、EAFTA能否启动或实施，关键取决于日本的加入与否及如何配合。可以预见的是，未来5年内，日本不会把精力放在JCK或EAFTA上，它将全力以赴去获得TPP的谈判权和话语权。但也不排除日本“脚踩两条船”的可能性，并且用JCK这张王牌在领土争端及岛争等方面牵制中国。

从现有的经贸关系看，美国主导下的TPP使美国成为亚太经贸机制的中心，这将改写亚太经贸版图。美国主导TPP旨在处理各种非关税的贸易屏障问题，包括政府采购、国有企业行为、监管融合以及知识产权保护，意在实现美国出口翻一番的目标，其背后一方面是调整国内政治经济结构，适应新一轮以金融服务业为目标的自由化，另一方面是降低东亚经济增长对中国市场的依赖，打断中国引领东亚发展的势头。

除经贸外，TPP的影响不可避免地扩展到军事和政治领域。TPP的经贸吸引力将增强成员国之间的凝聚力，同样也会形成政治和军事上的共同意识。日本民主党政调会长前原诚司认为，不要将TPP看作是美国的对华包围圈，此话明显是“此地无银三百两”，美国TPP战略最重要的内容实际上是搞一个美日自由贸易协定。日本部分有识之士是明确知晓其中利害关系的，TPP引发的日本国内政治对立短期内难以消除。由TPP引发的中日政治、军事变局值得密切观察。

三、应对战略及策略

从上面的分析看，中国要发挥影响力，在战略取向上，至少要做到：对东北亚国家重点给予经济互惠，对东南亚国家要增加安全保障。从长期看，还在于扩大内需，减少对欧美出口市场的过度依赖，减少同东亚地区经济体的市场竞争，转变经济发展方式，从提供产品向提供消费市场转变，增加就业，维护政治稳定。但考虑其难度和现实可行性，其过度途径仍是积极推动区域合作，尤其是东亚合作。二是逐步发展为世界权力中心。这一方面离不开强大的经济基础，更重要的是要做足地缘政治文章，重视新形势下，参与地区及全球治理的新的组织和平台，如世界经济论坛及夏季达沃斯，用好 G20，借此向世界传递中国国情、中国声音和中国形象，增强影响力。中国一方面需要加大对东南亚地区的政治经济等合作力度，更要重点处理好与东北亚地区的政治经济关系。其中，西亚地区又是重中之重。毕竟，从历史、现在及未来看，欧洲尽管逐渐失去美国全球战略核心地位，但其连接美欧文化，美国对欧洲的关注既是历史的，更是现实的。仅此，警示我们加大对欧洲的政治经贸往来，在战略和策略上做出相应调整，如广交欧盟中的好朋友，或可在另一维度上降低 TPP 的负面影响。在这方面，香港、澳门具有特殊价值，应深入研究路径和对策。而发展两岸关系，可能成为中美弹性博弈不可或缺的重要砝码。

（一）高度重视中美战略对话，加大对亚太及全球战略问题研究，把握战略制高点

认清美国对亚洲的总体战略和基本政策，区别对待不同国家（地区）的战略价值。在亚洲，美国主要依靠美日、美韩军事同盟，以及与印度、俄罗斯、中国等国不同程度的合作。在台湾地区问题上保持一定弹性；和朝鲜达成外交和解，使之放弃核武器计划，其对亚洲的战略将遵循目前轨迹。但中国需要处理好与周边国家以及与大国间的关系。经济持续发展可能给周边带来稳定，延迟有关国家加入 TPP 的时间。反之将产生

负面影响。

近几年，美国经济不景气和在债务问题上对中国的依赖，令美国意识到中美关系的重要性。美国对台湾问题采取弹性态度，令中国周边一些国家认为台湾地区是美国在亚洲地位的试金石。随着两岸关系逐步和平发展，在台湾问题上，美国则保持若即若离的态度，而且美国并不明确中国将如何解决台湾问题。但是，目前两岸携手“保钓行动”向周边及世界昭示：在重大战略利益和主权问题上，两岸同属中华民族是不可否认的。在美国推进 TPP 以及南亚地区乱象丛生的情境下，台湾地区的地缘战略价值比以往任何时候都更加重要。我们应加大力量，研究亚洲及全球战略问题，尤其是台湾地区在新形势下如何发挥作用。从现有格局看：一方面要继续支持台湾在 APEC 组织中的合法地位，利用该平台加强磋商与合作，另一方面，要密切关注美台关系发展，把握风向，弹性用好台湾地区在南亚和亚太层面的战略价值，造福台湾民众，为早日实现祖国统一创造条件。

中国参加了 APEC、G20 等论坛性质的国际合作，并且与东盟等经济体开展了机制性的国际区域经济合作。但是，其合作实施仍存在缺乏整体战略规划、共赢性措施使用不足等问题，需要结合互利共赢的对外开放战略进行调整。中国应该在全面参与多层次国际区域经济合作过程中，采取差异化和渐进式策略，通过加强总体规划、完善组织结构、明确微观主体等方式，提升中国参与国际区域经济合作的总体水平。美国是决定中国能否加入 TPP 谈判最主要的国家，中国应该加强与美国的沟通和协商，当然也要和 TPP 其他谈判国协商。

（二）要重视并加快推进与 TPP 成员建立双边 FTA，为顺利进入 TPP 创造条件

目前 TPP 的 12 个成员（含日、加、墨）中，已经与我国

签署了双边FTA的有新西兰、智利、新加坡和秘鲁四个国家，占三分之一。谈判的有澳大利亚。另外，文莱、马来西亚和越南和我国都是 CAFTA 成员。而美国、加拿大、墨西哥、日本则从未与我国签署或谈判过双边贸易协定。

由于加入 TPP 首先需要与其每个成员进行双边谈判，如同“入世”一样，因此应早做准备。

一是重新开始与澳大利亚的双边谈判，争取早日签约；

二是尽早与加拿大商谈双边 FTA。这两个国家是 TPP 中的发达成员，与其达成双边 FTA，便利我国加入 TPP；

三是可以考虑与文莱、马来西亚、越南，在 CAFTA 基础上再签署更加优惠的双边 FTA（称之为 CAFTA +，即超 CAFTA），如在市场准入、服务贸易及 TPP 相关标准方面加大开放力度。这样做既可以练兵，又为今后提升 CAFTA 的自由化水平做准备；

四是积极研究推动商签中美双边投资协定进程，为加入 TPP 减少障碍；

五是积极推动中墨双边 FTA 谈判。墨西哥是区域经济合作的积极参与者，是拉美地区除了智利之外的轴心国之一，并且与日本签署了 RTAS。深化中墨经贸合作，有可能找到新的突破口。

（三）将 TPP 当作亚太经济一体化的重要契机，调整中国的亚太区域战略：从东亚转到亚太上来

当前的亚太形势与 5 年前相比，已发生根本性变化。过去 10 年，我国区域合作的重点一直放在东亚，将构建“10 + 3”东亚自由贸易区作为东亚一体化的方向。东亚自由贸易区名义上由东盟推动，实际上是中国使力。在以 APEC 为代表的亚太区域合作进程缓慢，亚太经济一体化迟迟未启动的背景下，我

将重点放在东亚也是顺应形势。5 年前，人们对东亚一体化的乐观期望达到高峰，之后，中、日、东盟发生分歧。尽管“10+3”的领域合作仍在继续，但东亚自贸区至今仍是空中楼阁。反之，TPP 强势登台，引领亚太经济一体化向前发展。应当看到，在实现 FTAAP 现有的三条路径中，TPP 成功的可能性大于“10+3”和“10+6”。在此背景下，中国有必要调整亚太区域合作战略，将重心从东亚转到亚太上来。这并非要放弃“10+1”和“10+3”，我国可以继续推进东亚各领域合作，但不宜看重东亚一体化目标，在日本明确“弃亚投美”、东盟赞成“10+6”、韩国注重与中国以外亚太经济体签署双边 FTA 情况下，我国应适时调整区域合作战略。

在中国从贸易大国走向投资大国、从区域大国走向全球大国进程中，无论从政治、安全和经济利益看，亚太较之东亚对中国更加重要。从地区内治理转向区域治理，获得亚太区域发展的主导权和话语权，提高中国的国际地位，扩大国际经贸活动半径，需要中国在亚太地区展现形象和实力，没有必要将自身作用锁定在东亚，而将亚太放手让与美国。这种转变实际上，也是国际环境对中国的期待，是中国构建新型国家关系，塑造国际影响力的战略需要。随着我国经济和贸易规模的不断扩大，中国有条件成为亚太一体化的推动者和主导者，TPP 是实现亚太经济一体化的契机，也是中国亚太战略调整的契机。调整步骤包括：

第一，积极推动亚太经济合作，在 APEC 中发挥更大作用，无论是务虚还是务实，都要有中国声音，要理直气壮地与美国分享 APEC 主导权。

第二，在建立亚太自由贸易区中发挥建设性作用，包括对 TPP 的支持和参与。

第三，扩大和深化与太平洋彼岸的 TPP 成员的经贸联系，争取与墨西哥达成双边自由贸易协定。中国已经与智利、秘鲁建立了双边 FTA，但尚未与墨西哥这个 NAFTA 重要成员建立双边 FTA，应将其纳入议程。这将为我国加入 TPP 打下基础，降低“入会”必需的双边谈判难度。

第四，加强与亚太经济体的经贸关系，尤其是 TPP 成员，如美国、加拿大、澳大利亚、新西兰等非东亚经济体的关系。

第五，利用 G20 平台，既在发展中经济体和转型经济体中广交朋友，也要在发达经济体中结交近友。借2016G20 会议契机，主导设计好关键议题，发挥中国影响力。

（四）确立提升 CAFTA 质量的时间表，继续推动东亚合作，巩固亚太合作阵脚

东亚合作是我国区域合作的立足之本，也是我国参与亚太合作的基础。事实上，我国已成为“10 +1”和“10 +3”的主要推动者。但是，东亚的另一合作机制“10 +6”，已不在我掌控之中。美国的强势参与，日本的迎合，东盟的亲美，印度的冷漠，已使“10 +6”变味，成为制约中国的机制。2011 年东亚峰会将南海问题列入议题，使我国十分被动。今后，这类碰撞有可能“常态化”，对此要做好预案。

从中国利益看，应继续支持“10 +3”合作：一是开展领域合作，积极推动金融、农业、环保合作等。东亚 13 个成员有需求，这个目标要做实。另一个目标是 EAFTA，虽然成功率很低，但可以拿它作为筹码，巩固我国参与亚太经济一体化的阵脚。这个目标可以虚做。如果东盟愿意在建立 EAFTA 上发挥领导作用，我应乐意“交权”支持。其实，由东盟通过三个（10 +1）FTA 的合并，形成 EAFTA，可能性反而比中国去推更大些，阻力会更小些。

采取措施重新拉近与东盟的关系是目前急需要做的工作。

我国与东盟的“10+1”机制也包括一体化和领域合作两部分。这两部分都必须做实，这是我国亚太区域合作战略的基础之基础。在调整我国亚太区域合作战略过程中，“10+1”不应被削弱。应继续巩固与东盟各国的关系，但目前形势已不如五年前那样有利了：

一是我国与越南、菲律宾等有南海争端的东盟成员关系紧张；

二是东盟对我国的防范意识增强，新加坡公开号召以亲美来抗衡中国；

三是缅甸民主化进程加快，开始与我国疏远；

四是老挝向越南靠近，与我若即若离；

五是随着CAFTA的实施，印度尼西亚等国对我国商品大量进入不满，经济纠纷在增加。无疑，我国需要花大力气去化解矛盾，重新拉近与东盟的关系。

CAFTA虽然已经实施，但应看到，这是一个低水平的FTA，还有不少敏感产品被排除在外。其一体化深度与TPP相差较远。我国应逐步提升CAFTA水平，使之向TPP靠拢。这并非不可能，东盟中越南、文莱、新加坡、马来西亚已加入TPP，泰国、菲律宾也表示了加入意愿。我国可以考虑与文莱、马来西亚和越南在CAFTA基础上再签署更加优惠的双边自贸区，如在市场准入、服务贸易及TPP相关标准方面加大开放力度。对印度尼西亚以及缅甸、老挝、柬埔寨可以仿照TPP设立过渡期。总之，要确立一个提升CAFTA质量的时间表，使之向21世纪FTA标准靠拢，这样做，一方面可以让成员分享到经济一体化的更多福利，进一步密切我国与东盟国家的关系；另一方面，也起到练兵作用，为我国加入TPP做准备。

（五）采取策略，加强与美国的对话和沟通，立足合作共赢

亚太一体化必定要由大国推动才能成事，亚太有美、中两个全球最大经济体。没有中国参加的TPP，美国无法实现最大福利。所以，美国必定会让中国加入TPP，只是时间问题。美中两国共同推动TPP，可以避免亚太分裂成两大集团，亚太所有成员都能分享到FTA福利。对中美两国而言，将是双赢结局。

未来十年，中美两个大国争夺亚太区域合作和一体化主导权的矛盾将趋于上升。中国经济总量在2020年或稍后超过美国的可能性很大。在这一过程中，日本、韩国、东盟等东亚成员在亚太一体化中的作用将相对下降。东亚一体化进程有可能进一步被削弱，最后被TPP（或FTAAP）完全取代或覆盖。鉴于届时中国在亚太的利益远超东亚，中国将战略重点转向亚太，使美国受到挤压，中美之间必有一场长跑式较量，而其他亚太经济体将继续在美中之间选边站队，亚太经济一体化将会在这样的过程中完成。其结果将是中国、美国及亚太各经济体共同分享亚太一体化成果。

（六）加快体制改革，推动劳工标准、环境标准与国际接轨

劳工标准和环境标准是TPP谈判的重要议题，也是难题。无论加入或不加入TPP，未来中国企业在国际经贸活动中都将面临来自劳工标准和环境标准的冲击。我国是世界上劳工人数最多的国家，改革开放30年来，庞大的劳工大军为中国经济总量增加、贸易规模扩张和世界经济增长做出了重要贡献。提高工人工资，保障工人权益是人类文明进步的题中应有之意。

截至2004年，国际劳工组织共制定了185项国际劳工公约和195项建议书，但我国批准的国际劳工公约仅22项。这说明我国在劳工权益保护方面尚有很多工作要做。

我国在为世界提供物美价廉消费品的同时，一定程度上是以牺牲环境为代价的。毋庸讳言，我国国际贸易增长伴随国内生态环境恶化。这种情况如不改变，不但我国的贸易和经济发展难以为继，而且还会受到国际社会的压力甚至干预，不利于国内民众改善生活，保持和谐稳定。国际形势发展需要中国制定和实行更高的劳工标准和环境标准，使之与国际接轨。另一方面，中国也应该在国际劳工标准和环境标准制定中发挥积极作用，体现自身利益，争取主动。但前提是中国自己先做起来，积累经验，为取得话语权创造条件。我们应当把TPP视为我国在国际劳工标准和环境标准制定中发挥作用的重要舞台，视为我国劳工标准和环境标准与国际接轨的平台。

（七）继续探索大国发展模式，克服TPP负面影响，跳出亚太，最终屹立于世界强国之林

在中国改革开放30多年的历程中，“中国崩溃论”“中国经济硬着陆”“中国威胁论”的声音在西方世界一直不绝于耳，然而中国经济在过去30多年一直保持持续、稳定、健康、较快发展的势头，其根本原因在于中国践行的“大国发展模式”正在愈发显示其恒久动力，这种动力必将继续引领中国经济在今后风云变幻的国际环境中保持持续发展，成为中国作为全球大国维持其经济较快增长的最大引擎。

当前，不论在地区及全球层面，中国发展所面临的挑战前所未有，当然，机遇也前所未有。在南海、东海，周边或邻国与我国的“岛争”，都是中国崛起过程中不可避免的、可能成为常态化的挑战。越南、菲律宾、包括日本在内，不足以、也

不会成为中国崛起的真正竞争对手，目前的一系列“岛争”问题，不过是当今唯一霸权国家美国为阻碍中国崛起，延迟中国发展进程所布下的一系列障碍而已。中日“岛争”表象为中日矛盾，其实不过是未来中美竞争的中场戏。越南、菲律宾、日本等都是配合美国在东亚、亚太发挥主导权和影响力的一粒棋子。美国对这些小卒并非一味支持，尤其对日本，美国对中日采取的均为双向制衡策略。TPP 的出现及发展，与美国在东亚、南亚地区的外交、军事、安全部署一脉相承。中国确应重视东亚，但应逐步将视野放在亚太及全球，尤其在未来五年内，美国将在东亚、南亚地区频频打出组合拳，中国应做好经济和安全应对，为走出亚洲、面向世界做好全方位准备。

过分突出美国推动 TPP 对我国的负面影响并不具有太多建设性，美国需要实现自身战略利益。关键是知晓我国战略利益及实现途径。从经济体利益取向多元化、经济一体化结构多边化的视角，认真分析东亚（亚太）合作的未来趋势，加强国内经济结构调整，以改革应对合作环境的变化，或许是应对外部环境挑战的更现实选择。同时，突出“10 +3”等既有机制作用，增强其活力，也是创造更加主动的合作环境的重要努力方向。中国亚太区域合作战略重新调整，折射出中国自身需要扮演地区、区域发展的引领者的角色，中国，你准备好了吗？

参考文献

1. Peter A. Peteri, Mishael G. Plunmer & Fan Zhai, “Thetrans – Pacific Partnership and Asia – Pacific Integration: A Quantitative Assessment.”

2. Nippon Keidanren, “Proposals for Japan’s Trade Strategy”, April19, 2011. Http://www.keidanren.or.jp/English/Policy/2011/030/Index.html.

3. "Japan Leaves Open Timing of TPP Decision; Business Urges Joining", Inside U. S. Trade September 15, 2011.

4. Masahiro Kawai and Ganeshan Wignaraja, "Japan's Approach to TPP", Paper Presented at Cnapec Seminar "TPP and It's Implications for Regional Economic Cooperation".

5. Aurelia G. Mulgan, "Japan's Early Decision on The TPP: Pie in The Sky or Credible Commitment?" East Asia Form, June 2, 2011.

专题报告六

TPP 对我国经济影响的一般均衡分析及应对思路[①]

内容提要：

本文使用可计算一般均衡模型（CGE）对我国加入与不加入 TPP 的损益情况，以及日本“东向”加入中日韩自贸区、“西向”加入 TPP 的影响进行了定量测算。主要结论是：从增长、经贸、就业、产业发展等方面综合考虑，建立“10+3”对经济社会发展的促进作用和对国民福利的提升作用要大于加入 TPP；不加入 TPP，我国经济将受到微弱的负面影响，但如果日本加入 TPP，我国的损失将显著扩大；日本“东向”战略优于“西向”战略。以这些结论为基础，综合考虑政治外交等因素，本文提出坚持既要走进 TPP，更要跳出 TPP、更加注重谋势与造势、战略

① 报告执笔人：张哲人。

上藐视敌人、战术上重视敌人、巩固内线、拓展外线等原则，按照“东拉、西稳、南拓、北进，内发展”的总体思路来全面应对TPP。

一、加入TPP对我国经济的影响分析

（一）研究思路

TPP自称为“高标准、全覆盖、面向21世纪”的新一代自由贸易协定，不仅涵盖货物贸易、服务贸易和跨境投资，而且还将政府采购、知识产权保护、劳工标准、环境保护等议题纳入谈判，各个领域开放要求普遍较高。TPP出现后，有关专家学者和机构都对其影响进行了定量测算，而可计算一般均衡（CGE）模型则是最常用的测算工具。

从本质上讲，模型推演是一项实验操作，也是一种政策模拟；对于CGE模型而言，由于数据基期往往距离当年有一定的时滞，外生变量变动与实际情况也存在差异，导致测算的结果与经济指标实际值之间通常不能完全对应；对于不同CGE模型而言，虽然建模基础一致，但由于系数、弹性、外生变量等存在差异，导致模拟结果千差万别；对于TPP模拟而言，由于CGE模型通常只采用冲击关税变量来模拟自贸区效应，而TPP事实上却又并非传统意义上以关税减让为主要内容的自贸区协定，因此，模拟出的结果可能与未来的实际情形存在较大差距。但不管怎样，努力建立一个精致有效的CGE模型，采用冲击关税变量的方法来分析TPP效应，对于深入开展TPP研究和为相关政策提供参考依据应该是有益的。

目前，各方对美国主导TPP的背后原因都进行了深入分析，观点不尽一致；但有一点是可以肯定的，即TPP使东亚区

域合作格局更趋复杂多变，给我国出了道难题，增加了我国推动中日韩自贸区和“中日韩—东盟”自贸区等谈判和实施的难度和紧迫性。就此而言，加入TPP对我国的收益更多是一种“机会”收益，是从政治经济多角度考虑的、相对于其他东亚区域合作方式的一种比较收益。为此，本部分将对四种“场景”进行模拟分析我国的收益。它们分别是：中国加入而日本不加入TPP（以下简称P11①）、中国与日本都加入TPP（以下简称P12）、“中日韩—东盟”自贸区（以下简称“10+3”）和中日韩自贸区（以下简称CJK）。在模拟中，虽然仍以冲击关税变量来分析对有关国家降税的影响，但由于冲击变量一致、冲击幅度相同，四种场景彼此是可以进行相互比较的。因此，较之仅模拟TPP影响，我们得到的结论将更加丰富，更加与东亚区域合作格局相贴近，也更加能够为应对TPP的政策思路提供必要的支撑。

（二）模型与数据

CGE模型自20世纪60年代产生以来，在发达国家和发展中国家都得到了广泛的应用，并被证明是一个非常有效的政策分析工具。其主要应用领域为：国际贸易、环境保护、财政税收和经济改革等。CGE模型常被用于分析双多边自贸区建设的影响，其分析结果是自贸区缔约方讨价还价与最终签署协议的重要参考；因为CGE模型是最优化模型和投入产出模型的有机结合，其基础是微观主体的最优化行为，在进行政策模拟时既可以规避“卢卡斯批判”问题，又可以解算宏观上及产业层次的影响。同时，CGE模型通常包含多个生产部门和多组政策变量，可以模拟某一政策变化，如关税税率调整可能对

① 目前，TPP一共有12个成员，P11和P12指中国以外的成员数量。

一国的GDP、就业、对外贸易、价格等宏观变量的直接和间接影响。

本部分使用的 CGE 模型属于单国动态模型[①]，共有七个模块，依次为：生产模块、收入分配模块、国内最终需求模块、贸易模块、劳动力市场模块、私人资本市场和宏观闭合模块、价格和 GDP 定义模块。在贸易模块中，模型用方程描述了阿明顿商品，进口产品按照原产地进行了划分，并设定针对不同贸易伙伴的税率，从而使得分析中国加入 TPP 效应成为可能。CGE 模型的基础数据集是社会核算矩阵（SAM），我们在此使用的是基于中国 2007 年投入产出表、资金流量表等数据而构建的 2007 年 SAM。这里，根据海关统计数据以及海关 HS 编码和产业部门的对应关系，将 SAM 中的“国外账户”拆出了包括美国、日本、韩国、东盟各国、澳大利亚、加拿大、新西兰、墨西哥、秘鲁、智利等国。

模拟期限为 2013 ~ 2022 年，共 10 年时间。计算方法如下：

首先，计算出现行关税不变情况下我国的 GDP、就业、价格、进出口等经济指标预测值，以得到“基准情形”（Base Scenario）；然后，假定我国与有关方（国家和地区）关税税率于 2013 年一次性降至零，再测算以上相关经济指标的预测值，以得到“冲击情形”（Shock Scenario）；最后，对两种情形下相关变量的预测值进行对比分析，从而得出 P12、P11、“10 + 3”、“CJK” 等四个场景对我国主要经济指标的影响情况。

（三）主要结论

下面，我们将从经济增长、外贸外资、劳动力需求、居民

① 本报告第二、三部分将使用 GTAP 模型进行模拟分析，特此说明。

收入、价格指数、消费投资、产业发展等方面对四个场景的结果进行对比分析。基本结论是，“10+3”对经济社会发展的促进作用和对国民福利的提升作用要大于P11，主要原因在于“10+3”将强化东亚生产网络内部主要节点国家的经济联系，有利于提升我国的生产效率，P11更多是强化我国与消费市场的经济联系，受国际经济环境和国内发展条件变化，前者作用大于后者；而P12在四个场景中各项指标变动幅度基本为最大，CJK为最小，究竟采取何种路径推进东亚区域合作，有必要综合考虑政治、经济和安全等多种利益。

1. 我国经济增长在四个场景中都受到正面影响，幅度由大到小的顺序为P12—“10+3”—P11—CJK

根据国际贸易理论和国际经验，区域自由贸易安排能够产生贸易创造效应，推动缔约国国内生产增加。2013年，随着对P12、P11、“10+3”、CJK[①]的关税减让，我国经济总量（实际GDP）将分别增加3.69%、2.62%、2.99%和2.45%，此后，这种正向促进作用将逐年递增，到2022年将分别达到5.4%、4.72%、4.74%和3.76%；从10年时间段的模拟情况看，P12对我国经济的促进作用最大，“10+3”次之，P11与“CJK”最小，这与有关经济体占我国外贸比重的高低有关[②]。2013年，在4个场景中我国GDP增速将较基准期分别提高3.8个、2.7个、3.08个和2.53个百分点；2014年，我国GDP增速的提高幅度均迅速下降到不足0.5个百分点，这是由于2013年关税减让已经完成，此后几年中经济增速回归常态；到2022年，我国GDP增速分别较基准期提高0.04个、0.07个、0.05个、0.05个百分点，幅度已变得相当有限。

① 若无特殊说明，下文四个场景均按照此顺序排列。

② 这点前面几个分报告以有详细分析，这里不再重复说明。

然而，4 个场景的背后含义有所不同，对于经济增长的模拟结果也要有全面客观的认识。CJK 谈判即将启动，对我国而言，这是最现实、最直接推动深化东亚合作的重要抓手；而“10+3”必须要以“CJK”为基础，是我国收益更加明显的一种东亚区域合作方式；P11 是美国主导的亚太合作方式，有可能在不远的将来达成协议；P12 受日本影响很大，也取决于我国的态度，未来变数很多。现阶段，美国已成为我国十分重要的经济伙伴，两国经济结构高度互补，加入由美国主导的 P11 或 P12 会给我国经济增长带来较为明显的促进作用。但同时也意味着东亚区域合作主导权的让渡，致使我国在政治利益上受损。考虑到目前国内部分领域尚无法达到 TPP 标准，如果过早加入，将会带来国内经济较大调整，影响经济运行的稳定。因此，其收益可能需要对测算的结果打些折扣。考虑到“10+3”对我国经济增长的促进作用大于 P11，未来推进自贸区战略的实施应当以“CJK”为基础，积极稳妥地推动“10+3”谈判进程，以寻求政治上经济上的双赢。

2. P11 和 P12 导致我国外贸顺差增多，而“10+3”和 CJK 则不明显

一般来讲，关税减让将直接导致缔约方之间货物往来成本的降低，加之自贸区通常涉及贸易便利化安排，因此无论是理论上还是实践中都表明，建立自贸区有利于增加各方外贸进出口。模拟结果显示，出口和进口增幅是所有经济变量中最为明显的。2013 年，四个场景中出口（实际值）分别增长 24.99%、15.27%、18.75% 和 14.15%，此后增幅均呈现“先扬后抑”的走势，2022 年分别增长 26.84%、21.09%、22.35%和 16.28%。在四个场景中，出口增幅与经济增长的结论一致，即 P12 最大，“10+3”次之，之后分别为 P11 和“CJK”。进口（实际值）增长更加明显，4 个场景中冲击情形较基准情形分别增长52.08%、29.46%、42.65%和33.77%，此后增幅均呈逐步扩大的态势，2022年则分别增长85.7%、59.47%、72.97%和54.69%；相对而言，P11对进口的带动作用较小，甚至与“CJK”相仿。

美国、日本、韩国、东盟等与我国贸易差额方向不完全一致，美国是我国重要的贸易顺差来源地，而日韩东盟则常年与我国维持着贸易逆差，这与全国分工格局、东亚生产网络、产业竞争力等因素有关。以美国为核心的P11将导致我国顺差增加。数据显示，2013年P11中贸易顺差（美元名义值）将增长2.98%，到2022年增幅扩大至6.11%，其直接原因在于该场景中进口增幅相对较小。在P12中，由于日本的加入，2013年我国顺差增幅为1.52%，要小于P11，到2022年将增长3.85%。2013年，在“10+3”和CJK中，贸易顺差将分别下降1.97%和2.86%，这一态势随后将持续2~4年，到2022年则分别增长2.58%和1.29%。可以判断，我国对日韩逆差将有所扩大，而对东盟逆差将逐步缩小。此外，利用外资规模在四个场景中也有不同幅度的增长，增幅顺序与GDP和出口基本一致，这主要是由经济增长引致；若自贸区协定涉及投资促进条款，则实际增幅可能要大于模型测算结果。

综上，由于美国是我国乃至全球重要的最终消费品市场，加入以美国为核心的TPP将会强化我国的传统比较优势，或有利于减缓传统比较优势的弱化，导致我国顺差增多；而推动“10+3”和CJK将进一步巩固东亚生产网络，强化我国世界工厂地位，贸易顺差增幅相对有限，自贸区建立初期甚至会有所减少；特别是在“10+3”中，我国对东盟逆差会有减少。目前，我国贸易顺差已经回落至占GDP的3%以内，基本处于合理可控的区间，很难说顺差的扩大或缩小是好还是坏，但可以肯定的是：第一，扩大对美贸易规模相对于“出口市场多元化”、“培育出口竞争新优势”等重要经贸发展目标而言，其重要性较低，而扩大对美顺差更不应成为政策的目标；第二，日本与韩国在华利益巨大，扩大对华出口是这两个国家提振与稳定经济增长所必须借助的；第三，对东盟逆差缩小的问题值得关注，不应成为推动“10+3”建设的障碍；第四，贸易发展是建立自贸区的重要考量因素，但也需要考虑政治、外交以及建立难度等问题。

3. “10+3”价格增幅小于P11，居民收入增幅大于P11，劳动力需求增幅与P11基本相仿

通常来说，关税减让将导致进口产品价格下降，对国内物价水平有“下拉”作用；而自贸区的建立将导致内需扩大和生产扩张，对国内物价水平有“上提”作用。两种作用相抵，自贸区并不必然导致通货膨胀或通货紧缩。模拟结果显示，4个场景中CPI均有所增长，说明“上提”作用整体大于“下拉”作用，而增幅均小于1个百分点，说明各个场景均不会带来严重的通胀。2013年，P11中CPI将较基准情况增加0.32个百分点，到2022年将增加0.61个百分点；而2013年“10+3”中CPI增加0.29个百分点，2022年将增加0.53个百分点，增幅均小于P11，与4个场景中经济增长的变化情况相反；主要原因是日本、韩国、东盟是我国重要的零部件和原材料来源地，而美国是我国的重要出口市场，且对我实行严格的技术出口管制，部分地抵消了秘鲁、澳大利亚等国进口产品对我国物价水平的“下拉”作用，导致相对于以美国为核心的P11，“10+3”对物价水平的“下拉”作用更大，也更明显。此外，P12的价格涨幅要大于P11，CJK的价格涨幅在四个场景中最小。

由于经济增长和出口增加，四个场景中居民收入（名义值）均明显提升；其中，在整个模拟期限，“10+3”中农村居民人均纯收入和城镇居民人均可支配收入增幅均大于10%；

而P11在最初3年则基本小于10%，此后几年增幅也均小于“10+3”，农村居民人均纯收入增幅在最初的几年甚至不及“CJK”，城镇居民人均可支配收入增幅也与CJK相仿。主要原因是“10+3”、CJK与我国工业生产和东亚生产网络联系得更为紧密，成本降低对生产的促进作用非常直接，而P11更多是扩大了出口市场。

在P11和“10+3”中，劳动力需求增幅相仿，2013年均增长0.53%，2022年则分别增长1.1%和0.97%；两者均小于P12增幅，大于“CJK”增幅。由于我国对美主要出口劳动密集产品，而与日本韩国已在石化、装备等资本密集领域形成了一定分工关系，因此“10+3”对出口和经济增长的促进作用要大于P11。但是，两者劳动力需求增幅相仿。此外，在4个场景中，财政收入均有所增长，说明生产扩大对税收有“提振”的作用，大于关税减让对税收的“抑制”作用；也正是由于生产扩大对税收重要的作用，四个场景中财政收入增幅大小次序与经济增长保持一致。

综上，“10+3”价格增幅小于P11，居民收入增幅大于P11，劳动力需求增幅与P11基本相仿，整体上看对经济增长质量和效益的提升作用要高于P11。当然，P12中上述指标增幅均最大，CJK基本为最小。但如前文所述，建立自贸区要综合考虑政治、经济等诸多因素。曾有学者指出，我国加快实施自贸区战略要优先选择周边国家和发展中国家，从经济增长的质量和效益看，对于“10+3”和P11而言，这一观点或论断不无道理。

4. “10+3”和CJK对投资的促进作用大于P11和P12，对居民消费促进作用也大于P11

自贸区建设会影响出口、进口、收入、价格等诸多变量，也将导致消费、投资等内需变量发生变化，由于相对于进出口，自贸区对消费和投资的影响较为间接，其变动幅度通常小于进出口，这一点在模拟结果中比较明显。2013年，四个模拟场景中总投资（实际值）分别增长1.26%、0.31%、2.13%和2.09%，此后年份基本呈现“先抑后扬”态势，到2022年则分别增长2.54%、0.29%、3.09%和2.95%。整体上看，“10+3”和CJK对投资的促进作用要大于P11和P12，这一点与经济增长和出口的情况并不一致，其中P11的投资在2016~2020年期间呈现出5年的负增长。其原因在于：一方面，建立“10+3”和“CJK”有助于深化东亚生产网络内的合作，对投资促进作用更加直接；另一方面，P11与P12中包含澳大利亚、秘鲁、智利等我国重要矿产资源来源地，关税减让与国内生产扩张导致来自这些地区矿产资源进口的大幅增加，挤占了国内采矿业市场，导致采矿业投资下降[①]。可以看出，即使日本加入，P12对投资的促进作用也要小于“10+3”和CJK。

由于居民收入增长较多，加之CPI涨幅较为有限及进口消费品价格降低，四个场景中居民消费（实际值）均明显增长，增幅远大于总投资；2013年分别增长8.01%、5.19%、7.23%和6.29%，此后年份增幅稳步扩大，2022年则分别增长9.65%、6.8%、8.76%和7.44%。可以看出，居民消费增幅大小顺序为：P12最大、“10+3”和CJK次之，P11最低，与经济增长的情形并不完全一致；这与P11情况下价格涨幅大于“10+3”和CJK密切相关。

总的看，扩大内需效应是自贸区建设的附带效应，是由关税减让引致的而非直接的影响，其幅度比较有限。由于消费增幅大于投资增幅，因而自贸区建设对优化和调整我国需求结构都有积极的促进作用；而对比分析四个模拟场景，我们发现，“10+3”和“CJK”的扩内需力度要大于P11（见表7-1~表7-4）。

① 具体数字详见后文叙述。

表 7－1　加入 P12 对我国经济的影响（%）

类别	指　标	类型	2013 年	2014 年	2015 年	2016 年	2017 年	2018 年	2019 年	2020 年	2021 年	2022 年
经济增长	GDP	实际值	3.69	4.06	4.39	4.67	4.90	5.07	5.21	5.30	5.36	5.40
	GDP 增长率	实际值	3.80	0.38	0.34	0.29	0.23	0.18	0.13	0.09	0.06	0.04
消费投资	居民消费	实际值	8.01	8.38	8.68	8.94	9.14	9.30	9.42	9.51	9.59	9.65
	总投资	实际值	1.26	1.18	1.14	1.17	1.27	1.42	1.63	1.89	2.20	2.54
对外经济	出口总额	实际值	24.99	26.47	27.54	28.22	28.54	28.55	28.33	27.93	27.41	26.84
	进口总额	实际值	52.08	58.67	64.78	70.17	74.72	78.38	81.21	83.28	84.73	85.70
	贸易差额	名义值	1.52	2.71	3.53	4.06	4.35	4.45	4.41	4.28	4.09	3.85
	利用外资（FDI）	名义值	0.36	0.40	0.43	0.45	0.48	0.49	0.51	0.51	0.52	0.52
经济增长的质量与效益	财政收入	名义值	6.63	7.33	7.95	8.47	8.90	9.24	9.51	9.71	9.85	9.95
	价格水平（CPI）	实际值	0.44	0.49	0.54	0.58	0.61	0.64	0.66	0.67	0.69	0.69
	劳动力需求	实际值	0.82	0.92	1.00	1.07	1.13	1.17	1.20	1.22	1.23	1.23
	城镇居民人均可支配收入	名义值	12.03	12.89	13.64	14.28	14.81	15.25	15.60	15.89	16.12	16.30
	农村居民人均纯收入	名义值	13.62	14.72	15.68	16.49	17.15	17.66	18.06	18.36	18.58	18.74

续表 7-1

类别	指　标	类型	2013 年	2014 年	2015 年	2016 年	2017 年	2018 年	2019 年	2020 年	2021 年	2022 年
行业发展	农业增加值	实际值	0.09	0.08	0.07	0.06	0.05	0.04	0.04	0.03	0.03	0.03
	采矿业增加值	实际值	-3.50	-3.96	-4.33	-4.61	-4.83	-5.00	-5.12	-5.21	-5.28	-5.33
	制造业增加值	实际值	8.61	9.42	10.08	10.58	10.93	11.14	11.25	11.26	11.21	11.12
	建筑业增加值	实际值	-0.25	-0.38	-0.45	-0.45	-0.38	-0.25	-0.05	0.19	0.47	0.79
	电气水供应业增加值	实际值	0.47	0.67	0.86	1.04	1.19	1.31	1.40	1.47	1.50	1.52
	服务业增加值	实际值	1.77	1.90	2.02	2.13	2.23	2.32	2.39	2.45	2.50	2.55

注：表中数字均为冲击情形相对于基准情形的变化，正值表示增长，负值表示下降；GDP 增长率和 CPI 为两种情形下两个指标的差值，其余为百分比变动，即冲击情形相对于基准情形变化的变分比；除贸易差额、财政收入、FDI、居民收入外，其余均为实际值。

资料来源：作者 CGE 模型测算。

表 7-2　加入 P11 对我国经济的影响（%）

类别	指　标	类型	2013 年	2014 年	2015 年	2016 年	2017 年	2018 年	2019 年	2020 年	2021 年	2022 年
经济增长	GDP	实际值	2.62	2.99	3.35	3.69	3.98	4.22	4.41	4.55	4.65	4.72
	GDP 增长率	实际值	2.70	0.38	0.38	0.35	0.31	0.25	0.20	0.15	0.10	0.07
消费投资	居民消费	实际值	5.19	5.51	5.80	6.05	6.26	6.43	6.56	6.66	6.74	6.80
	总投资	实际值	0.31	0.15	0.00	-0.13	-0.20	-0.21	-0.17	-0.06	0.09	0.29

续表 7-2

类别	指 标	类型	2013 年	2014 年	2015 年	2016 年	2017 年	2018 年	2019 年	2020 年	2021 年	2022 年
对外经济	出口总额	实际值	15.27	16.88	18.40	19.67	20.61	21.20	21.49	21.52	21.37	21.09
	进口总额	实际值	29.46	34.24	39.17	43.90	48.13	51.71	54.57	56.75	58.35	59.47
	贸易差额	名义值	2.98	4.08	5.00	5.70	6.18	6.44	6.53	6.47	6.32	6.11
	利用外资（FDI）	名义值	0.26	0.30	0.33	0.36	0.39	0.42	0.43	0.45	0.46	0.46
经济增长的质量与效益	财政收入	名义值	4.67	5.31	5.93	6.51	7.02	7.44	7.78	8.04	8.24	8.38
	价格水平（CPI）	实际值	0.32	0.37	0.42	0.46	0.50	0.53	0.56	0.58	0.60	0.61
	劳动力需求	实际值	0.53	0.63	0.73	0.82	0.90	0.97	1.02	1.06	1.09	1.10
	城镇居民人均可支配收入	名义值	7.73	8.45	9.14	9.77	10.32	10.78	11.16	11.47	11.71	11.91
	农村居民人均纯收入	名义值	9.17	10.13	11.04	11.87	12.59	13.17	13.63	13.97	14.23	14.41
行业发展	农业增加值	实际值	0.03	0.02	0.01	0.00	-0.01	-0.02	-0.03	-0.03	-0.04	-0.04
	采矿业增加值	实际值	-3.75	-4.15	-4.50	-4.80	-5.03	-5.21	-5.35	-5.45	-5.52	-5.58
	制造业增加值	实际值	6.13	6.95	7.73	8.42	8.96	9.37	9.63	9.78	9.85	9.84
	建筑业增加值	实际值	-0.64	-0.85	-1.04	-1.19	-1.29	-1.31	-1.27	-1.17	-1.02	-0.83
	电气水供应业增加值	实际值	0.88	1.10	1.35	1.59	1.81	2.00	2.15	2.26	2.34	2.39
	服务业增加值	实际值	1.26	1.37	1.48	1.60	1.71	1.80	1.89	1.96	2.01	2.06

注：表中数字均为冲击情形相对于基准情形的变化，正值表示增长，负值表示下降；GDP 增长率和 CPI 为两种情形下两个指标的差值，其余为百分比变动，即冲击情形相对于基准情形变化的变分比；除贸易差额、财政收入、FDI、居民收入外，其余均为实际值。

资料来源：作者 CGE 模型测算。

表 7-3　建立“10+3”对我国经济的影响（%）

类别	指　标	类型	2013 年	2014 年	2015 年	2016 年	2017 年	2018 年	2019 年	2020 年	2021 年	2022 年
经济增长	GDP	实际值	2.99	3.33	3.64	3.93	4.17	4.36	4.51	4.61	4.69	4.74
	GDP 增长率	实际值	3.08	0.35	0.33	0.29	0.25	0.20	0.15	0.11	0.08	0.05
消费投资	居民消费	实际值	7.23	7.55	7.83	8.07	8.26	8.41	8.54	8.63	8.70	8.76
	总投资	实际值	2.13	2.06	2.01	2.01	2.06	2.17	2.33	2.54	2.80	3.09
对外经济	出口总额	实际值	18.75	20.12	21.30	22.21	22.80	23.10	23.15	23.00	22.72	22.35
	进口总额	实际值	42.65	47.98	53.21	58.02	62.21	65.67	68.40	70.46	71.95	72.97
	贸易差额	名义值	-1.97	-0.43	0.73	1.58	2.16	2.51	2.68	2.73	2.68	2.58
	利用外资（FDI）	名义值	0.29	0.33	0.36	0.38	0.41	0.43	0.44	0.45	0.46	0.46
经济增长的质量与效益	财政收入	名义值	4.87	5.46	6.02	6.51	6.93	7.27	7.53	7.73	7.88	7.98
	价格水平（CPI）	实际值	0.29	0.33	0.38	0.42	0.45	0.48	0.50	0.51	0.53	0.53
	劳动力需求	实际值	0.53	0.61	0.69	0.77	0.83	0.88	0.92	0.94	0.96	0.97
	城镇居民人均可支配收入	名义值	10.32	11.04	11.71	12.29	12.79	13.20	13.54	13.81	14.02	14.20
	农村居民人均纯收入	名义值	11.19	12.14	13.02	13.78	14.42	14.93	15.33	15.64	15.87	16.03

续表 7－3

类别	指 标	类型	2013 年	2014 年	2015 年	2016 年	2017 年	2018 年	2019 年	2020 年	2021 年	2022 年
行业发展	农业增加值	实际值	0.12	0.11	0.10	0.09	0.08	0.08	0.07	0.07	0.06	0.06
	采矿业增加值	实际值	0.23	-0.14	-0.46	-0.73	-0.93	-1.09	-1.21	-1.30	-1.36	-1.42
	制造业增加值	实际值	5.33	6.09	6.77	7.34	7.77	8.08	8.27	8.37	8.40	8.38
	建筑业增加值	实际值	0.88	0.76	0.67	0.64	0.67	0.76	0.91	1.11	1.35	1.62
	电气水供应业增加值	实际值	0.46	0.65	0.84	1.03	1.19	1.33	1.44	1.51	1.56	1.59
	服务业增加值	实际值	2.30	2.42	2.54	2.65	2.76	2.85	2.93	2.99	3.05	3.09

注：表中数字均为冲击情形相对于基准情形的变化，正值表示增长，负值表示下降；GDP 增长率和 CPI 为两种情形下两个指标的差值，其余为百分比变动，即冲击情形相对于基准情形变化的变分比；除贸易差额、财政收入、FDI、居民收入外，其余均为实际值。

资料来源：作者 CGE 模型测算。

表 7－4 建立“CJK”对我国经济的影响（%）

类别	指 标	类型	2013 年	2014 年	2015 年	2016 年	2017 年	2018 年	2019 年	2020 年	2021 年	2022 年
经济增长	GDP	实际值	2.45	2.67	2.88	3.08	3.26	3.42	3.55	3.65	3.71	3.76
	GDP 增长率	实际值	2.53	0.22	0.22	0.21	0.19	0.17	0.13	0.10	0.07	0.05
消费投资	居民消费	实际值	6.29	6.52	6.72	6.90	7.04	7.16	7.26	7.33	7.39	7.44
	总投资	实际值	2.09	2.07	2.07	2.09	2.14	2.22	2.35	2.51	2.72	2.95

续表 7 – 4

类别	指　标	类型	2013 年	2014 年	2015 年	2016 年	2017 年	2018 年	2019 年	2020 年	2021 年	2022 年
对外经济	出口总额	实际值	14. 15	14. 73	15. 30	15. 83	16. 25	16. 53	16. 65	16. 63	16. 50	16. 28
	进口总额	实际值	33. 77	37. 03	40. 30	43. 46	46. 38	48. 91	51. 00	52. 62	53. 83	54. 69
	贸易差额	名义值	−2. 86	−1. 72	−0. 81	−0. 09	0. 46	0. 86	1. 12	1. 25	1. 30	1. 29
	利用外资（FDI）	名义值	0. 24	0. 26	0. 28	0. 30	0. 32	0. 34	0. 35	0. 36	0. 37	0. 37
经济增长的质量与效益	财政收入	名义值	3. 80	4. 21	4. 61	4. 97	5. 30	5. 58	5. 81	5. 99	6. 12	6. 22
	价格水平（CPI）	实际值	0. 22	0. 25	0. 28	0. 31	0. 34	0. 36	0. 38	0. 39	0. 40	0. 41
	劳动力需求	实际值	0. 45	0. 50	0. 54	0. 59	0. 63	0. 67	0. 70	0. 72	0. 73	0. 74
	城镇居民人均可支配收入	名义值	8. 72	9. 23	9. 70	10. 13	10. 51	10. 84	11. 10	11. 32	11. 50	11. 63
	农村居民人均纯收入	名义值	9. 15	9. 80	10. 41	10. 97	11. 46	11. 88	12. 21	12. 48	12. 67	12. 82
行业发展	农业增加值	实际值	0. 13	0. 13	0. 12	0. 12	0. 11	0. 11	0. 10	0. 10	0. 09	0. 09
	采矿业增加值	实际值	1. 40	1. 11	0. 86	0. 64	0. 47	0. 34	0. 24	0. 17	0. 11	0. 07
	制造业增加值	实际值	4. 10	4. 57	5. 02	5. 42	5. 75	6. 01	6. 19	6. 30	6. 35	6. 36
	建筑业增加值	实际值	1. 06	1. 01	0. 98	0. 98	1. 00	1. 07	1. 18	1. 34	1. 52	1. 74
	电气水供应业增加值	实际值	−0. 21	−0. 14	−0. 05	0. 06	0. 18	0. 28	0. 38	0. 45	0. 50	0. 54
	服务业增加值	实际值	1. 74	1. 79	1. 85	1. 91	1. 97	2. 04	2. 09	2. 14	2. 18	2. 22

注：表中数字均为冲击情形相对于基准情形的变化，正值表示增长，负值表示下降；GDP 增长率和 CPI 为两种情形下两个指标的差值，其余为百分比变动，即冲击情形相对于基准情形变化的变分比；除贸易差额、财政收入、FDI、居民收入外，其余均为实际值。

资料来源：作者 CGE 模型测算。

5. P11 对我国农业和采矿业发展构成一定冲击，“10 +3”对服务业增长促进作用最大，制造业增幅在四个场景中均较明显

日本与韩国的农业受资源禀赋限制，其竞争力较弱，因此两国都对农业进行了长期严格的保护；而我国农业在一些品种上对日本、韩国和东盟具有比较优势；美国农业发展条件得天独厚，加之政府实施大力度财政补贴，其农业竞争力在全球居于前列。模拟结果显示，2013 年四个场景中农业增加值（实际值）分别增长 0. 09% 、0. 03% 、0. 12% 和 0. 13% ，由大到小顺序为“CJK”、“10 +3”、“P12”、“P11”，与各国农业竞争力情况基本相符；此后年份增幅逐渐缩小，由于美国因素的存在，P11 中农业增加值逐步呈现出负增长，到 2022 年分别增长 0. 03% 、 -0. 04% 、0. 06% 和 0. 09% 。整体上看，农业受到的影响是比较有限的。

日本与韩国的矿产资源匮乏，矿产品主要依赖进口。东盟的一些国家，如印度尼西亚，在石油等个别矿产品种上拥有丰富的储量；P11 中的部分国家，如澳大利亚、秘鲁、智利则在铁矿石、铜等品种上具有很强的竞争力，是全球重要的供应商。因此，P11 与 P12 中采矿业增加值（实际值）均为负增长，由于日本因素，P12 中采矿业增加值降幅相对较小；2013 年，P11 和 P12 中采矿业增加值分别下降 3. 75% 和 3. 54% ，2022 年则分别下降 5. 58% 和 5. 33% ；2012 年，“10 +3” 中采矿业增加值增长 0. 23% ，2013 年即转为负增长，2022 年降幅达 1. 42% 。在整个模拟期限，“CJK” 采矿业均表现为正增长，增幅由 1. 4% 逐步缩小至 0. 07% 。对于采矿业的模拟结果，我们要有全面的认识：第一，大量出口能源资源绝不是我国采矿业的发展方向；第二，建立自贸区的重要目的之一是为了获得我国经济发展必需的能源资源，但并不必然需要通过P11这种以牺牲政治利益为代价的方式来实现；第三，我国与秘鲁、智利已经签署了自贸协定，通过双边自贸区建设也可实现保障能源供应安全的战略意图。

由于美国是全球最大的消费品市场，P11 和 P12 中制造业增加值（实际值）增长幅度要大于“10 + 3”和 CJK。数据显示，2013 年，4 个场景中制造业增加值分别增加 8.61%、6.13%、5.33%和4.1%，此后年份涨幅逐年扩大，2022 年则分别增长 11.12%、9.84%、8.38%和6.36%；可以看出，在各个产业中，制造业增幅最为明显，这与出口增长较多有密切关系，实际上也是由我国在全球产业分工体系中的位置所决定的。

当前，东亚地区已经形成较为完整的生产网络，“10 + 3”的建立将推动我国制造业与出口明显增长，从而有力地带动生产性服务业发展，在四个场景中“10 + 3”对服务业发展的促进作用最为明显。数据显示，2013 年四个场景中服务业增加值（实际值）分别增长 1.77%、1.26%、2.3%和1.74%，此后年份增幅逐年扩大，2022 年则分别增长 2.55%、2.06%、3.09%和2.22%。此外，P11 和 P12 中建筑业增加值增幅会有不足1%的下降；电力、水、燃气供应业增加值在 4 个场景中呈微幅增长。

实践表明，建立自由贸易区，对于我国这样产业体系比较完整的国家而言，不可能所有产业都能够得利，一些行业的损失也可从不同的角度加以衡量。例如，曾有学者指出，进口农产品相当于使用了外国的耕地与水资源，进口石化产品相当于进口原油，而且可以把污染排放留在国外等。同时，我们也经常看到，受损的或者可能受损的部门通常都会极力反对自贸区的建立，如，日本农民就很反对日本加入 TPP。纵观国内外这方面情况，一国签署自贸协定时都要平衡好各方利益，对弱势部门通常都会安排相应的保护与补偿机制。通过模拟结果，可以肯定的是，“10＋3”对于我国服务业的带动和促进作用最强，这符合未来我国产业发展方向，也有利于加快转变经济发展方式。

二、不加入 TPP 对我国经济的影响分析

（一）研究思路

截至目前，TPP 中已有 12 个国家参与谈判，并呈现出“一超、少强、多弱”的态势，美国为超级大国，澳大利亚、加拿大为经济总量较大的发达国家，其他国家经济体量都比较小，产业结构也相对单一。日本已成为 TPP 成员，日本是世界第三大经济体，多年来位居我国第三、第四的贸易伙伴，是东亚生产网络的重要节点，也是区域内经济体高端生产设备的主要供应商。因此，日本是否加入 TPP，对我国的影响是显而易见的。本部分拟将按日本加入 TPP 与否分出两个场景：场景一，日本不加入 TPP，中国也不加入 TPP，P11[①] 成员国间关税水平于 2013 年一次性降至零；场景二，日本加入 TPP，中国不加入 TPP，P12 成员国间关税水平于 2013 年一次性降至零。

（二）模型简介

为了开展相关测算分析，本文将采用多国 CGE 模型—GTAP 模型，它是由美国普渡大学开发的。该模型首先建立

① 为与上文一致，P11、P12 指中国以外的成员数。

了可详细描述每个国家（或地区）生产、消费、政府支出等行为的子模型，而后通过国际商品贸易关系，将各子模型连接成一个多国多部门的一般均衡模型。由于GTAP模型对政策定量分析具有较好效果，世界贸易组织、国际货币基金组织和世界银行等都采用过 GTAP 模型对国际经济进行相关分析研究。

自 2009 年以来，北京大学国家发展研究院中国经济研究中心（国际经济项目组）和科学院系统科学研究院以及美国国际贸易委员会（International Trade Commission）三方通力合作，以 GTAP 模型为基础，收集整理了包括全球 39 个主要国家和地区 48 部门的投入产出数据库，并构建了适用于分析国际经济合作的全球多部门 CGE 模型，简称 GMCGE 模型。我们在此借鉴使用的就是该模型。该模型的基础数据集年份也为 2007 年。[①]

（三）主要结论

1. 我国不加入 P11，经济将受到微弱的负面影响

模拟结果显示，在场景一中，2013 年我国 GDP 下降 0.19%，到 2022 年将下降 0.22%；2013 年居民消费与总投资分别下降 0.28% 与 0.16%，2022 年则分别下降 0.04% 和 0.19%；2013 年出口和进口分别下降 0.15% 和 0.14%，贸易顺差减少 0.22%，此后各年份保持相对稳定。财政收入和劳动力需求也略有降低，消费价格指数呈下行趋势。制造业和采矿业受到冲击，农业、建筑业、电气水供应业与服务业略有上升；受经济结构的影响，总产出有所下降。

---

① 北京大学国家发展研究院中国经济研究中心国际经济项目组的李欣副教授测算了本部分和第三部分数据，在此一并表示诚挚感谢。

一般来讲，区域外成立自贸区会对区域内国家同时产生负面和正面的影响。P11 中包括像越南、马来西亚这样劳动密集产品出口国，以及美国这个全球最大的最终消费品市场，P11 建成后将不可避免地产生贸易转移效应，并对我国外贸发展构成不利影响，进而导致国内消费、投资、劳动力需求下降，即所谓负面影响。同时，P11 建成后也会对其成员国经济产生促进作用，将有利于我国经济增长和出口增加，即所谓正面影响。而美国经济增幅会有所扩大，这也是一些机构和学者测算出的重要结论。但比较而言，P11 对我国经济的负面影响要大于正面影响。

总体上看，P11 对我国经济的负面影响比较有限。究其原因主要是：首先，应当承认 P11 对我国经济不完全是负面影响，正面影响的存在抵消了部分负面影响；其次，负面影响本身也比较有限。由于 P11 成员国之间已经存在着若干个多双边自贸区安排，如 TPP 的前身 P4，又如北美自由贸易区（NAFTA，包括美国、加拿大、墨西哥），很多可贸易品的关税水平已达到相当低的水平，因此即使 P11 建成，其贸易转移效应也不会太明显。

2. 日本加入 TPP 将使我国经济受损程度加大

由于美日竞争关系的存在，日本加入 TPP 后，美日经济自身受到的影响可能较小[①]，这意味着前文所提到的正面影响会比较有限；另一方面，由于日本在东亚生产体系中的特殊地位，其加入将进一步密切东亚生产网络同消费市场的关系，贸易转移效应会更加明显，这对我国的“负面”影响较大。模拟结果显示，在场景二中，2013 年我国 GDP 将下降 0.27%，2022 年则下降 0.34%；2013 年居民消费与总投资分别下降

① 详见第三部分正文。

0. 39%与0. 38%，2022年分别下降0. 39%和0. 32%；2013年出口和进口分别下降0. 19%和0. 19%，2022年分别下降0. 25%和0. 24%。上述指标降幅均显著大于场景一，而财政收入、劳动力需求、制造业增加值等指标的降幅也有明显扩大。

三、日本加入中日韩自贸区和TPP的损益对比

（一）研究初衷与方法

中日之间政冷经热的格局已持续多年，政治上的分歧显而易见，特别是近来钓鱼岛问题的升温，导致双方分歧呈扩大化态势。经济合作与相互依存往往不易被观察到，受政治气候影响，两国媒体对此报道较少。众所周知，经济是政治的基础，政冷经热实属一种不正常的格局，这固然有历史的原因，但美国因素和美日关系也在其中起到了很大作用。从日本方面看，在TPP出现后，其推进和参与亚太合作有两条比较现实的路径，一是“东向”推进，即积极参与建立中日韩自贸区或“10+3”或其倡导的“10+6”；二是“西向”推进，即加入美国主导的TPP。在本文前两部分的分析表明，未来日本因素在推进TPP进程中将扮演着十分重要的角色，其加入与否对我国影响很大。为此，我们有必要研究“东向”和“西向”战略对日本经济的影响，从而为我国寻求趋利避害的现实途径（见表7-5~表7-8）。

表7－5　P11建成、我国不加入对我国经济的影响（%）

类别	指标	类型	2013年	2014年	2015年	2016年	2017年	2018年	2019年	2020年	2021年	2022年
经济增长	GDP	实际值	-0.19	-0.19	-0.20	-0.20	-0.20	-0.21	-0.21	-0.22	-0.22	-0.22
	居民消费	实际值	-0.28	-0.26	-0.21	-0.17	-0.15	-0.14	-0.1	-0.04	-0.04	-0.04
	总投资	实际值	-0.16	-0.17	-0.17	-0.17	-0.18	-0.18	-0.18	-0.19	-0.19	-0.19
对外经济	出口总额	实际值	-0.15	-0.15	-0.15	-0.16	-0.16	-0.16	-0.16	-0.17	-0.17	-0.17
	进口总额	实际值	-0.14	-0.14	-0.14	-0.15	-0.15	-0.15	-0.16	-0.16	-0.16	-0.16
	贸易差额	名义值	-0.22	-0.22	-0.26	-0.29	-0.28	-0.3	-0.3	-0.29	-0.29	-0.29
质量效益	财政收入	名义值	-0.28	-0.26	-0.24	-0.27	-0.25	-0.27	-0.29	-0.24	-0.26	-0.26
	价格水平（CPI）	实际值	-0.03	-0.04	-0.05	-0.07	-0.08	-0.07	-0.07	-0.07	-0.08	-0.08
	劳动力需求	实际值	-0.01	-0.02	-0.03	-0.05	-0.04	-0.04	-0.03	-0.01	0	0
行业发展	农业增加值	实际值	0.30	0.39	0.46	0.71	0.68	0.52	0.39	0.29	0.22	0.23
	采矿业增加值	实际值	-0.89	-0.68	-0.44	-0.23	-0.22	-0.19	-0.21	-0.21	-0.23	-0.02
	制造业增加值	实际值	-0.30	-0.28	-0.27	-0.26	-0.26	-0.26	-0.28	-0.31	-0.31	-0.32
	建筑业增加值	实际值	0.39	0.26	0.27	0.30	0.30	0.34	0.36	0.38	0.39	0.39
	电气水供应业增加值	实际值	0.10	0.11	0.14	0.15	0.13	0.14	0.13	0.12	0.11	0.11
	服务业增加值	实际值	0.18	0.19	0.20	0.21	0.21	0.21	0.20	0.20	0.19	0.20

注：表中数字均为冲击情形相对于基准情形的变化，正值表示增长，负值表示下降；GDP增长率和CPI为两种情形下两个指标的差值，其余为百分比变动，即冲击情形相对于基准情形变化的变分比；除贸易差额、财政收入、FDI、居民收入外，其余均为实际值。

资料来源：CECGE模型测算。

表 7－6　P12 建成、我国不加入对我国经济的影响（%）

类别	指标	类型	2013 年	2014 年	2015 年	2016 年	2017 年	2018 年	2019 年	2020 年	2021 年	2022 年
经济增长	GDP	实际值	－0.27	－0.27	－0.28	－0.29	－0.3	－0.3	－0.31	－0.32	－0.33	－0.34
	居民消费	实际值	－0.39	－0.39	－0.39	－0.4	－0.37	－0.39	－0.4	－0.38	－0.39	－0.39
	总投资	实际值	－0.38	－0.36	－0.35	－0.35	－0.35	－0.35	－0.35	－0.34	－0.34	－0.32
对外经济	出口总额	实际值	－0.19	－0.2	－0.21	－0.22	－0.23	－0.24	－0.24	－0.25	－0.25	－0.25
	进口总额	实际值	－0.19	－0.2	－0.21	－0.21	－0.22	－0.23	－0.23	－0.24	－0.24	－0.24
	贸易差额	名义值	－0.16	－0.16	－0.27	－0.28	－0.28	－0.22	－0.22	－0.20	－0.20	－0.19
质量效益	财政收入	名义值	－0.39	－0.42	－0.39	－0.4	－0.37	－0.39	－0.4	－0.38	－0.39	－0.39
	价格水平（CPI）	实际值	－0.03	－0.04	－0.09	－0.16	－0.2	－0.15	－0.14	－0.14	－0.14	－0.14
	劳动力需求	实际值	－0.08	－0.07	－0.03	－0.03	－0.03	－0.03	－0.03	－0.03	－0.03	－0.02
行业发展	农业增加值	实际值	3.21	3.17	2.89	1.17	1.06	0.93	0.84	0.01	0	0
	采矿业增加值	实际值	－2.15	－1.82	－1.38	－1.22	－1.17	－1.13	－1.08	－1.04	－1.02	－0.92
	制造业增加值	实际值	－0.8	－0.71	－0.76	－0.72	－0.74	－0.65	－0.67	－0.71	－0.78	－0.85
	建筑业增加值	实际值	0.19	0.2	0.28	0.4	0.42	0.5	0.53	0.56	0.57	0.57
	电气水供应业增加值	实际值	－0.41	－0.28	－0.09	－0.04	0.02	0.03	0.03	0.01	0.01	0.02
	服务业增加值	实际值	0.23	0.22	0.14	0.05	0.05	0.01	0	0.02	0.06	0.07

注：表中数字均为冲击情形相对于基准情形的变化，正值表示增长，负值表示下降；GDP 增长率和 CPI 为两种情形下两个指标的差值，其余为百分比变动，即冲击情形相对于基准情形变化的变分比；除贸易差额、财政收入、FDI、居民收入外，其余均为实际值。

资料来源：CECGE 模型测算。

表 7 – 7　P12 建成对日本经济的影响（%）

指标	类型	2013 年	2014 年	2015 年	2016 年	2017 年	2018 年	2019 年	2020 年	2021 年	2022 年
GDP	实际值	0.05	0.05	0.06	0.06	0.07	0.07	0.08	0.08	0.09	0.09
出口总额	实际值	0.56	0.63	0.67	0.68	0.68	0.68	0.68	0.68	0.68	0.68
进口总额	实际值	1.29	1.28	1.26	1.26	1.25	1.24	1.24	1.24	1.23	1.23
贸易差额	名义值	-0.29	-0.32	-0.56	2.45	1.52	0.84	0.82	0.97	1.86	1.88
价格水平（CPI）	实际值	-0.54	-0.5	-0.45	0.25	-1.03	-0.73	-0.81	-0.92	-1.28	-1.31
劳动力需求	实际值	-0.13	-0.12	-0.11	-0.11	-0.15	-0.14	-0.19	-0.14	-0.14	-0.14

注：表中数字均为冲击情形相对于基准情形的变化，正值表示增长，负值表示下降；GDP 增长率和 CPI 为两种情形下两个指标的差值，其余为百分比变动，即冲击情形相对于基准情形变化的变分比；除贸易差额、财政收入、FDI、居民收入外，其余均为实际值。

资料来源：CECGE 模型测算。

表 7 – 8　“CJK”建成对日本经济的影响（%）

指标	类型	2013 年	2014 年	2015 年	2016 年	2017 年	2018 年	2019 年	2020 年	2021 年	2022 年
GDP	实际值	0.22	0.18	0.18	0.17	0.14	0.12	0.1	0.1	0.1	0.1
出口总额	实际值	0.23	0.11	0.11	0.1	0.09	0.09	0.09	0.08	0.08	0.08
进口总额	实际值	0.63	0.61	0.55	0.51	0.52	0.51	0.51	0.5	0.5	0.47
贸易差额	名义值	-0.88	-0.9	-0.91	-0.73	-0.54	-0.45	-0.31	-0.27	-0.23	-0.21
价格水平（CPI）	实际值	0.09	0.21	0.21	0.2	0.2	0.2	0.2	0.21	0.21	0.2
劳动力需求	实际值	0	0.01	0.01	0.01	0	0	0.01	0	0	0

注：表中数字均为冲击情形相对于基准情形的变化，正值表示增长，负值表示下降；GDP 增长率和 CPI 为两种情形下两个指标的差值，其余为百分比变动，即冲击情形相对于基准情形变化的变分比；除贸易差额、财政收入、FDI、居民收入外，其余均为实际值。

资料来源：CECGE 模型测算。

本研究依然使用 GMCGE 模型，共包含两个场景。场景一，中日韩自贸区建立，彼此关税水平于 2013 年一次性降至零；场景二，日本加入 TPP，P12 成员国关税水平一次性将至零。

（二）主要结论

从经济上看，日本“东向”战略的综合收益好于“西向”战略。模拟结果显示，2013 年在 CJK 和 P12 中日本 GDP（实际值）分别增长 0.22% 和 0.05%，2013 年分别增长 0.1% 和 0.09%；CJK 对日本劳动力需求基本没有影响，而 P12 将导致日本劳动力需求减少，各年份的降幅处于 0.1% ~ 0.2% 的区间。

这一结论与日本在全球和区域分工中的地位密切相关。在东亚地区，日本处于产业链顶端，中国、韩国都要从日本进口高端设备，因此，建成 CJK 自贸区不会对日本产业竞争力构成严重威胁。在 20 世纪 80、90 年代日美严重贸易战后，日本开始大量向国外转移制造业产能，目前国内“二元”经济结构非常明显，一部分是竞争力极强的高端装备制造业和电子器件产业，另一部分则是外向度很低、竞争力不强，并受到高度保护的产业，比如农业等。就当前形势看，日本的装备、电子等产业与美国存在较强的竞争关系，而农业等产业根本挡不住美国产品的冲击。日本加入 TPP 后，伴随着关税的降低，一些美国优势产品，比如农产品，将会大量进入日本市场。模拟结果显示，CJK 对日本进口的影响程度要小于 P12，2013 年日本进口分别增长 0.63% 和 1.29%，2022 年分别增长 0.47% 和 1.23%；这也是 P12 导致日本劳动力需求减少的重要原因。

四、应对原则及总体思路

本报告的前三部分以模型测算为基础，分析了我国加入与不加入 TPP 的损益情况，以及日本在区域合作上采取“东向”和“西向”战略所产生的收益与成本，本部分将综合考虑以上测算结果、大国关系、政治利益和安全利益诉求等多个因素，进一步提出我国应对 TPP 的基本原则与总体思路。

（一）基本原则

1. 既要走进 TPP，更要跳出 TPP

TPP 本质上仍属于一种 FTA 形式，只不过是其覆盖范围更广、标准更高；目前看来，其谈判进程仍存在较多的不确定性，对我国的影响也比较复杂，这一点可从前文的测算结果中看到。美国高调推动 TPP 的原因是多方面的，但有一点可以肯定，即为了重新确立其在亚太地区经济合作中的主导地位，使其在亚太地区的经济利益最大化，同时对中国崛起产生一种牵制与制衡。考虑到 TPP 的经济效应存在很大变数，而本身又涉及政治、外交、安全等多个方面，因此，有必要走进 TPP，深入分析研究 TPP 的本质和内容，以及其未来走势和影响程度，以做到心中有数，准确把握和应对。同时，更要能够跳出 TPP，要立足于我国发展的阶段性和相关利益诉求，结合当前和今后一个时期国际环境的变动特点和趋势，站在营造对我国有利外部环境、实现和平崛起的高度，加强综合分析研究，统筹兼顾各方利益，努力提出有针对性的应对策略。

2. 更加注重谋势与造势

TPP 本身呈一种动态的发展过程，由多年前的 P4 逐步发展到 2011 年的 P9 和 2012 年的 P12，协议条款也依据环境变化而不断有所调整。前文测算表明，日本加入与否是影响我国收益与成本的重要因素，也表明我国在加入与不加入 TPP 上的利弊是动态变化的。因此，我国是否加入 TPP、如何应对 TPP 实际上是一个动态博弈的过程，不能静止地看待 TPP。同时应当看到，美国以 TPP 为载体或工具重返亚太经济，对我国布局东亚经济合作已经构成了现实的“压力”，但目前这种“压力”尚未转化为实际的“损失”，因为这种转化是需要条件和时间的。这就要求我们必须树立“动态比较最优”的理念，从多个角度、多个方面来加以应对和反制，通过积极地谋势与巧妙地造势，来引导和推动东亚合作的大格局朝着对我国有利的方向发展，力争把可能的潜在损失和风险降到最低程度。

3. 战略上藐视敌人、战术上重视敌人

美国在 TPP 问题上高调说、高调做，不达到目的恐难罢手，这是一个大概率事件。但也要看到，国际金融危机爆发后，世界政治经济格局发生了深刻变化，突出表现在：随着发达国家经济实力下降，其在全球治理与区域合作中的影响力和实际作用已有下降，相反，新兴市场和发展中国家则相应有所提升。特别是以 FTA 为载体的区域合作需要建立在互利共赢的原则基础上，美国在 TPP 问题上搞“一言堂”，并把大量于自身有利的内容加入协议条款，其结果是要么这些条款失去实际作用，要么谈判久拖不决。本文测算的结果也表明，P11 建立后不会对我国经济产生明显冲击，也不会影响我国对外经济发展的大局，对此我们应有足够的自信，并在战略上表现出沉着应对、务实求进的大国姿态。与此同时，我们也要密切关注 TPP 谈判进程及动向，对相关重大问题进行前瞻性深入分析和研究，并针对不同的谈判结果制定相应的应对预案。

4. **巩固内线、拓展外线**

美国通常把南美及加勒比地区视为自己的后院，印度也常常自夸“印度洋是印度的洋”，这种以势力范围为主要特征的冷战思维并不值得我们借鉴。但也要看到，东北亚与东南亚地区对我国具有重大的政治经济安全利益，其是否繁荣与稳定将直接影响到我国的和平崛起，是我国的内线。目前，美国推出TPP，其锋芒恰恰直指我国内线。为了巩固我国内线，最现实的选择就是，要不断深化已有的区域合作模式，做实做深各个方面的合作内容，让相关经济体切实感受到中国崛起的好处而不是威胁。与此同时，也要努力拓展外线，参考“千里跃进大别山”的思路，充分发挥我国市场潜力大、综合配套能力强、工业体系比较完整的比较优势，按照互利共赢、共同发展的原则，进一步深化同南美、中东、非洲、欧洲地区和国家的经济合作，以反制TPP带来的不利影响。

（二）总体思路

对于TPP，既可从经济与自贸区的角度来看，也可从政治与安全的角度来分析，还可从东亚合作与大国关系的角度加以研究。本文将以数据测算为基础，按照上述的基本原则，提出了未来我国应对TPP的总体思路，并大体概括为：“东拉、西稳、南拓、北进，内发展。”

1. **东拉**

东拉即拉住日本与韩国。两国是我国重要贸易伙伴，同时也是美国在亚洲地区的重要军事盟友；中日韩三国交往历史久远，由于多种因素造成政治关系错综复杂。在当前形势下，东拉是必要的。本文测算结果表明，日本加入TPP将使我国的损失大幅增加，建立中日韩自贸区也将给我国经济带来比较显著的正面影响；若韩国继日本后加入TPP，势必使美国与其军事同盟更加紧密，将使本已复杂严峻的钓鱼岛、南海局势雪上加霜。在这个方向上，既要维护我国领土和主权完整，与日本政治“右倾化”做坚决斗争，又要把握好力度节奏，把斗争与合作结合起来。东拉是可行的。日本“东向”战略的收益大于“西向”战略；韩国在华也有巨大的经济利益，一直倡导增强中韩经贸关系；完全有可能以中韩自贸区等为载体，牵动日本的神经，促其“东向”与中国加强合作。日本加入 TPP 既有倒逼国内改革的目的，也有加强与美合作制衡中国的意图；钓鱼岛问题更多是由日本引起的，当激化到一定程度后，美国必然会出来调停，加之日本领导人更迭，日本政治右倾化难以一路到底。东拉是艰巨的。中日、日韩之间都有领土争端，加之日本近期频出不理智举动，稍有不慎中日韩合作就有可能前功尽弃。因此，当前的核心任务是务实推进中韩、中日韩自贸区建设，在实效上触动日本。

2. 西稳

西稳即稳定与印度关系。印度是 TPP 的潜在成员国，加之与我国存在边界、西藏问题等争端，一直是美国要拉拢的重要对象；日本一直试图通过拉拢印度来制衡我国，进而获得东亚政治经济合作主导权，其主导的“10 +6”中就包括印度。就印度自身而言，其冷战期间就奉行“左右逢源”的取向，加之美国、日本花多大成本也存在不确定性，短期内单方面倒向美日的概率不大。但也要看到，世上没有天上掉馅饼的好事，这一过程不会自动实现。当前形势下，由于 TPP、钓鱼岛、南海等问题的不断升温，我国在东和南两个战略方向上面临的政治与安全压力日益增大，维护自身合法权益与发展利益的难度增加且紧迫性增强。同时，在这两个战略方向上分布着绝大部分东亚生产网络节点，与我国相关的经济利益巨大。相对而言，无论是经济上还是政治安全上，无论是其重要性还是其紧迫性，西向都相对较弱。因此，我们的对印关系应当更强调稳，一方面要按照以经促政的思路，利用中印战略经济对话等平台，以两国均为新兴经济体和经济转型发展需要为契机，进一步推动中印在能源、基础设施等重点领域加强合作；另一方面，也要采用胡萝卜加大棒政策，在印度入常等问题上坚决顶住，并着力巩固和深化与巴基斯坦的合作，牵制与制衡印度这一潜在对手。

3. 南拓

南拓即拓宽深化与东盟的经济合作，巩固提升与台港澳的经济合作。伴随着中国—东盟自贸协定的签署，我国与东盟的贸易投资稳步发展，已互为重要的经贸合作伙伴。当前，随着TPP的出台，加之南海局势波澜起伏，我国与东盟的关系日趋复杂；就东盟自贸区建设实践看，东盟更倾向于与区域性大国单独签署FTA，比如，东盟已和我国、日本分别签署了自贸区协定，从而通过搞大国平衡来实现自身利益最大化。虽然越南、马来西亚已加入TPP谈判，但东盟作为一个整体尚未对TPP做出明确表态。综合考虑，营造对我国有利的东亚合作格局，东盟是必须要借助的，在当前形势下应当更强调“抢占先机”，利用“10+1”等合作框架与机制，把各个领域的功能性合作做实做深，让东盟国家享受到更多的合作收益，从而为推进“10+3”建设打下基础，并促进南海问题的解决。事实上，既然可以用加强水果检疫的方法来制衡菲律宾，应当说，成本低、收效好、针对性强的与东盟合作方式还是很多的。就当前形势看，美国拉台湾加入TPP将过度触碰我国底线，是小概率事件；但凡事“预则立、不预则废”，而且强化与台港澳经济合作、不断丰富拓展ECFA和CEPA内容，本身也是我国实施自贸区战略的重要内容，有利于树立良好示范效应，是一件需要抓紧做的大事。

4. 北进

北进即进一步强化与俄罗斯的经济政治安全合作。美国推出TPP不仅仅是出于经济考虑，其成员国和潜在成员国有很多是美国的政治“铁杆”和军事盟友，围堵与牵制我国崛起的意图还是比较明显的。在这种情况下，有必要在走进 TPP 的同时跳出 TPP，以经济合作为基础、以政治合作为重点，在战略上实行“联俄抗美”。首先，中俄经济关系日趋紧密，为政治合作奠定了基础；俄罗斯虽已成为全球第六大经济体，但经济增长内生动力不足问题依然突出，在可预见的未来，其能源与装备出口都离不开我国市场的支撑；中俄两国拥有漫长的边境线，伴随东北振兴和西部大开发战略的实施，对俄沿边开放的潜力十分巨大，未来“北进”大有可为。其次，中俄两国在对抗美国围堵上具有共同的利益诉求，虽然较之苏联，俄罗斯的政治、经济、军事实力大幅缩水，但美国依然没有放松对其警惕与围堵，不断拉拢东欧国家加入北约，还试图在中亚布置反导系统。可以说，美国对俄罗斯的围堵力度丝毫不弱于对我国。最后，中俄两国在国际事务中的共识与默契逐渐增多，两国高层互访频繁，未来两国完全有可能进一步加强在区域及全球事务上的深度合作，共同应对美国重返亚太的政治、经济和安全压力。

5. 内发展

内发展即应对 TPP 中心问题是自身发展。TPP 之所以造成了我国加入与不加入的难题，很大程度上与其高标准、广覆盖有关。过早加入，则国内经济结构不得不进行较大幅度的调整，一些行业和部门可能会面临较大的冲击。而一旦 TPP 建成，我们再寻求加入，不但高标准、广覆盖问题无法回避，而且谈判会更加困难。自身发展有两个层面的含义。一是要保持平稳较快发展，这是“东拉、西稳、南拓、北进”的基石，也是提升我国在国际与区域事务中话语权和影响力的基石。特别是随着我国劳动力、土地等要素成本的刚性上涨，加之外需持续低迷，完成这项任务更加复杂艰巨，有必要继续加强和改善宏观调控，多策并举，综合治理，努力保持经济长期平稳较快发展态势。二是以科学发展为主题，以加快转变经济发展方式为主线，大力推进经济结构调整和升级。在这方面，要对外广泛宣传，强调中国正在着力优化和调整自身经济结构，不会恶化资源环境、气候变化等全球性问题，中国发展将有利于周边国家乃至世界经济的增长和复苏。从一定意义上讲，TPP 的出现对加快转变经济发展方式形成了倒逼压力，今后一个时期，我国推动国企深化改革、环境保护、节能减排、知识产权保护、改善民生等方面的任务将更加紧迫和艰巨，我们必须高度重视、扎实推进，从根本上提升我国防御和抗击 TPP 冲击的能力。

参考文献

1. 万璐．美国 TPP 战略的经济效应研究——基于 GTAP 模拟的分析［J］．当代亚太，2011（4）．

2. Peter A. , Michael G. & Fan Zhai, The Trans – pacific Partnership and Asia – Pacific Integration: A Quantitative Assessment. USITC Working Paper, 2011（7）.

3. Soloage, I. & Winters. A. I. , Regionalism in the Nineties: What Effect on Trade. North American Journal of Economics and Finance, 12 (1), 1 –29.

4. Carrere C. , Revisiting the Effects of Regional Trade Agreements on Trade Flows with Proper Specification of the Gravity Model. European

Economic Review, 2006, (50), 223 -247.

5. Siriwardana M. , The Australia - United States Free Trade Agreement an economic evaluation. The North American Journal of Economics and Finance, 2007, 18 (1): 117 -133.

专题报告七

美国重返亚太——情势、影响及对策①

内容提要：

2009 年以后，重返亚太是美国对外战略重心的历史性转变。本文认为美国重返亚太并非“主动进攻”，而属于“攻势防御”，是美国面对其日益衰微的霸权地位所作出的积极防卫。而美国重返亚太所使用的经济、军事和政治外交的“组合拳”必然对我起到战略牵制的作用，但也很难对我国经济构成实质威胁。为此，我们的策略应该是在亚太地区“不与之争风、不与之共舞、不受其左右”，更多地做好自己的事情。

① 报告执笔人：曲凤杰，本报告发表于《宏观经济信息研究》和《中国经济导报》。

一、重返亚太是美国对外战略重心的历史性转变

奥巴马当局认为小布什当政的 8 年，犯了一个战略错误，就是把反恐定位为反恐战争，战略重点放在了中东南亚地区，忽视了东亚地区，于是奥巴马上台伊始就提出重返东亚、重返亚太。2009 年以来，美国不断强化其对亚太区域的存在，战略重心东移和重返亚太已成为美国对外战略的重要内容和主要特征，而且这一战略在经济、军事、政治和外交等各个方面均有所体现，呈全方位的组合攻势。

经济上，美国重返亚太的最重要举措就是于 2009 年高调宣布正式加入 TPP，并开始主导 TPP 谈判。2011 年 APEC 峰会上，美国主导签署了有 9 个成员的 TPP 框架协议，日本、加拿大和墨西哥也表示了加入谈判的意愿。现在 20 个小组，已经进行了数轮谈判。

军事上，根据美国 2012 年 1 月公布的新军事战略报告《维持美国的全球领导地位：21 世纪国防的优先任务》，美国将裁军 50 万，美国还将大幅削减全球范围内的军事存在，但唯独却要加强在亚太地区的军事存在，并进一步提升海空军作战能力。此外，美国不断提升与日韩和澳大利亚的盟友关系，包括在澳大利亚驻军的同时，不断寻找与越南、印度、印度尼西亚、菲律宾、新加坡等国建立准军事伙伴关系。

政治外交上，美国利用部分国家对中国快速发展的忧虑，积极介入地区争端，参与东亚合作机制，强化其与东盟国家的关系。2009 年，美国出席东盟地区论坛（ARF）部长会议并签署了《东南亚友好合作条约》（TAC），美国成为 TAC 的第 16 个区域外成员国，2011 年首次参加东亚峰会，就主导了会议议题，不顾中方反对，对海上安全和南海问题进行了讨论。

二、重返亚太是美国面对其日益衰微的霸权地位所作出的积极防卫

美国重返亚太并非主动进攻，而属于攻势防御。概括起来，美国重返亚太的战略意图和主要动机大致包括以下几个方面：

第一，应对世界经济格局的变化，分享亚洲经济成长的成果。在相当长的时期，亚洲经济增长率将继续高于欧美 2 至 3 个百分点，经济总量将超过欧美。在世界经济格局调整的背景下，美国积极调整其全球战略。重返亚太成为美国分享亚洲经济成长成果的重要战略举措。

第二，抗衡和遏制把美国排除在外的东亚合作机制的发展，减少亚洲区域合作给美国带来的排他性影响。金融危机爆发以来，美国经济模式的神化被彻底打破。而亚洲国家越来越认识到，摆脱对美国市场的依赖、摆脱对美元体系的依赖和加强区域合作是解决全球失衡和摆脱经济困境的必然选择，亚洲区域合作取得了较快进展，区域金融合作也取得丰硕成果。在这种情势下，美国力图通过重返亚太改变东亚合作的轨道，减少亚洲区域合作给美国带来的排他性影响。并通过积极参与和主导亚太地区的合作，扩大其在亚太区域的影响力，建立符合美国利益的 21 世纪的亚太经济秩序。

第三，牵制中国在亚洲日益增强的影响力。随着中国、印度等新兴国家的崛起，美国经济地位相对下降及在全球和亚洲地区的影响力逐渐减弱是一个不争的事实，趋势很难遏止。与此同时，随着中国经济的崛起和亚洲区域合作的加深，亚洲国家对美国市场的依赖程度下降，对中国市场的依赖程度上升。以韩国为例，1990 ~ 2010 年，韩国对美国市场的依存度由

27%下降到9.3%，而同期对中国市场的依存度由2.9%上升到20.4%。随着亚洲国家对中国经济依赖程度的加深，美国视中国为其亚洲主导地位的有力挑战者，其重返亚太的重要目的就是借力打力，牵制中国在亚洲的影响力。

第四，在多哈回合谈判停滞的背景下，建立有利于提高美国出口竞争力的多边贸易规则的新标杆，继续主导国际经济新规则的制定。从长远发展趋势上看，中国和印度等亚洲区域大国将成为美国影响力的制衡力量，而参与国际规则的制定往往会成为崛起国家的重要诉求。美国主导并积极推动TPP谈判，将其定位为“一个21世纪自由贸易协定的标杆、全球贸易合作的新标准”，其重要目的就是在多哈回合谈判受阻的情况下，主导建立新的国际经济规则，不仅削弱中国、印度等发展中大国的话语权，也在节能环保、新能源等新兴领域与欧洲争夺竞争优势地位。更为深远的是，美国在推行TPP的过程中，仍然力图站在道德的制高点上，在所谓公平贸易的外衣下推行其价值观。

三、美重返亚太对中国形成战略牵制，但不会对中国经济构成实质威胁

美国重返亚太强化了美国在亚太区的军事主导地位，也使我周边安全形势复杂和趋于恶化，南海海洋权益争端加剧就是明显例证；而且，美国重返亚太干扰了东亚区域合作的轨道，美国的搅局进一步破坏亚洲地区本来就很脆弱的政治互信基础，从根本上阻碍了亚洲区域经济合作的进程。可以说，美国重返亚太从政治外交方面成功实现了对中国的战略牵制。

但在经济方面，目前来看，美国重返亚太不会对中国经济构成实质威胁。一方面，TPP的发展前景具有很大的不确定

性。在成员方面，如果没有日本、韩国、中国和印度等大国的呼应和参加，其很难成为所谓的新标杆。而目前看，日本尽管反映相对积极，但能否加入谈判尚不确定，其他国家尚且没有表示加入意愿；在协议框架内容方面，TPP 不仅包括关税减让，更包括“边境后壁垒”的减轻，但其中知识产权、劳工标准和环境保护问题都是极为敏感和棘手的领域，也是许多达成的 FTA 不得不回避的领域，TPP 究竟在多大程度上突破并广泛达成协议仍无法预料；此外，TPP 在美国国内也面临许多程序上的障碍，特别是可能遭到国会的反对。可见，美国借 TPP 推行高标准贸易规则的设想困难重重。

另一方面，目前参与谈判的 9 个国家经济的互补性相对较弱，除了美国之外的市场规模有限。即便建成高标准的自由贸易区，其贸易转移效应不大。尤其是东亚分工网络的形成和区内贸易投资的增加不是优惠贸易安排或机制推动的结果，而是内生性的。事实上，从全球范围来看，在优惠贸易安排下开展的贸易占总贸易的比重也不足 20%。目前，亚洲国家对中国市场的依赖程度处在上升阶段，对美国市场的依赖呈下降趋势的情况下，TPP 不会根本改变亚洲内生性的一体化趋势，对中国经济的影响也有限。

四、我国的对策

美国重返亚太发出的强烈信号是，即便中国经济相对地位有所上升，美国仍然是亚太地区的主宰。尽管我国的综合国力尤其是政治军事实力远远不能与美国形成制衡，但美国仍然视中国为潜在竞争对手，把中国作为美国重返亚太的重要理由。

美国重返亚太是美国自身战略重心的调整，我们也要从容面对。既然美国运用“巧实力”成功回避了与我发生正面冲突，我们既没能力也没必要去阻止美国重返亚太的行动，更没必要针锋相对地采取反制措施。我们的策略是在亚太地区“不与之争风（不搞选边站）、不与之共舞、不受其左右”，更多地做好自己的事情。

第一，继续深化与美国的双边合作。尽管美国重返亚太有牵制中国的意图，但中美两国的战略冲突不能掩盖两国深化经济合作的内在需求和动力。继续深化双边互补性合作，使中美经济关系不断发展，形成“你中有我、我中有你”的局面，不仅符合两国的根本利益，也有利于实现以经促政。此外，中美两国在亚太地区的热点问题如台湾问题、朝鲜半岛问题、南海问题等，也要与美国找到合作的切入点和合作空间，将加强对话和合作作为管理危机的重要手段。

第二，积极推进东亚区域合作。美国主导的 TPP 是横跨太平洋两岸的自由贸易区协定，一旦建成会成功防止亚洲地区形成一个稳定的、强大的区域贸易集团；与“10+1”、“10+3”以及中日韩 FTA 等东亚区域合作机制形成竞争局面。在这种情况下，加快推进东亚区域合作，有利于朝建立区域集团的目标发展，也客观上使亚洲国家加入 TPP 谈判的必要性下降。

第三，深入开展与欧洲的对话与合作。欧洲相对美国来说，更具有包容性。我国很多高技术设备从欧洲进口，而且欧洲在节能环保等新兴领域具备一定的优势。此外，欧洲是反对美国霸权最可倚重的力量，深入开展与欧洲国家和欧盟的对话与合作，有利于防止美国擅自推行所谓新制度规则。可以就 TPP 涉及的边境后壁垒与欧洲国家展开磋商与合作，共同应对将 TPP 设立的区域标准作为国际标准的做法。

第四，推进金砖国家合作机制的建立。金砖国家是建立兼顾发展中国家利益的合理的国际经济新秩序的重要力量。加快金砖国家合作机制的建立，有利于在能源安全、气候变化和国际金融体制改革等方面密切合作，提高在联合国、G20 等框架内的话语权，维护广大发展中国家的利益。

第五，对 TPP 持不积极、不主动、不反对的态度。密切关注 TPP 的动态，但要保持不积极的态度，更不能主动表示参加意愿，但在任何公开场合也不必表示反对美国主导和推动 TPP。

专题报告八

亚太区域一体化发展新动向与中国的策略选择①

内容提要：

亚太经济一体化的未来发展路径将对我国外贸战略产生重要影响，而目前该地区存在多种区域一体化安排和构想，从长期看，各国经贸关系密切程度仍是决定未来区域一体化路径的主要因素，通过对贸易依赖程度各项指标的测算，可以为我国参与亚太地区FTA的路径选择提供依据。

进入21世纪后，WTO多边贸易体制的进展举步维艰，而与此同时区域经济一体化却获得了迅猛发展。区域一体化组织的示范效应促使亚太经济体转而通过区域一体化进程推动贸易投资自由化的发展，但由于该地区成员国要素禀赋、经济结构

① 报告执笔人：季剑军，本文发表于《对外经贸实务》2013年1月。

和发展水平差异较大，区域一体化进程中缺乏制度性约束，实现贸易投资自由化的进程中各方利益诉求分化明显，决定了目前亚太地区的区域一体化的发展不会是一帆风顺。同时，亚太地区的区域经济一体化所面临的政治经济环境产生了重要变化，作为亚太地区区域经济合作的主要利益相关方，研究该地区区域经济一体化的未来趋势和发展动力，可以为我国应对亚太经济一体化的新动向提供有益的借鉴。

一、亚太区域一体化发展现状和动向

（一）亚太区域一体化发展现状

区域一体化在近十年内加速发展，成为替代多边贸易体制的重要平台，其中，亚太地区各种区域一体化机制对我国经济利益的实现至关重要，与该地区各经济体达成的一体化协议和安排也成为影响我国外贸战略的重要因素，目前该地区的区域一体化安排前景错综复杂，多种路线下的一体化机制并行发展，并且各种路线中还存在国家主导权之争，在中短期之内很难确定一个明确的主轨道，我们需要在系统研究论证基础上，寻求我国 FTA 战略的实施路径。按照贸易壁垒强弱，区域一体化可以分为特惠贸易协定、自由贸易区、关税同盟、共同市场、经济同盟以及完全经济一体化五种形式，在亚太地区，自由贸易区是最为活跃的一种合作方式。自 20 世纪 APEC 成立以来，亚太各国均提出各自的一体化构想，包括“亚太自由贸易区”；东盟为核心的“10 + X”、“东亚峰会”、“东南亚区域论坛”以及 RCEP 等；澳大利亚和日本又先后提出了“亚太共同体”和“东亚共同体”；美国参加“泛太平洋战略经济伙伴关系”（TPP）后，该地区一体化前景更加错综复杂。从成员范围和主导权来看，已有和正在构想的合作机制基本可以被归纳为两种主要路线，即“东亚主导路径”和“亚太路径”，前者是以东亚地区国家为主要成员，主导权也掌握在东亚国家手中，后者涉及成员国范围更加广泛，两种路线的根本区别在于美国影响力程度的高低。

（二）亚太地区一体化新动向

随着金融危机后全球经济发展重心转向亚洲以及美国战略重心向亚洲地区的转移，亚太区域一体化进程又出现了新的不确定性和影响因素。

第一，美国更加重视与亚太地区国家的合作。金融危机爆发后，亚太地区新兴经济体的发展动力明显强于欧美发达国家，若美国置身于亚太经济圈外，就无法分享到亚太地区新兴经济体经济增长的红利。因此，美国不断增加对亚太地区的战略投入以求主导亚太地区经济合作进程，于2009年高调提出了加入TPP谈判，利用TPP发展新技术与新兴部门、为中小企业的出口创造新机会、帮助企业参与新的生产与供应链，同时涵盖了环境保护、劳工权利、透明度与发展目标等新的议题。一方面为了追求在亚太地区强大经济增长动力带来的利益；另一方面确保其在该地区的话语权和贸易规则的制定权，削弱中国的影响力。日本于2013年也宣布加入TPP谈判，加强与美国的协调。但美国主导下的TPP发展前景也面临诸多不确定性，潜在的伙伴国的选择和利益诉求均存在较大差异。

第二，亚太区域内主要发达国家和发展中国家经济体面临新一轮产业结构转型升级。美国在金融危机后启动了“再工业化”战略，意图重振经济，促进出口，提高就业，强化了其在亚太地区的经贸合作需求。而中国也面临转变经济发展方式，推动产业结构转型升级的重要发展战略机遇，国内经济政策和产业政策的调整势必影响整个亚太地区国家之间经济结构。同时为了给国内的经济增长和转型提供可持续的发展环境，发展中国家如东盟各国也会积极推进区域一体化进程。

第三，目前全球对气候、环境等问题的关注不断加强，不排除亚太地区发达国家在区域合作中纳入温室气体排放标准、清洁发展等议题，由于发达国家在环境标准制定方面的主导地位，发展中国家经济体在未来的区域经贸合作谈判中可能处于不利地位。

二、中国参与亚太区域一体化的路径选择

各国经贸联系密切程度和相互依赖程度仍然是决定区域合作方向的重要因素，一国往往优先选择与自己构成明显对称依赖的国家作为合作伙伴，其次选择对其市场有着明显单方面依赖的国家（余振，沈铭辉，吴莹，2010），但还要考虑地缘政治、国家安全等因素。我国现阶段在建自贸区 18 个，涉及 31 个国家和地区（见表 9－1）。其中，已签署自贸协定 12 个，涉及 20 个国家和地区，分别是中国与东盟、新加坡、巴基斯坦、新西兰、智利、秘鲁、哥斯达黎加、冰岛和瑞士的自贸协定，内地与香港、澳门的更紧密经贸关系安排（CEPA），以及大陆与台湾的海峡两岸经济合作框架协议（ECFA），除了与冰岛和瑞士的自贸协定还未生效外，其余均已实施；正在谈判的自贸协定 6 个，涉及 22 个国家，分别是中国与韩国、海湾合作委员会（GCC）、澳大利亚和挪威的自贸谈判，以及中日韩自贸区和《区域全面经济合作伙伴关系》（RCEP）协定谈判。此外，中国完成了与印度的区域贸易安排（RTA）联合

研究；正与哥伦比亚等开展自贸区联合可行性研究；还加入了《亚太贸易协定》，两种主要路径下的 FTA 均有所推进。随着亚太地区一体化态势不断出现新的问题，我们需要比较分析我国与主要亚太经济体之间的贸易依赖程度，分析未来两种路线图下的一体化安排是否符合我国利益，并设计我国推进相关谈判的路线图及对策。

表 9－1 中国 FTA 发展现状

已签订协议的 FTA	正在谈判的 FTA	正在研究的 FTA
内地与港澳更紧密经贸关系安排 大陆与台湾的海峡两岸经济合作框架协议（ECFA） 中国——东盟 中国——巴基斯坦 中国——智利 中国——新西兰 中国——新加坡 中国——秘鲁 亚太自由贸易协定 中国——哥斯达黎加 中国——冰岛 中国——瑞士	中国——海合会 中国——澳大利亚 中国——韩国 中国——挪威 中国——南部非洲关税同盟 区域全面经济合作伙伴关系	中国——印度 中国——哥伦比亚

资料来源：中国自由贸易区服务网。

（一）我国与亚太主要经济体的实证分析

我们选取我国已经建立 FTA 的国家以及未来 FTA 可能涉及的主要国家为研究对象，即东盟、日本、韩国、美国、澳大利亚、智利、新西兰、秘鲁、印度、墨西哥，选取综合贸易份额指数、贸易密集指数和 HM 指数（余振，沈铭辉，吴莹，2010），对中国与这些经济体的贸易依赖关系进行测算，对未来我国可选择的区域一体化安排路径进行预测。

1. 绝对贸易依赖程度测算

一般综合贸易份额指数的运用较为广泛，可以全面地考虑进口和出口的影响因素，反映两国的贸易依赖程度，其计算公式为：

$$S_{ij} = (x_{ij} + x_{ji} + m_{ij} + m_{ji}) \times 100\% / (x_i + x_j + m_i + m_j)$$

其中，x_{ij}、x_{ji}、m_{ij}和 m_{ji}分别表示 i、j 两国对彼此的出口额以及来自对方的进口额，x_i、x_j、m_j和 m_i。指数取值范围在 0 至 1 之间，数值越大，说明两国之间的贸易依赖程度越高。

我们选取各国 2000～2011 年的贸易数据，测算我国与主要亚太经济体之间的贸易依赖程度，结果见表 9－2。

整体而言，各国与我国贸易依赖程度呈不断上升趋势，反映了我国参与亚太分工体系的程度不断深化，其中，日本与我国贸易依赖程度最高，各年综合贸易份额指数均在 0.12 以上，且保持稳定，其次是美国、韩国和东盟。

2. 相对贸易依存程度分析

进一步对各国间贸易依赖程度进行横向比较，需要采用 Brown（1949）、Kojima（1964）、Drysdale 和 Garnaut（1982）、Anderson（1983）以及 Frankel（1997）等创立的贸易密集指数，计算公式为：

$$i_{ij} = (x_{ij}/x_i) / (x_i/x_w)$$

其中，x_w则表示全球的出口总额，即将 i 国对 j 国的出口占在 i 国总出口的比例与 i 国总出口占全球总出口的比例相比较，反映了 j 国市场对 i 国出口的重要程度。

进一步考虑进口在贸易依赖分析中的作用，可将公式拓展为：

$$I_{ij} = [(x_{ij} + x_{ji} + m_{ij} + m_{ji}) / (x_i + x_j + m_i + m_j)] / [(x_i + x_j + m_i + m_j) / (2x_w + 2m_w)]$$

其中，m_w则表示全球进口总额。如果 I_{ij}大于 1，说明 i 国和 j 国彼此之间的依赖关系超过了它们对全球市场整体的依赖。相互贸易依赖指数结果见表 9－3。

表 9-2 各国综合贸易份额指数比较（2000~2011 年）

年份	东盟	澳大利亚	加拿大	智利	日本	印度	新西兰	秘鲁	韩国	俄罗斯	美国	墨西哥
2000	0.060	0.028	0.017	0.008	0.126	0.010	0.005	0.003	0.081	0.025	0.079	0.006
2001	0.064	0.029	0.018	0.008	0.140	0.012	0.005	0.003	0.084	0.029	0.086	0.008
2002	0.075	0.029	0.019	0.007	0.148	0.014	0.005	0.003	0.091	0.028	0.100	0.011
2003	0.083	0.029	0.020	0.008	0.156	0.015	0.005	0.003	0.098	0.028	0.111	0.013
2004	0.088	0.031	0.022	0.009	0.154	0.019	0.005	0.003	0.104	0.028	0.119	0.014
2005	0.092	0.034	0.024	0.010	0.147	0.023	0.005	0.004	0.108	0.031	0.127	0.014
2006	0.095	0.034	0.024	0.010	0.140	0.024	0.004	0.004	0.105	0.030	0.132	0.017
2007	0.100	0.035	0.025	0.014	0.135	0.029	0.004	0.005	0.105	0.034	0.132	0.017
2008	0.097	0.040	0.025	0.013	0.130	0.031	0.004	0.006	0.104	0.035	0.126	0.017
2009	0.105	0.048	0.026	0.016	0.138	0.032	0.005	0.006	0.103	0.030	0.139	0.019
2010	0.107	0.052	0.025	0.017	0.135	0.034	0.005	0.007	0.102	0.031	0.139	0.021
2011	0.110	0.055	0.025	0.017	0.129	0.033	0.005	0.007	0.099	0.037	0.131	0.021
均值	0.089	0.037	0.023	0.011	0.140	0.023	0.005	0.005	0.099	0.030	0.118	0.015

资料来源：UNCTAD 数据库，作者自行整理。

表 9－3 各国贸易密集指数比较（2000－2011 年）

年份	东盟	澳大利亚	加拿大	智利	日本	印度	新西兰	秘鲁	韩国	俄罗斯	美国	墨西哥
2000	1.203	1.211	0.447	0.397	2.454	0.444	0.241	0.156	2.612	1.016	0.813	0.193
2001	1.283	1.133	0.465	0.353	2.765	0.477	0.231	0.132	2.619	1.067	0.891	0.248
2002	1.412	1.006	0.451	0.299	2.808	0.489	0.202	0.132	2.542	0.936	1.042	0.315
2003	1.451	0.864	0.437	0.271	2.781	0.460	0.166	0.098	2.441	0.802	1.167	0.331
2004	1.446	0.851	0.477	0.284	2.626	0.538	0.152	0.105	2.350	0.714	1.255	0.343
2005	1.452	0.872	0.477	0.289	2.463	0.596	0.130	0.117	2.325	0.719	1.321	0.326
2006	1.448	0.813	0.474	0.262	2.296	0.574	0.110	0.117	2.150	0.648	1.372	0.358
2007	1.472	0.807	0.477	0.335	2.161	0.633	0.105	0.131	2.039	0.687	1.391	0.353
2008	1.399	0.878	0.468	0.307	2.061	0.666	0.101	0.142	1.969	0.675	1.364	0.353
2009	1.406	0.964	0.462	0.349	2.078	0.610	0.105	0.136	1.783	0.550	1.439	0.359
2010	1.314	0.946	0.404	0.337	1.862	0.593	0.098	0.135	1.616	0.529	1.360	0.356
2011	1.322	0.975	0.399	0.316	1.770	0.550	0.101	0.135	1.522	0.607	1.293	0.353
均值	1.384	0.943	0.453	0.316	2.344	0.552	0.145	0.128	2.164	0.746	1.226	0.324

资料来源：UNCTAD 数据库，作者自行整理。

日本、韩国、东盟、美国与我国的贸易联系紧密程度均超过了其对全球市场的依赖程度，澳大利亚在 2002 年之前与我国的依赖程度超过其对全球市场的依赖，俄罗斯、新西兰、秘鲁该指标均出现下滑，反映了我国市场对其重要性相对下降。

3. HM 指数（Hub and Spoke Index）

Baldwin（2003）通过构建 HM 指数反映 FTA 中潜在的“轴心—辐条”关系，计算公式为：

$$HM_j = x_{ij}/x_i \times (1 - m_{ij}/m_j)$$

主要衡量 i 国出口对 j 国市场的依赖程度，其取值范围为 [0，1]，越靠近 1，表明 i 国出口对 j 国市场的依赖程度越大。如果多国出口对某一个或几个国家形成依赖，那么这一个或几个国家即为轴心。

从其他国家对中国市场的依赖程度看（见表 9 - 4），韩国、澳大利亚、智利、日本、秘鲁、东盟依次排前六位，从中国对其他国家市场的依赖程度看（见表 9 - 5），前 6 位依次为美国、日本、东盟、韩国、印度、加拿大，因此，除了日本、韩国、东盟外，其他国家与中国市场基本呈现非对称单向依赖关系。

综合以上测算结果可以看出（见表 9 - 6）：

第一，从绝对贸易依赖程度和相对贸易依赖程度看，我国与东亚各国贸易联系紧密程度相对较高，除美国之外，墨西哥、智利、秘鲁、新西兰在贸易依赖指数测算结果中均排名较后。

第二，日本、韩国、东盟与我国表现出较强的对称依赖。从绝对贸易依赖程度和相对贸易依赖程度的比较来看，日、韩、东盟三大经济体均排前列，对我国市场间依赖程度超出对全球市场的依赖；从 HM 指数测算结果看，中、日、韩、东盟呈现出比较对称的相互依赖关系，这也与我国与东亚主要经济体传统经贸联系日益强化的特征吻合。

第三，中美之间贸易依赖关系不平衡。中美之间绝对和相

表 9－4　主要亚太经济体对中国市场的依赖程度比较

年份	东盟	澳大利亚	加拿大	智利	日本	印度	新西兰	秘鲁	韩国	俄罗斯	美国	墨西哥
2000	0.035	0.053	0.009	0.049	0.048	0.017	0.032	0.064	0.101	0.050	0.011	0.002
2001	0.040	0.061	0.010	0.057	0.059	0.021	0.041	0.062	0.114	0.055	0.014	0.002
2002	0.049	0.069	0.010	0.070	0.076	0.030	0.046	0.078	0.138	0.063	0.017	0.004
2003	0.060	0.082	0.012	0.088	0.099	0.043	0.048	0.075	0.172	0.061	0.024	0.006
2004	0.067	0.091	0.016	0.104	0.109	0.053	0.057	0.098	0.186	0.055	0.027	0.003
2005	0.073	0.113	0.016	0.116	0.112	0.070	0.051	0.109	0.205	0.053	0.028	0.005
2006	0.078	0.122	0.017	0.088	0.122	0.063	0.054	0.095	0.200	0.051	0.033	0.007
2007	0.083	0.137	0.020	0.152	0.133	0.063	0.053	0.108	0.206	0.042	0.036	0.007
2008	0.081	0.142	0.021	0.131	0.140	0.054	0.059	0.119	0.202	0.044	0.038	0.007
2009	0.092	0.211	0.030	0.233	0.166	0.057	0.091	0.152	0.226	0.054	0.046	0.009
2010	0.098	0.247	0.032	0.242	0.173	0.077	0.111	0.154	0.238	0.049	0.052	0.014
2011	0.104	0.268	0.037	0.227	0.176	0.054	0.123	0.152	0.230	0.070	0.053	0.017

资料来源：UNCTAD 数据库，作者自行整理。

表 9 –5　中国对其他亚太经济体市场的依赖程度比较

年份	东盟	澳大利亚	加拿大	智利	日本	印度	新西兰	秘鲁	韩国	俄罗斯	美国	墨西哥
2000	0. 066	0. 013	0. 012	0. 003	0. 149	0. 006	0. 002	0. 001	0. 039	0. 008	0. 206	0. 005
2001	0. 064	0. 012	0. 012	0. 003	0. 148	0. 007	0. 002	0. 001	0. 039	0. 009	0. 200	0. 007
2002	0. 066	0. 013	0. 013	0. 003	0. 125	0. 008	0. 002	0. 001	0. 039	0. 009	0. 210	0. 009
2003	0. 062	0. 013	0. 013	0. 003	0. 109	0. 007	0. 002	0. 001	0. 035	0. 012	0. 206	0. 007
2004	0. 063	0. 013	0. 013	0. 002	0. 098	0. 009	0. 002	0. 001	0. 034	0. 014	0. 205	0. 008
2005	0. 064	0. 013	0. 015	0. 002	0. 089	0. 011	0. 002	0. 001	0. 033	0. 015	0. 208	0. 007
2006	0. 064	0. 012	0. 016	0. 003	0. 076	0. 014	0. 002	0. 001	0. 033	0. 015	0. 204	0. 009
2007	0. 067	0. 012	0. 015	0. 003	0. 066	0. 018	0. 002	0. 001	0. 033	0. 022	0. 185	0. 009
2008	0. 070	0. 013	0. 015	0. 004	0. 065	0. 021	0. 002	0. 002	0. 038	0. 021	0. 170	0. 010
2009	0. 076	0. 013	0. 014	0. 003	0. 062	0. 023	0. 002	0. 001	0. 030	0. 013	0. 175	0. 010
2010	0. 073	0. 012	0. 014	0. 004	0. 057	0. 024	0. 002	0. 002	0. 029	0. 017	0. 170	0. 011
2011	0. 075	0. 012	0. 013	0. 004	0. 060	0. 025	0. 002	0. 002	0. 030	0. 018	0. 162	0. 012

资料来源：UNCTAD 数据库，作者自行整理。

对贸易依赖程度均较高，但从HM指数看，中国对美国市场表现出较强的单向依赖关系，反映了金融危机后美国市场作为我国企业的重要出口目的地的地位仍没有改变。

第四，澳大利亚、智利、秘鲁、新西兰等国虽然与我国依赖程度不明显，但表现出对我国市场的单向依赖，在未来亚太地区一体化发展进程中与这些国家缔结有关协定的阻碍较小。除美国外，我国对印度、加拿大、墨西哥也表现出单向依赖。

表 9－6　亚太经济体贸易依赖测算结果比较

名次	绝对贸易依赖程度	相对贸易依赖程度	HM 指数	
			亚太经济体对中国市场的依赖程度	中国对亚太经济体市场的依赖程度
1	日本	日本	韩国	美国
2	美国	韩国	澳大利亚	日本
3	韩国	东盟	智利	东盟
4	东盟	美国	日本	韩国
5	澳大利亚	澳大利亚	秘鲁	印度
6	俄罗斯	俄罗斯	东盟	加拿大
7	加拿大	印度	新西兰	俄罗斯
8	印度	加拿大	俄罗斯	澳大利亚
9	墨西哥	墨西哥	印度	墨西哥
10	智利	智利	美国	智利
11	秘鲁	新西兰	加拿大	新西兰
12	新西兰	秘鲁	墨西哥	秘鲁

资料来源：作者自行整理。

（二）中国推进 FTA 战略的路径选择

通过以上贸易依赖程度的比较分析，对于亚太一体化两种主路线而言，东亚主要经济体间率先组建相关一体化安排的可能性较高，“东亚路线”要优于“亚太路线”，前者在推行过程中面临障碍相对较少。随着中国内需规模的扩大，中国与亚太经济体的贸易依赖程度将不断增加，与亚太各国的整体贸易关系日益密切，进一步深化亚太区域经济一体化机制的要求更加迫切。同时，中国与亚太经济体之间的相对贸易依存却出现分化，与部分国家的相对贸易依存程度呈下降趋势，说明中国与部分亚太经济体之间的贸易关系出现了相对弱化，意味着中国不能选择一蹴而就的方式参与亚太区域经济一体化，需要采取差别化的战略。而HM指数的实证结果说明中国与除日本、韩国、东盟之外的其他亚太经济体相互之间的贸易依存呈现出明显的非对称性，表明未来在推进以我国主导的一体化进程中将面临诸多障碍，需要以循序渐进的方式推动和参与亚太区域经济一体化进程，即以东亚地区主要贸易伙伴为主导的一体化安排为首选路径，以与澳大利亚、智利以及秘鲁等亚太经济体共建的自贸区为第二圆心，全面稳步推进和参与亚太经济一体化。

三、中国参加亚太区域一体化的贸易效应分析

本文在引力模型的基础上，采用面板数据分析方法，在不同的时间上选择不同国家与中国的贸易数据、双方GDP以及双方的距离作为样本观测值，既可分析不同国家差异对于其与中国双边贸易的影响，也可分析两国经济政策、经济增长等因素对其的影响。

引力模型是物理学中的一个定律，即两个物体之间的引力与它们的质量成正比，与距离成反比。该定律被经济学家Tinbergen（1962）和Poyhonen（1963）引用到国际贸易领域，用以对世界贸易流向和贸易流量规模问题进行研究，最初用来说明两国国民生产总值和距离对双边贸易的影响，最简单表达形式为双边贸易水平与贸易国的GDP成正比，而后该模型在应用过程中得以扩展，一些代表各种贸易成本的虚拟变量被逐步

引入模型，例如两国是否具有共同边界、是否有共同语言、是否结成自由贸易区等。一般模型如下：

$$X_{ij} = A(Y_iY_j)/D_{ij}$$

其中，X_{ij}表示国家 i 与国家 j 的贸易流量；A 是常数项；Yi 表示国家 i 的国民收入；Y_j表示国家 j 的国民收入；D_{ij}表示 ij 两国间距离。由于该模型不断被加入新的解释变量，并进一步将原模型转化为线性对数形式，本文构建的分析贸易创造效应的模型如下：

$$\ln X_{it} = \alpha_0 + \alpha_1 \ln GDPC_t + \alpha_2 \ln GDP_{it} + \alpha_3 D_i + \alpha_4 TPP_i + \alpha_5 CJKAi + U_{it}$$

其中，X_{it}为中国与 i 国的贸易总额，$GDPC_t$为中国在第 t 期的经济总量，GDP_{it}为 i 国在第 t 期的经济总量，D_i为中国与 i 国距离，TPP_j、$CJKA_i$为虚拟变量，是 TPP 成员国或参与谈判国的取 1，否则取 0，是 CJKA（10+3）成员国和谈判国的取 1，否则取 0。

本文选取了 2000~2011 年中国与 21 个国家的贸易数据进行测算，双边进出口贸易数据来自于 UNCTAD 网站，各国 GDP 和人均 GDP 来自于国研网统计数据库——IMF 数据库，中国与各国距离以两国政治首都间的距离为准，数据取自网站 www. indo. com 的“距离计算器”，其中，GDP 数据和贸易额数据均经过对数处理，通过比较两个虚拟变量的系数来比较其贸易效应，分析中国未来可能的亚太地区一体化路径选择带来的影响。

根据样本数据性质不同，Panel Data 模型又分为确定效应模型和随机效应模型，并分别对应不同的参数估计方法，选择不同的模型会导致结果不同，尤其是当时间序列长度较小，而截面单元个数较大，两种模型的估计结果可能会非常大。一般来说，如果仅以样本自身效应为条件进行推论，则宜使用确定效应模型，如果需要以样本对总体效应进行推论，则宜使用随机效应模型。首先要对模型的设定进行检验，决定采用确定效应模型还是随机效应模型。对确定效应模型，用回归结果的 F 检验决定，而对随机效应模型，用回归的 Hausman 检验决定。检验结果如下，根据检验结果（见表9－7），我们选择随机效应模型（见表9－8）。

表9－7　检验结果

项目	F 检验	Prob	Hausman	Prob
统计量的值	3. 5789	0. 7645	0. 245887	0. 0000

资料来源：Eviews6. 0 检验结果。

表9－8　随机效应模型回归结果

变量	系数	T－统计量	Prob
C	－26. 13860	7. 173646	0. 0000
tpp	0. 067677	16. 18388	0. 0000
cjka	0. 082677	20. 76453	0. 0061
gdpc	1. 456669	29. 02541	0. 0000
gdp	0. 490971	8. 687315	0. 0000
d	－0. 000201	－2. 767100	0. 4300

资料来源：Eviews6. 0 回归结果。

从结果看（见表9－8），各系数正负号基本与理论推导结果符合，方程拟合度较高（见表9－9），T 统计量较高，但距离变量的相伴概率较高，且系数较小，说明距离变量对双边贸易额的影响作用是在下降的；对于 TPP 和 CJKA 两个虚拟变量而言，T 统计量显著不为零，说明区域一体化安排对双边贸易额有显著的促进作用，其中，CJKA 系数大于 TPP 的系数，说明以“10＋3”为基础的东亚合作机制带来的贸易创造效应大于 TPP，“10＋3”机制要优于 TPP 下的合作机制，但两者相差不明显，“10+3”机制的深化在一定程度上符合东盟、中、日、韩之间紧密的贸易依赖现实，各方贸易壁垒进一步下降之后能够在短期内产生明显的贸易创造效应，另一方面，TPP 潜在成员国之间也具备一定的合作前景，东亚生产体系对外部市场的依赖仍是其形成一体化内生动力的最大障碍，同时也是 TPP 得以扩大影响的基础，通过这种对外部市场的紧密联系，将各国融入范围更加广泛的亚太一体化网络。

表 9-9　模型效果评价

R - squared	0. 877150	Mean dependent var	2. 166923
Adjusted R - squared	0. 874420	S. D. dependent var	0. 7773859
S. E. of regression	0. 275485	Sum squared resid	17. 07565
Sum squared resid	1. 436005	Durbin - Watson stat	2. 261560
Log likelihood	225. 4734	F - statistic	11. 01513
Prob（F - statistic）	0. 000000		

资料来源：Eviews6. 0 回归结果。

四、中国参与亚太区域经济一体化的政策建议

亚太区域一体化的多极化发展现状对中国存在一定的冲击，我国的优先选择仍是东亚国家主导的合作机制，亚太路线下的合作机制，尤其是 TPP 直接威胁到我国区域一体化主导权。从国内政策角度看，TPP 之所以对中国的潜在影响较大，主要源于长期以来中国经济自身对国际贸易，特别是对美国市场的过度依赖，因此，长期来看，扩大内需应是克服 TPP 负面影响的根本出路。而在中短期内，针对 TPP 对中国出口贸易可能造成的负面影响，一方面，可以通过与 TPP 潜在成员国积极展开合作来消除部分贸易转移效应，起到缓冲作用；另一方

面，可以通过在TPP部分成员国直接投资的方式，在当地进行加工、生产，并利用TPP优惠关税将商品销往美国。从政策角度看，如果2020年以前东亚路线下的合作能够顺利推进，就能为我国提供足够的福利效应。因此，能否成功推动东亚合作是中国应对TPP的关键。同时，日本又是TPP与东亚合作博弈中的重要影响因素之一。中期来看，无论日本能否成功加入TPP，如果中国能够与日本达成一致，推动中日韩自贸区，那么中国在整个亚太区域合作进程中起码能保证主导权掌握在东亚国家手中。因此，在中期内，解决与日本的政治互信问题，化解矛盾是中国应对TPP的重要一步。根据上文的贸易依赖程度测算和贸易效应的分析，我们应从以下几方面入手，做好应对亚太区域一体化变局的准备。

第一，我国与日本、韩国、东盟呈现出较为对称的相互依赖关系，中国与东盟FTA已顺利完成谈判，未来中日韩FTA仍是该地区面临障碍较小的一体化安排选择，但囿于中日政治争端带来的不利影响，为中日韩FTA谈判增加了不确定性，未来可以遵循中韩FTA谈判→中日韩FTA谈判的路径，先易后难，渐进实现以“10+3”为基础的东亚主轨道的区域合作。

第二，对于美国市场的高度依赖在短期难以改变，亚太路线下的各种合作机制都受到美国因素影响，对此不应持消极应对态度，尤其对于TPP而言，在东亚地区FTA谈判进展不顺利的情况下，应做好参加TPP谈判的准备，TPP涉及的自由贸易规则标准和门槛较高，但这仍是一个技术性问题，中国企业在加入WTO后的国际参与度不断提高，应对多边和双边贸易规则的水平也有所提升，较高的贸易自由化标准并不会在长期内成为影响我国企业竞争力的主要因素，而积极参与TPP规则的制定也有利于我国抓住制定新规则的契机。

第三，与亚太地区其他国家积极构建多元合作关系，对于澳大利亚、智利、秘鲁、新西兰等与我国存在单向贸易依赖的国家，在已有的双边贸易协定基础上，积极开展FTA相关研究，争取这些国家的支持，深化我国与潜在贸易伙伴的分工网络。

第四，对于印度、加拿大、墨西哥等我国市场对其有单向依赖的国家，在未来亚太一体化可能发展路径中要密切注意这些国家的动向，避免其一体化路径的选择对我国产生不利影响。

参考文献

1. "Preferential Trade Agreements in Asian and the Pacific." in Asian Development Outlook 2002: Asian Development Bank, (2002), 157-196.

2. 李荣林，赵滨元. 中国目前FTA贸易效应分析与比较［J］. 亚太经济，2012（3）.

3. 杨勇. 亚太区域一体化新特征与中国的策略选择［J］. 亚太经济，2012（5）.

4. 盛斌. 美国视角下的亚太区域一体化新战略与中国的对策选择［J］. 南开学报（哲学社会科学版），2010（4）.

5. 姜跃春. 关于"东亚共同体"构想的几点思考［J］. 亚太经济，2011（2）.

6. 盛斌. 亚太区域合作的新动向：来自竞争性构想的洞察［J］. 国际经济评论，2010（3）.

专题报告九

TPP 中非传统领域条款对我国经济的影响分析[①]

内容提要：

TPP 中的知识产权、劳工等非传统条款不会对我国现行法律体系造成较大影响，但会给美国等发达国家对我国采取贸易制裁措施提供更多便利。在某种程度上，这些条款对倒逼我国相关体系的制度改革和加大执法力度也有一定积极作用。建议加强相关领域的立法和执法工作，并联合发展中国家建立公平、公正的国际治理规则，避免受到不合理的制裁措施。

关键词： TPP　强制许可　临时复制　政府采购

知识产权、环境、劳工、政府采购、国有企业等属于自由贸易协定的非传统领域，20 世纪 80 年代所签署的自由贸易协

① 报告执笔人：李大伟。

定一般不涉及相关条款。然而，近年来，这些领域逐渐成为自由贸易协定关注的热点，以亚太地区为例，日本—新加坡 FTA、美国—韩国 FTA 均在不同程度上涉及了知识产权的相关条款。美国为维护其自身利益和在国际贸易规则中的主导权，在 TPP 中力主增加知识产权、劳工、环境、政府采购、国有企业等 WTO 尚未涉及或涉及程度相对较低的条款。倘若我国加入 TPP，必须遵守相关条款，国内经济乃至制度体系都会受到一定的影响。

一、知识产权

（一）TPP 在知识产权领域可能存在的相关标准预测

在知识产权保护领域，发达国家和发展中国家的立场一直存在很大差异。发达国家一直将知识产权保护作为维持其国际竞争力的主要手段，明确提出目前 WTO 中的 TRIPS 条款对知识产权保护的力度不足，要求增加更多的保护条款；而发展中国家则认为现行的 TRIPS 协议是对自身经济发展的限制。TPP 作为美国主导的自由贸易协定，在知识产权保护领域将明显代表发达国家的立场，具体如下：

1. 强制性要求成员国加入知识保护的相关公约

美国以往主导的自由贸易协定，如美新自由贸易协定、美韩自由贸易协定均强调以强制性的法律执行承诺的方式加入或执行有关条约，运用了诸如“必须实行”、“必须批准或加入”、“必须尽最大努力批准或加入”等强制性语言。TPP 很可能也会加入相应的条款。

2. 加强对于版权的保护

版权是指文学、科学、艺术的创造者对其作品所享有的权利，是知识产权的最重要组成部分。美国在其主导的自由贸易协定中尤为强调版权保护的重要性。TPP 很可能效仿其他美国主导的 FTA（如美新 FTA、美智 FTA 和美韩 FTA），在 TRIPS 协议规定的最低保护标准之上加重了保护义务，具体如下：

一是延长保护期限。目前绝大多数国家版权的保护期限为作者的生前 + 死后 50 年，我国也同样援引这一规定。但美国目前已通过《版权保护期限延长法案》，将版权的保护期限由作者的生前 + 死后 50 年延长到作者 + 死后 70 年，TPP 很可能参考美国主导的其他 FTA（如美韩自由贸易协定），援引这一规定。

二是针对随着互联网等出现的临时复制等新现象作出更为严格的限制。临时复制是指将相关作品复制进入计算机的内存等随机存储器，在计算机重启、关机之后相关作品会自动消失的复制行为。除美国等少数发达国家外，包括我国在内的大多数国家没有对这种行为进行严格的限制。然而，在美国所主导的部分 FTA 中，明确要求按照传统复制的原则判断临时复制的侵权问题。倘若 TPP 援引这一规则，则将会对网络阅读、网络电影等基于互联网的各种消费行为进行严格限制。

三是严格限制破坏保护技术设施的行为。保护技术设施是指版权人为保护自身产权对非许可访问所设置的各种限制措施，如计算机软件设置的反盗版系统，等等。美国所签署的 FTA 中普遍加强了对这种技术设施的保护，美国—新加坡自由贸易协定中规定，对于个人而言，若是为了商业利益或个人经济利益，破坏上述保护技术设施（如盗版软件的破解加密行为）应承担刑事责任；即便是为了科学研究等目的，也可能承担刑事责任。

3. 加大对于专利的保护

一是延长专利保护期。美韩、美智、美新自由贸易协定中规定，倘若专利授予过程中出现“延误”（指一国对另一国的专利审查期限超过某一年限），则必须延长专利保护期以维护专利权人利益。

二是严格限制专利撤销的相关规定，取消专利授权之前的异议程序，限制各国运用国内法撤销专利。

4. 严格限制强制许可和平行进口

强制许可是防止知识产权过度保护的一个重要手段，即政府可以不经专利权人同意，强制要求其他人可以免费使用其专利权的行为。我国专利法对强制许可的规定基本和 WTO 的 TRIPS 协议基本一致，主要包括合理条件强制许可、公共利益强制许可和交叉强制许可；但在实际操作中，对“合理条件”、“紧急状态”的内涵均未给予严格的规定，因此，限制知识产权过度保护的真实效果很弱。

美国新 FTA 规定了严格的授予强制许可的事由，仅限于紧急状态、反垄断救济、公共非商业使用等情形，并禁止以权利人不实施专利、专利权人对专利产品定价过高等为理由实施强制许可。

平行进口是指经销商将在他国申请专利权的商品转到知识产权所有者所在国销售的行为。由于某些国家的专利费用要低于知识产权所有者所在国，因此同一商品平行进口的价格要低于正常国内销售，这将减少专利所有者的收入。目前国际法学界对于版权、专利权和商标权的平行进口规定彼此不一，美国整体上是持原则上限制，但特殊情况可以例外的态度。由于不同国家的专利权申请费用、要素禀赋、关税税率乃至汇率都存在差异，因此，平行进口的商品价格可能明显低于完全合法进口的商品。我国目前针对平行进口并无明确的法律约束，该项目目前尚属于法律的“灰色地带”。

整体上，医药等部分产品在美国生产的成本要明显高于在印度、东盟等国生产的成本。因此，为维护企业利益，美智、美韩等美国主导的自由贸易协定对平行进口的限制程度可能要明显严格于目前国际的通用规定。

5. 其他条款

美韩、美智等自由贸易协定中均对商标、产品外观等领域的侵权行为做出了较目前国际通用条款更为严格的限制；同时，美国等发达国家在其国内法中，要求在出现知识产权侵权的情况下，海关可以直接扣押货物，并直接进行销毁，其执法力度也要高于国际法的一般水平。TPP 援引这些条款的可能性很大。

（二）对我国经济发展的影响

从上文的分析中可以看出，在美国的主导下，TPP 在版权、强制许可、商标权、专利权等知识产权各大主要领域的规定均将超出目前我国等发展中国家的一般标准，因此对我国经济发展有着较为严重的影响。

1. 我国企业引进先进技术的成本可能有所提高

目前绝大多数先进的专利掌握在发达国家的跨国公司手中，我国企业基本处于专利的购买者这一角色。TPP 强化对专利权保护后，一是可能导致我国企业部分可以免费获取的专利变为必须付费；二是将增强发达国家跨国公司在和我国企业进行知识产权贸易谈判中的议价能力；三是制约我国政府运用强制许可、专利撤销手段强行使用美国等发达国家的相关专利。这些因素均不利于我国企业引进先进技术，提高全要素生产率。特别是我国汽车、电子、机械等行业对国外先进设备和专利的引进规模较高，所受冲击可能更为明显。

2. 发达国家企业运用知识产权保护手段限制我国企业创新的能力将有所增强

我国企业在同发达国家的竞争中，整体上处于追赶者的位置，因此，在产品生产过程中往往需要借鉴和学习发达国家相关产品的外观、设计、商标设计、工艺等领域的知识。这种学习是否被界定为“侵犯知识产权”事实上具有一定的争议性。举例而言，今年上半年所发生的我国某小企业生产“苹果”牌煤气灶案应属于明确的侵权行为，应予以制止；但我国小米手机在设计中也不可避免地借鉴了三星、苹果等企业的设计理念，这种行为是否应被定义为侵权则值得斟酌。发达国家跨国公司为维护自身利益，必然会对一切可能危及其技术垄断地位的行为诉以知识产权诉讼。倘若TPP在外观、设计、商标等领域的知识产权保护条款变得更为严格，客观上有利于跨国公司在同我国相关企业的知识产权诉讼中处于有利位置。

3. 我国消费者消费文化、艺术、医药、电子信息等产品的成本将明显上升

目前我国互联网下载相关数字产品的法律体系和美国存在很大差距。如我国目前的《著作权法》中，尚未严格限制个人之间复制数字产品，对临时复制的法律约束更属于空白地带；我国并未针对平行进口进行严格限制；这些法律上的所谓“空白”客观上有利于我国消费者的利益。倘若TPP对这些行为均进行严格规定，消费者则很难通过互联网免费获取文学、艺术、知识等文化产品（如下载电影）（见案例一）；也很难通过平行进口获取较低价位的电子信息、医药等领域的产品（见案例二）。

案例一：优酷、网上书城是否违法

几乎所有的年轻人都有通过优酷观看网上视频、通过网上书城下载书籍、通过迅雷下载电影的经历。目前在我国的法律体系下，这些行为一是属于非赢利性质，二是属于个人行为，因此大多数情况下尚不构成违法。

但美国目前对这个问题处于争议状态。2007年的VIACOM

诉 YouTube 案中，VIACOM 公司认为 YouTube 中的视频侵犯了其版权，目前该案已经多次审理，尚无定论。但目前在美国，运用迅雷等工具下载电影面临非法指控的风险较大。

倘若我国在这一领域被迫完全援引美国的相关规则，我国年轻人下载和网上播放电影可能将面临来自本国和其他国家版权人的起诉，“免费看大片”的日子可能一去不复返了。

案例二：水货苹果手机的销售问题

我国消费者对于“平行进口”的概念可能很难理解。但事实上，我国消费者常常运用平行进口以减少消费成本，最为典型的案例就是购买所谓的“水货”苹果手机。

“水货”苹果手机实际上是苹果公司授权在美国、香港、东南亚等地销售的手机，经过走私在我国国内销售，某种意义上属于平行进口的范畴。由于运输成本、营销成本差异的原因，这种手机的价格要稍低于国内价格。加之国内苹果手机的供货量相对不足，导致这类手机在我国国内的市场占有率很高。经了解，这类手机的价格一般要低于同等正规贸易渠道进入我国市场的苹果手机 500 元左右。倘若我国全面遵守 TPP 中知识产权的相关规则，销售“水货”手机的行为很可能将会被判定为违法。

4. 在一定程度上有利于倒逼我国完善知识产权法律体系，加强知识产权保护

倘若我国遵守 TPP 的相关条款，将有助于完善强制许可、保护技术设施、平行进口、临时复制等领域的法律法规体系；TPP 对于侵权的判定、执法等环节的严格规定也有利于我国加强知识产权保护领域的执法工作。

5. 对我国文化创意产业的发展有正反两方面的作用

一方面，我国文化创意产业发展的过程中，在很大程度上借鉴了发达国家的技术、理念和艺术手法，而这种借鉴往往是通过较低成本甚至免费接触发达国家的文化艺术类产品而实现的。倘若我国按照TPP可能的规范限制消费者低价获取文化创意产品（主要是通过互联网），则会对我国文化创意产业从业人员从全球文化创意产品吸取先进文化养料带来不利影响。另一方面，这种免费获取他人劳动成果的行为是一把“双刃剑”，客观上导致我国文化创意从业者的劳动不能得到应有的回报，对文化创意产业的创新精神有较强的负面影响。倘若在TPP的约束下，我国文化创意产业的侵权行为得到有效规范，有利于激励相关从业者大胆创新，对文化创意产业的长期发展也有一定的积极作用。

二、劳工

（一）不会对我国的劳工法律体系产生根本性影响

我国是国际劳工组织的创始国之一，对国际劳工组织的各项公约一直持尊重态度。也坚决反对强制劳动、雇用童工，支持男女同工同酬。我国《劳动法》中明确规定劳动者可自主参加和组织工会，赋予了劳工的结社自由；反对强制劳动、雇用童工和男女同工同酬在《劳动法》中也有明显体现；我国推行工资集体谈判制度已有十多年的历史，2000年公布了《工资集体协商试行办法》，完全符合集体谈判权的理念。因此，整体上我国的劳工法律体系和TPP的标准不会发生剧烈的冲突。

（二）有利于发达国家以劳工标准为借口对我国贸易实施制裁

在法律意义上界定强制劳动、限制集体谈判等行为存在很大的模糊性。中美两国的劳工法律体系存在很大差异，劳动力要素禀赋也相差甚远，我国国内一些不成文的规章制度（如短时间的免费加班）在美国的劳工体系下可能是难以理解的。

在劳动密集型行业，发达国家劳动力成本明显高于我国、东盟等发展中国家和地区，在竞争中处于相对弱势地位。倘若我国最终遵守TPP中的相关劳工条款，发达国家跨国公司运用其规则运用能力较强的优势，强行认定我国企业存在强制劳动、限制集体谈判，并以此为由对我国企业实施制裁，如对我国企业出口产品提高进口税率，甚至短期内直接禁止进口等，维护其自身的经济利益。甚至不排除美国等发达国家对我国工会是否属于自由集会进行质疑，以达到其政治目的的可能性。

（三）客观上有利于倒逼我国加强劳工的保护

虽然我国的法律体系完全符合《国际劳工组织》的核心原则，但无论从法律体系建设还是从法律执行力度的角度看，均明显逊色于发达国家。我国目前尚无专门的《集体谈判法》，劳工的集体谈判权并未得到有效保护；在现实经济中，强制劳动、雇用童工以及各种歧视性就业标准屡屡出现；少数企业将强制职工无偿劳动和强行压低职工工资水平作为控制成本的重要手段。TPP对劳工法律的内容、执行程序、公平性和透明度都有着严格的要求和规定，客观上有利于倒逼我国进一步完善相关法律制度并严格执法，对我国保护工人合法权益有一定的积极作用。

三、环境

（一）不会对我国的环境法律体系产生根本性影响

TPP相关环境条款将集中在目前我国已经加入几乎所有的

环境保护公约，并制定了严格的环保法规，对违反环保法规的判定标准、执行程序等均有较为严格的规定，和TPP的相关环境理念基本吻合。

（二）有利于发达国家以环境标准为借口对我国贸易实施制裁

由于发展阶段不同，我国整体环保技术标准要低于发达国家水平，在环境领域我国的具体法律体系建设尚有待进一步完善，如在企业环境信息披露领域的法律完善程度远逊色于美国等发达国家。同时，我国在环保执法力度上还有待加强。倘若我国在自贸区中签署相关协议，发达国家完全可能会运用此规则，强行认定我国产品不符合环保标准，以此为借口或砝码来限制我国相关产品出口。

（三）客观上有利于倒逼我国改善生态环境

目前中小企业中，违规排放污染物的现象屡禁不止，在造纸、钢铁、印染、化工等产业中甚至相当严重。TPP在环保法律的内容、执行程序、公平性和透明度都有着严格的要求和规定，客观上也会倒逼我国相关部门进一步完善法律体系，强化执法力度，严格限制污染物排放。

四、政府采购

（一）对我国运用政府采购工具支持民族产业将造成较大限制

TPP中明确要求，各成员国在政府采购中应严格遵守WTO的政府采购协议，对各成员国企业采取无歧视原则。对我国来说，在WTO框架下，目前国内市场开放程度已处于较高水平，进口产品和外资企业已基本享受国民待遇，政府采购是支持民族企业特别是企业自主创新的重要工具之一。目前政府采购在汽车、新能源、新材料等多个领域对产业发展发挥了重要的支持作用。倘若我国加入 TPP，或在其他自贸协议中签署类似条款，那么这一支持民族品牌企业发展的重要工具就会受到严格的限制。

（二）客观上有利于规范我国政府采购制度

目前我国政府采购体系仍有待规范，其招投标程序透明度仍有待进一步提高，甚至存在较为严重的寻租现象。而政府采购协议对政府采购的程序、标准、违规审查和惩处办法等环节均有严格规定，这将在客观上形成一种倒逼机制，有利于推动我国政府采购管理体制改革，逐步实现政府采购法制化。

五、国有企业

（一）可能会导致发达国家以此为借口发起贸易制裁

目前，美国等发达国家一直将国有企业问题作为我国“不遵守”市场经济规则的重要依据之一，并常常据此对我国采取贸易制裁措施，其原因如下：一是发达国家国内企业为维护自身利益，寻找各种借口限制我国企业出口。如美国针对我国国有企业的反补贴案主要集中于钢铁行业，其背后主要是美国钢铁公司和美国钢铁工人联合会的力量进行操控；二是我国属于转型国家，其国内政策体系与美国等发达国家存在较大差异，双方难以达成有效共识；如我国目前利率市场化改革尚未完成，倘若按照美国的标准，商业银行对大型国有企业的贷款属于“低息贷款”。因此存在所谓的补贴；三是我国部分政策确实也存在一定的歧视性。

TPP 可能明确规定，除提供公共产品的少数行业外，国有企业不得享受任何优惠待遇。美国等发达国家完全可能以此为借口，以“存在对国有企业的片面优惠待遇”为由，针对我国钢铁、化工、金融、物流、通信等行业的国有企业发起贸易制裁措施。

（二）我国的产业政策应用范围可能受到限制

作为转型国家，我国的产业政策体系和发达国家必然存在差异，如存在国家开发银行等政策性金融机构，对东北老工业基地存在一定的补助措施等。由于美国等发达国家的规则运用能力明显强于我国，在 TPP 框架下，上述这些合理的产业政策很可能会被认定为“歧视性条款”或“政府补贴”，将会导致我国产业政策更多受到发达国家干预。

（三）在一定程度上有利于我国国内市场经济体系的完善

客观上说，我国目前针对国有企业的政策支持体系中，确实也存在着一些不太符合市场经济原则的措施。如在通信等垄断性行业中，仍严格限制民营和外资进入；部分行业对民营企业的门槛要高于国有企业，等等。因此，TPP 在一定程度上也能够倒逼我国加快国有企业改革，建立更为完善高效的市场经济体系。

六、对策建议

（一）加快国内相关制度体系改革

虽然美国在TPP中所力推的知识产权、劳工、环境等标准主要是维护自身利益，但这些标准也在一定程度上反映了相应领域的未来发展方向，具有一定的合理性。为此，我国政府在知识产权、政府采购、产业政策等领域应加快相应的制度体系改革和建设步伐。如在知识产权方面，加快对临时复制等目前立法尚处空白领域的立法工作；加快国内政府采购体制改革，促进招标机制公平公正公开；适当调整一些有可能被指责为“违反公平市场竞争”的产业政策；在通信、旅游、物流等服务业进一步打破垄断；尽快出台《集体谈判法》，维护工人合法利益诉求。

（二）大力加强执法力度

在知识产权、劳工、环保等领域，我国已经有了较为完善的法律体系，但一方面配套的行政法律法规标准明显滞后，执法缺乏有效的标准支持；另一方面有法不遵、有法不依的现象仍较严重。因此，建议加快配套法规的出台力度，为严格执法创造良好的外部条件；同时从上至下严格执法、公平执法，特别是加强基层执法工作，不允许任何人将权力凌驾于法律之上。

（三）在相关领域联合发展中国家建立公平、公正的国际治理规则

美国在知识产权、劳工、环境等领域的立场并不具备完全

的合理性。从理论上看，知识产权保护并非越强越好，过强的知识产权保护格局实际上也会造成“知识垄断”；借劳工、环境为理由发起贸易制裁实际上是一种变相的贸易保护主义；将国有企业纳入政府采购体系、将我国的国有商业性银行定义为政府更是完全不合理的。我国应联合印度、巴西、俄罗斯等新兴大国，在上述领域推动建立能够兼顾不同发展阶段、不同制度国家利益，具有普适性的国际治理规则，为东亚区域经济一体化进程作出更大贡献。

参考文献

1. 杨静，马慧娟．美国—智利与美国—新加坡自由贸易协定TRIPS－PLUS对我国的研究借鉴意义［J］．中国公证，2009（1）．

2. 杨静．美国—新加坡自由贸易协定TRIPS－PLUS条款研究［J］．东南亚纵横，2010（11）．

3. 杨会慧，杨鹏．中国政府采购法律法规与GPA对比分析［J］．中国政府采购，2011（9）．

4. 袁帅．国际劳工组织对劳工权利的界定问题——以自由结社权和集体谈判权为例［J］．当代法学，2012（1）．

观点综述

《跨太平洋伙伴关系协议（TPP）趋势、影响及战略对策研究》文献综述[①]

内容提要：

TPP从一个规模很小的自由贸易协定演变为亚太区的主要自由贸易协定之一，有三方面的背景：一是亚太区域贸易协定的迅速发展；二是APEC这一亚太区域合作机制发挥了重要作用；三是美国政策重心转向参与和主导亚太经济一体化。目前，亚太区多数经济体整体上对TPP持积极态度，但由于TPP的标准过高，覆盖面过宽，各国在知识产权、国有企业等具体问题上仍存在较大分歧。目前的定量分析表明，TPP能够增加美国等参与国的福利，但美国贸易逆差的状况不会改变；即便我国不参加TPP，我国经济所受的直接负面影响很小，但TPP可能在一定程度上削

① 报告执笔人：李大伟。

弱我国在东亚区域合作中的作用。

关键词： TPP　RTA　亚太经济一体化　CGE 模型

一、TPP 的历史及发展趋势

（一）TPP 的发展历史

TPP 最早可以追溯到 20 世纪末美国、澳大利亚、智利、新西兰和新加坡在 APEC 框架内成立“太平洋五国自由贸易区”的设想（陆建人，2011），但这一设想因故并未变成现实。根据 APEC 秘书处网站提供的资料，TPP 正式起源于 2002 年 APEC 墨西哥会议上由新加坡、智利和新西兰共同签署的“太平洋三国经济紧密化协定”（简称 P3 - CEP），2005 年 5 月 28 日，文莱正式加入后，该协定改称“环太平洋战略经济伙伴关系协定”（简称 TPSEP）。2006 年 5 月 1 日，TPSEP 正式对新加坡和新西兰生效；2006 年 11 月 8 日对智利生效；2009 年 7 月 1 日对文莱生效。随后，2008 年奥巴马总统上台后美国高调宣称将加入该谈判，并提出要将该谈判的领域由原协定中的商品贸易、服务贸易扩充到电子商务、劳工标准等领域，并积极推动环太平洋各经济体加入谈判。从此，在美国主导下，TPSEP 得到了迅速的发展，2009 年底正式更名为“环太平洋伙伴关系协定”（简称 TPP）。整体上，亚太各国响应较为积极，越南、澳大利亚、秘鲁、马来西亚四国迅速加入 TPP 谈判，日本也表示以加入谈判为目标与其他国际展开磋商，中国台湾、菲律宾、加拿大等国家和地区也在不同场合下表示了对加入该协定的兴趣（翟崑，2011）。总体看，TPP 发展迅速，其参与国数量由最初的 P4 迅速扩展到 P8，随后扩展到 P9，未来可能发展到 P13。2011 年 11 月 12 日，TPP 框架协议正式公布，表明各成员国已经就TPP的基本纲领达成一致意见。目前TPP 谈判仍在进行之中，各成员国已举办了 11 个回合的谈判，取得了一定的进展，美国官方声称有望在 2012 年底之前出台正式的法律文本（见表 11 –1）。TPP 的影响力也显著上升，已显现出未来成为亚太区乃至世界主要自由贸易协定之一的可能性，欧美相当一部分学者更称 TPP 将为未来亚太经济一体化奠定基础（Bergsten，2010；Barfield，2011）。

表 11 –1　TPP 发展史一览

2002 年	TPP 的前身“P3 – CEP”成立
2005 年 5 月 28 日	文莱加入，环太平洋战略经济伙伴关系协定（TPSEP）正式成立
2008 年 11 月	美国、澳大利亚、秘鲁、越南四国正式宣布加入谈判，美国开始主导 TPP 进程
2009 年底	TPSEP 更名为“环太平洋伙伴关系协定”，即 TPP
2010 年 3 月 15 日	TPP 第一轮谈判在澳大利亚举行
2010 年下半年	加拿大、墨西哥、韩国、中国台湾、日本先后表示对加入 TPP 的兴趣
2010 年 10 月	马来西亚正式宣布加入 TPP 谈判
2011 年 11 月	日本正式宣布将加入 TPP 谈判，但至今尚未正式参与谈判；TPP 框架协议正式公布
2012 年 3 月	TPP 第十一轮谈判于澳大利亚举行

资料来源：根据 APEC 秘书处、美国商务部网站及相关官方媒体资料整理。

（二）TPP 的背景分析

TPP 最初的四个发起国（新西兰、新加坡、智利、文莱）地理距离遥远，双边贸易规模很小，为何能够有动力签订这一自贸协定？美国作为世界上最大的发达经济体，为何会对这一总量较小的贸易协定给予特别关注，高调加入并积极主导？必须对TPP的背景进行深入分析，才能充分理解这一协议的独特性，并对这一自由贸易协议未来的发展趋势给出较为准确的判断。根据目前学术界的研究，TPP的发展主要有以下三方面的背景：

1. 20世纪末以来，区域一体化第三次浪潮一直延续至今，亚太区已成为这一浪潮的热点地区

目前公认，二战之后，区域经济合作出现了三次发展浪潮（沈丹阳等，2004）。第一次浪潮发生在20世纪50、60年代，以1956年成立的欧洲经济共同体为标志，重心在于欧洲；第二次浪潮发生在20世纪90年代初期，其标志是欧洲统一市场的形成，北美自由贸易区的建立和亚太经合组织的诞生。20世纪90年代末期以来的第三次浪潮则以区域贸易协定（RTA）的大面积涌现为特征，并一直延续至今。这一时期，目前以WTO为代表的多边贸易体制在进一步发展的过程中体制在进一步推进多边合作上存在障碍，特别在各种非关税领域，如技术标准、环境要求等方面，由于各成员国经济发展水平存在很大差异，很难达成共识（张建民，2004），部分国际观察家甚至一度声称多哈回合谈判可能成为自20世纪30年代以来首次失败的多边贸易谈判（Bergsten，2005）。与之相对应的是，正如Paul Carrier（1996）所宣称，20世纪末以来，整个世界酝酿的区域经济整合能量愈演愈烈，区域经济一体化发展的势头明显。李向阳（2004）认为，区域经济合作在20世纪90年代后发展非常迅速，且最直接体现在贸易领域，出现了南南合作和南北合作并存、大国竞争和区域合作组织竞争并存的情况。成新轩（2011）援引WTO的官方统计数据称，截止到2011年5月，向WTO通知的区域贸易协定（RTAS）数量从20世纪90年代的50个增加到489个，其中358个RTAS在1994年GATT第24条款下得到通知，297个协定正在执行。与此同时，区域贸易协定越来越显现出Park和Yoo（1989）所提出的“轮轴——辐条”系统的重叠式自由贸易区的特点，出现了以美国、墨西哥、智利、东盟、中国等经济体为轴心的多个重叠式自由贸易区。

在第三次浪潮中，学术界普遍公认，亚太区域的区域贸易协定发展较为迅速，已成为区域经济一体化新的热点地区。一是太平洋西岸的自由贸易协定发展迅速，美国、墨西哥、哥斯达黎加、秘鲁、智利等国之间于20世纪90年代以来签署了大量的自由贸易协定（成新轩，2011）；二是虽然在20世纪90年代末之前亚洲地区区域一体化的进程一度相对缓慢，如东亚地区直到1993年才建立了东盟自由贸易区，且该自贸区政治意义大于经济意义（张远鹏，2002），但在1997年亚洲金融危机、欧盟和北美经济一体化进程加速以及多哈回合谈判进程停滞不前等因素的影响下，亚洲区域贸易协定发展于21世纪初开始大幅加速。沈铭辉（2010）称，截至2010年1月，已通告WTO的亚洲FTA数量由2000年的15项增加到95项，全部的亚洲FTA数量则从33项增加到221项。三是太平洋两岸的自由贸易协定也开始迅速发展，如2004年墨日签署自由贸易协定、2007年韩美签署自由贸易协定等。2010年亚洲各国所签署的全部221项FTA中，129项为跨区域FTA，其中相当一部分是和北美、拉美等地区签署的。WTO2011年度贸易报告也称，东亚生产网络是FTA的重要动力之一，亚太区域已成为全球FTA的重心。

第三次浪潮的一个重要特点在于区域贸易协定的内容不断拓展。宾建成（2003）的研究表明，亚太区域的FTA正逐渐显现出签署时间短（如日本和新加坡的FTA谈判仅用了两年多的时间)、范围大(涵盖投资、竞争、劳务、环境、经济合作等敏感领域)、协议优先(对谈成协议这一事件本身的看重程度要高于对实际壁垒程度的调整,从导致谈判各方容易达成妥协)等特点。WTO2011 年度全球贸易报告也称,FTA 涉及的领域逐渐由传统的货物贸易转向服务、知识产权、国内产业政策等诸多政策领域。

TPP 的迅速发展是和亚太地区自由贸易协定迅速发展的大环境分不开的。从宏观层面看,TPP 的前身"P3 - CEP"是亚太地区区域贸易协定迅速发展的结果。TPP 的四个发起国均是亚太区域大力支持自由贸易的国家,以智利为例,20 世纪 90 年代之后,其对外区域经济合作达到了高潮,截至 2010 年底先后和加拿大、墨西哥、哥斯达黎加、哥伦比亚、委内瑞拉、印度等国签订了24 个区域贸易协定(成新轩,2011),几乎全部位于亚太地区。新西兰、新加坡等国也是亚太区域内区域贸易协定的大力推动者。因此,这四个国家在彼此贸易规模很小的情况下能够签署一个高标准的自由贸易协定,既是偶然,也是亚太区自贸协定迅速发展背景下的必然。澳大利亚、马来西亚等国能够积极加入该协定,在某种程度上也是受这一外部环境的影响。而 TPP 之所以成为所谓的"高标准、广覆盖、宽领域"的 RTA,也是在很大程度上受到了亚太区 FTA 范围不断扩大,内容不断深化的影响。

2. 亚太经合组织在 TPP 的诞生和发展过程中发挥了重要的作用

廉晓梅(2004)总结称,1991 年 APEC 的《汉城宣言》是亚太区域经济合作的重要纲领性文件,规定了亚太经济合作的宗旨——推动全球贸易自由化,促进 APEC 各成员之间投资、贸易和技术领域的合作。随后,1993 年 APEC 西雅图领导人非正式会议正式提出了 APEC 的远景为"达成亚太地区内之自由贸易”，1994 年 APEC《茂物宣言》又提出发达国家于2010 年、发展中国家于 2020 年实现贸易投资自由化的目标，并进一步重申了 APEC“开放的地区主义”这一理念。20 世纪末，APEC 用于实现亚太区域贸易投资自由化的部门自愿提前自由化（EVSL）和单边行动计划等计划陷入僵局，新西兰、智利、新加坡等国开始推动 APEC - X（部分经济发达国家之间率先实现自由化），最终促成了 TPP 的前身——P3 - CEP 的建立，这使其同样秉承了 APEC 的开放的地区主义、渐进实现自由化等理念。虽然目前 TPP 谈判已经独立于 APEC 之外进行，但 APEC 和 TPP 之间是“互有积极作用的”（Carlos Kuriyama，2011），APEC 的示范条款、无约束力双向投资原则、跨境服务贸易原则等均可以为 TPP 所用；而 TPP 既能帮助 APEC 推动亚太经济一体化，也有助于在亚太区域最终形成一个能够自由跨境贸易和投资的系统。

3. 美国长期以来推动亚太自由贸易区战略是 TPP 迅速发展的重要因素

TPP 的迅速发展是在 2008 年美国加入并主导 TPP 进程后才开始进行的。美国的这一举措有着久远的历史背景。宋国友（2004）、刘晨阳（2010）均指出，建立亚太自由贸易圈，以泛亚太主义代替东亚主义或东盟主义整合东亚区域一体化进程是美国长期以来的战略目标。为此，早在 1991 年，美国国务卿贝克就提出了以 APEC 框架为基础建立“太平洋共同体”的构想。1993 年美国总统克林顿又举办了 APEC 首次非正式领导人会议，以求建立“新亚洲太平洋共同体”。在这一设想受阻后，美国一方面与亚洲各国加快双边 FTA 进程，先后与新加坡、泰国和韩国等国签署了 FTA 协定，同时大力呼吁成立亚太自由贸易区（FTAAP），并将该目标列入 APEC 的工作议程（张振江，2011）。然而，从美国国内看，敏感行业利益集团仍然对美国政坛有重要的影响力，对美国成立亚太自贸区有一定的阻碍作用；从 APEC 组织内部看，APEC 成员经济发展水平和制度存在巨大差异，这些因素都导致 FTAAP 进程受到较大障碍。因此，美国很快将 TPP 定位为实现本国亚太战略和 FTA 战略的新平台，并着眼于运用 TPP 制衡和牵制东亚经济一体化进程，保持美国在亚太区域的主导权。（刘晨阳，2011；Solis M. , 2011）。而由于美国在亚太区域有着极强的经济、政治和军事影响力，美国的高调介入必然会大大推进 TPP 的发展进程，使其从一个“亚太地区诸多 FTA 中的一个”转向推动亚太自由贸易区的工具（盛斌，2010）。

二、目前各国在 TPP 的相关立场及 TPP 的发展趋势

未来 TPP 的发展趋势在很大程度上取决于亚太区各主要经济体对待 TPP 的态度。该领域的相关文献主要有以下几方面：一是关于区域贸易协定效应的基础理论研究，二是从政治经济等角度对美国加入并主导 TPP 的背后动机进行解读；三是对亚太区其他国家对待 TPP 的立场的介绍和分析，包括一些政府、行业人士的公开声明。

（一）决定一国是否加入 RTA 的基础理论研究

目前国际经济学对加入区域贸易协定的效应分析主要包括贸易创造和贸易转移。这一分析框架最早是维纳（1950）在《关税同盟问题》中提出的，至今仍是研究区域一体化的主导思想。“贸易创造”是指在关税同盟内部实行自由贸易之后，导致国内成本较高的商品生产被成员体中成本较低的商品生产所代替，带来同盟各成员国经济福利的增加（包括增加出口

国的生产者剩余和进口国的消费者剩余)；而贸易转移则是由于关税同盟对外实行统一的贸易壁垒，因此对非成员国构成贸易歧视，导致同盟成员国原先与同盟外第三国之间的贸易转移到同盟国内进行。这种贸易转移将降低进口国的消费者福利，不利于世界总福利的增加。一国将会充分考虑这两大效应的大小，从而决定是否加入自由贸易区。Murray Kemp 和 Henry Wan, Jr.（1976）基于维纳的理论，对贸易创造和贸易转移效应给出了严格的数学证明，并证明在某些情况下关税同盟能够增加成员国福利，而不影响成员国之外的福利。随后，Pravin Krishna 和 Arvind Panagariva（2002）扩展了贸易转移和贸易创造模型，证明 FTA 和 CU 一样，可以通过区内转移达到收益平衡分配，保证成员国福利增加，而区外并不受损，在成员国中，区内关税最低的成员在和区外贸易时将受益。

除这一理论基础外，也有部分学者从其他角度分析一国加入 FTA 所带来的经济收益。费尔南德斯和波特斯（1998）提出了区域贸易协定的非传统收益理论，认为除了贸易创造、贸易条件改善、规模经济等传统收益之外，区域贸易协定在某些条件下还有助于保证政策的连贯性、对经济发展发出积极信号、增强企业和政府议价能力、建立各国间协调一致机制，等等。鲍德温、埃塞尔、古泽大吉等人也就自贸区对区内和区外所带来的收益和损失进行了理论探讨，在此不再详述。

也有相当一部分学者从政治因素对各国加入自由贸易区的目的和效果进行了分析。如 Robert C. Feenstra 和 Tracy R. Lewis（1991）称，政府会通过加大国内贸易保护势力的政治压力，迫使两国均作出激励相容条件下的关税减让，又称"伪装保护"。而 M. Lee（2007）则进一步运用无限重复博弈模型，证明了在自由贸易条件下，缔结贸易协定会促使政府更多使用伪装保护，从而增进社会福利。金德尔伯格（1973）

在《世界大萧条：1929～1939》一书中则提出了“领导权理论”，明确指出自由的国际经济秩序需要政治领导力的存在这一问题。之后，Stephen Krasner（1976）则进一步指出，霸权国提供国际经济秩序这一“公共物品”是成本收益分析之后的国家利益决定的，即大国主导贸易自由化的目的是为了争夺贸易规则中的领导权；Robert O. Keohane（1980）将这一因果机制命名为“霸权稳定论”。Donald Crone（1993）则对亚太地区经济合作进程和美国霸权关系进行了研究，认为美国权力的介入对亚太自由贸易秩序的开展是有积极作用的。Bhagwati（1993）则论证了多边贸易体系推进和美国霸权之间的相关性。钟飞腾（2010）则对现代国际政治学派中的霸权稳定论的发展史进行了归纳总结，认为国际学术界日益倾向于认为权利分布和自由体系之间存在一种U型关系。

（二）美国加入并主导TPP背后的动因

大多数国外学者对美国加入TPP的目的判断较为一致。Peter A. Petri，Michael G. Plummer和Fan Zhai（2011）、Armstrong S.（2011）、Solis M.（2011）和Lewis M. K.（2010）均认为，美国加入TPP，经济因素为辅，政治因素为主；短期利益为辅，长期利益为主。Solis M.（2011）称，中国主导的东亚经济一体化对美国经济有如下几方面的不利因素：第一，通过贸易和投资转移效应损害美国经济；第二，削弱美国在东亚地区的地缘政治实力；第三，会对现行美国主导的多边贸易体系产生负面影响。他认为，“9·11”之后，美国政府一直以竞争自由化作为亚太经贸一体化的重心，并以此为依据和澳大利亚、韩国等国签署了自由贸易协定，但其效果并不明显。而中国的“10＋3”战略则相对“谨慎”，更符合亚洲国家的国情，其进展顺利直接影响美国在亚太区推行以自由化为核心的全球化理念，甚至美国在人权等一些政治问题上在东亚的利益都受到了一定的负面影响。为此，美国选择了TPP作为推动其整个亚太自由贸易战略的主要工具。美国选择这一工具处于三种原因：第一，P4本身就是一个高标准的贸易协定；第二，P4来源于APEC框架，且对APEC成员开放；第三，P4符合美国的自由贸易战略理念。而美国和现行TPP成员国之间的贸易规模并不大，因此经济利益不是美国加入TPP的主要因素。Barfield（2011）在呼吁美国商务部加入TPP时，虽然也提及美国加入TPP能够有效地拉动出口，但也特别提到了美国在东亚经济的“边缘化”问题。Brock R. Williams（2012）的研究认为，美国和现行TPP国家之间的贸易额并不大，美国在现行TPP框架下能够获得的利益并不大，因此美国的TPP战略更多带有政治色彩。Takashi Terada在2012年的一次讲座中称，美国加入TPP，标志着美国从开放的地区主义转向一般的地区主义，从重视象征性的论坛性质组织转向贸易自由化的实际推动；同时，美国这一举动明显带有限制中国在APEC、东亚峰会等全球治理场合发挥作用的目的，也带有限制中国在东亚经济一体化影响的目的。宋静（2011）则指出，美国目前无法控制东亚内生性经济合作，也无意单方面提供国际公共物品让东亚地区“搭便车”，美国推动TPP的主要目的就在于强化其在亚太地区的主导地位，维护其在东亚的地区秩序和既得利益。

大多数国际观察家也承认美国加入TPP具有促进美国出口和发展国内优势产业的目的。Bergsten和Schott（2010）在给美国商务部所写的公开信中明确指出，美国加入TPP的主要利益在于加强美国对东亚经济的“介入”，减少21世纪初东亚“区域主义”浪潮对美国对东亚地区出口的负面影响。Solis M.（2011）也称，美国加入TPP后，和TPP其他东亚成员国之间的经贸联系将逐渐加强，美国将通过扩大对东亚经济体的贸易和投资而长期获得经济利益。

多数学者指出，美国加入 TPP 明显有着制衡中国的目的。Bergsten 和 Schott（2010）在给美国商务部的信中明确指出，当前日本、韩国、中国台湾、新加坡等经济体均表达了希望美国加强在亚太地区的经济、军事和政治影响力，以应对中国在这一区域的“霸权”，从而保证亚太地区的“安全”。徐长文（2011）、葛腾飞和胡二杰（2011）、张振江（2009）、刘晨阳（2010）等均认为，美国加入 TPP，其目的是为了削弱中国在亚太区域日益提升的影响力，并维护美国在亚太区域的主导地位和核心利益，迫使中国遵守其指定的国际规则体系。国家发改委学术委员会秘书长张燕生在接受环球时报采访时称，美国力推 TPP 可能有四个目的：一是联合亚洲和北美的生产网络，这样对美国获利较大；二是要求亚洲国家“站队”，增强美国的区域影响力；三是制定新的有利于美国的国际规则体系；四是主导东亚区域经济一体化。

（三）其他国家加入 TPP 的立场

有学者认为出于对自由贸易的“喜好”，大多数国家均积极主动参加 TPP。Ann Capling 和 John Ravenhill（2011）的研究称，各国参与 TPP 的目的是为了形成一个综合的、高质量的、多边参与的协定，以解决目前贸易协定所面临的挑战，并为全球经济一体化奠定基础。美国的最优策略是不针对各国设立相同的标准，而更多基于美国和各成员国之间现有自贸协定为基础进行谈判，这种做法将会受到亚太区大多数国家的欢迎。

目前日本对待 TPP 的立场是学术界和媒体界关注的热点问题。整体上，日本官方对加入 TPP 持有相对积极的态度。2012

年2月，日本官方已经宣布开始与美国就加入TPP问题进行“初步”谈判，同意进行绝大部分产品的自由化，但仍保持在“敏感”产品，如农产品进一步讨论的权利。然而，学术界、企业界对日本加入TPP的立场存在较大差异。

日本制造业协会的一份研究报告称，日本加入TPP有助于改善日本、美国两国的福利，也将对全球自由贸易发挥较强的推动作用，对日本汽车等产业的积极作用将非常明显；田启安等（2011）的一篇报告则分析了日本农业、医药和金融业对TPP持较强的抵制态度，认为加入TPP会导致日本农业彻底崩溃，造成340万人失业，日本的公立医疗制度也将瓦解，金融体制也会受到冲击。Kojima Arika（2011）称，日本国内不同政党、不同产业集团对待TPP的态度迥异，如前首相鸠山由纪夫已明确表示反对日本加入TPP，现任内阁也并未就加入TPP达成完全一致意见；商界人士一致认为，日本在自由贸易领域已经被韩国赶超，必须加快加入TPP等自由贸易区的脚步，以获取更多的海外市场份额；农业相关组织则坚决反对加入TPP。Yamashita Kazuhito（2011）称，日本人均GDP在2020年有被韩国和中国台湾超越的危险，通过自由贸易协定刺激经济增长是非常重要的。同时，TPP堪称“二十一世纪自由贸易协定的新标准”，日本加入这一新标准的设计，将会进一步增强日本在制定全球贸易规则中的影响力。对于较为敏感的农业问题，他认为，TPP的最终条款完全可以对农业设置一定程度的保护，日本政府不会签署一个损害日本利益的自由贸易协定。前日本外务省官员Yachi Shotaro（2011）称，日本加入TPP有四个方面的利益：一是全球经济重心在过去三百年中从欧洲转向美国，现在正向亚太区域转移，加入TPP是日本积极参与构建世界经济新秩序的重要一步；二是加入TPP将使日本成为全球贸易规则的制定者之一；三是TPP是一种全球性公共产品，加入 TPP 将享受其利益；四是对于农业敏感行业，一味保护无助于其竞争力的提高，加入 TPP 正是促进其改革的良机。

部分日本政界人士以及媒体分析家担心日本加入 TPP 事实上表明了日本亲美的政治立场，会影响日中两国的合作。但前外务省官员，日本佳能国际战略研究所研究员宫家邦彦则称，日本此时加入 TPP 是其经济发展的需要，无意针对中国，中国将来也可以加入 TPP，两国在 TPP 框架下同样可以开展合作。同时，TPP 和“10 + 3”也不存在根本上的冲突。Ennis（2011）也指出，日本在 CJK（中日韩自贸区）和 TPP 中表达出同样的兴趣。

我国学者刘昌黎（2011）较为系统地解读了日本参加 TPP 谈判的动因、制约因素和政策措施。他认为，日本政府积极参加 TPP 有六大目的：一是扩大出口，振兴本国经济；二是改变贸易自由化落后的局面；三是推进农业改革；四是巩固美日同盟；五是在推进亚太自由贸易区建设方面发挥主导作用；六是争取制定规则的话语权。同时，日本加入 TPP 也受到农业团体、部分地方政府、部分在野党和部分学术界人士的反对。

亚太区域其他经济体的官方、学者和传媒也纷纷就本国加入 TPP 问题发表了看法，整体上大多数经济体的态度较为积极。韩国总统李明博 2010 年在接受采访时谈到韩国有兴趣加入 TPP，韩国外交通商部通商交涉本部长朴泰镐最近在华府的讲演中称，韩国将“密切关注”TPP 的谈判进程，但由于韩美已经签署自由贸易协定，韩国需要一段时间来评估其加入 TPP 的具体立场，因此韩国可能不参加前几轮 TPP 谈判，等到形势稳定后再加入 TPP；同时，韩国将致力于把“10 + 3”和 TPP 进行融合，以实现亚太经济一体化进程。韩国学者 Kim SuK -

han（2010）称，韩国和TPP九大成员国之间的大多数国家均已签署自由贸易协定，因此韩国加入TPP较为容易，但目前能够带来的经济利益也相对较不明显。因此，韩国完全可以等待一段时间再加入TPP。Peter A. Petri和Michael G. Plummer近期的一份报告表明，加入TPP将使得全球和TPP都获得较大利益，将使马来西亚在2025年GDP较基期增加2.7%，FTA-AP的积极效果则要达到6%。加拿大、墨西哥官方对加入TPP保持了较为积极的态度，加拿大2011年11月份已正式表态对加入TPP有浓厚兴趣，墨西哥已于2012年2月份和美国就加入TPP问题开展相关谈判。Laura Dawson（2012）称，加拿大非常想参加TPP，但面临部分成员国（如新西兰）在部分产品（如乳制品）领域的反对，加拿大完全可以通过寻求美国的支持来战胜这些反对力量。台湾地区当局领导人马英九也在2012年2月称，台湾省应积极追求未来10年内加入TPP的这一目标。越南官方则称，越南纺织业界等企业界对加入TPP持非常积极的态度，认为知识产权、劳工标准等问题不会对越南加入TPP构成障碍，但为符合TPP目标越南将进一步推进国有企业改革。

Armstrong S.（2011）系统地分析了澳大利亚、日本和中国加入TPP的立场。文中指出，澳大利亚早在20世纪以来，就一直致力于双边自由贸易的开展，先后和泰国、智利、东盟、新西兰签署了自由贸易协定。澳大利亚未来仍将对自由贸易持积极态度，并将积极加入包括TPP在内的自由贸易协定。日本加入TPP则有正反两个方面因素的影响，农产品问题将对日本加入TPP形成制约。而中国则只会“走自己的路”，以是否会对国内经济稳定发展和深化改革有利为标准决定是否加入类似组织。在目前的TPP框架下，中国很难像越南那样从中得利（吸收大量外资），因此加入的可能性不太大。

（四）TPP 的未来发展趋势

相当一部分学者对 TPP 未来的发展前景持相对乐观态度。如 Peter A. Petri，Michael G. Plummer 和 Fan Zhai（2011）认为，2020 年 P9 将拓展到 P13（增加日本、韩国、加拿大和墨西哥），并以此为基础进行 CGE 模型分析；Armstrong S.（2011）认为，TPP 未来将从以下三个方面进行发展：一是能够在一定程度上统一亚太区目前较为复杂的原产地规则，使得亚太区域的“意大利面条碗”更容易“被消化”；二是形成一个更具有包容性、更平衡的议事日程；三是积极吸收新的成员，最终实现亚太经济一体化。美国亚洲和太平洋理事会 2011 年 6 月份关于亚太区贸易前景的展望报告中称，TPP 可以被看作是 FTAAP 的先驱，其对关税和“边境后壁垒”的多种减让以及开放性的特征将为 21 世纪全球贸易自由化提供范例。Barfield（2011）则指出，在多哈回合停滞不前的背景下，TPP 对于美国和亚太地区都是“极为重要的”，是亚太经济一体化的重要基石。

大多数学者同样认为，TPP 未来发展面临各种各样的挑战，如成员国国内利益集团影响谈判进程、某些标准不适用于发展中国家以及各国在具体操作机制上存在分歧等。Solis M.（2011）从美国国内的角度分析了 TPP 所面临的挑战。他认为，现在美国的对外贸易政策越来越受到国内利益集团的约束。如在 TPP 中对劳工、环境、知识产权等领域设置过高的标准实际上是受国内工会等利益集团的影响，很容易遭到发展中国家甚至澳大利亚、新西兰等国的反对。另一个可能制约 TPP 未来发展的是过于复杂的国内批准程序。近年来，在韩美自由贸易协定的签署过程中，由于批准程序过于复杂，美国已经被迫更改相关谈判条款，未来 TPP 也可能面临同样的困境。

Lewis K.（2011）认为，TPP 存在如下几方面的潜在缺陷：一是农产品问题。美国在历史上有着反对农产品贸易自由化的传统，对新西兰出口的农产品可能会设置一定的障碍；二是知识产权问题，美国对 TPP 的相关知识产权条款制定了远高于 TRIPS（WTO 关于知识产权的协议）的标准，希望 TPP 严格限制平行进口（俗称“水货”），这将会遭到许多国家，包括新西兰的反对；三是 TPP 在美国国内也面临许多程序上的障碍，特别是可能遭到国会的反对；四是美国和 P4 在 TPP 的协商程序上存在分歧。P4 认为应制定一个统一的市场准入日程表，每个成员将针对所有其他成员采取同样的日程表；美国则认为应将已经签署双边 FTA 和未签署双边 FTA 的成员国进行区别对待。

奥克兰大学教授 Robert Scollay（2011）则认为，TPP 能否真正成为 FTAAP 的“垫脚石”，很大程度上取决于东北亚各国的态度。目前中国参加 TPP 的态度是“审慎的”，韩国并不急于参加 TPP，这给 TPP 未来发展带来了较大的不确定性；同时，TPP 各成员国之间已经有了大量的双边贸易条款，这些条款已经切实反映了各国在双边贸易中的利益，TPP 是否要另起炉灶设立新条款以及如何选择何种方式和新成员开展谈判等问题都会困扰 TPP 的前景。Peter A. Petri，Michael G. Plummer 和 Fan Zhai（2011）也称，目前绝大多数 TPP 成员国，包括澳大利亚、新西兰等发达国家的产业均属于技术进口国，对于美国提出的知识产权条款能否接受存有较大疑虑，澳大利亚的医药领域尤其敏感。农产品领域更是东亚国家的敏感领域。同时，金融服务、劳工、服务业开放、技术壁垒、卫生和检疫标准、环境条款都可能成为发达国家和发展中国家争论的焦点，可能延误 TPP 进程。

三、TPP 的性质、内容和特点

（一）TPP 的性质

目前对于各国之间签署的各种投资、贸易等相关协定，学术界基本上运用区域经济一体化（Regional Economic integration）的相关理论进行分析。学术界较为公认的对区域经济一体化的定义是 Bela Balassa 在《经济一体化的理论》一书中提出的，即“经济一体化既是一个过程，又是一种状态。就过程而言，它包括采取种种措施消除各国经济单位之间的歧视；就状态而言，则表现为各国间各种差异的消失”。因此，将 TPP 归入区域经济一体化这一大类是毫无疑问的。

学术界目前将区域经济一体化分为九个阶段：

第一，优惠贸易安排（Preferential Trade Arrangements，PTA）。这是区域经济一体化中较低级、最松散的一种形式，一般是指贸易安排的缔约国间对全部或部分商品实行特别的关税优惠。

第二，自由贸易区（Free trade Area，FTA）。意为签订有自由贸易协定的国家（或经济体）之间组成的贸易区。区内各成员之间取消（或减轻）相互之间的关税、非关税壁垒，但各成员对区外国家的贸易壁垒不变，即不对外部实行统一的关税政策。

第三，关税同盟（Customs Union，CU）。是指在自由贸易区的基础上，成员国实行共同的对外贸易政策，统一对外关税税率。

第四，关税和货币同盟（Customs and Monetary Union）。指在关税同盟的基础上，各成员实行统一的货币政策，统一区内货币。目前欧元区就是典型的关税和货币同盟。

第五，共同市场（Common Market）。指在关税同盟的基础上，允许生产要素在各成员之间完全自由流动。

第六，经济联盟（Economic Union）。指在共同市场的基础上，各成员在某些经济政策和社会政策上（如产业政策）进行统一和协调。

第七，经济货币联盟（Economic and Monetary Union）。指在经济联盟的基础上，各成员国实行统一的货币政策。

第八，财政联盟（Fiscal Union）。指各国实施统一的财政政策。理论上，不同成员之间可以在未成立关税同盟、经济同盟的情况下成立财政联盟，但在现实操作中几乎不可能。

第九，完全的区域经济一体化。

在传统的区域经济一体化理论中，RTA 实际上是 FTA 的一种，特指多边的 FTA（即参与方超过 2 个）。但由于目前 PTA 和 FTA 之间的界限已经较为模糊，很多 PTA 本身就是 FTA 的前身，签订 PSA 之后往往会在几年之内将其升级为 FTA；而 RTA 和 FTA 内涵和外延的差别又很小，因此在媒体甚至包括很多学术文献中，PTA、RTA 和 FTA 三个词常常混用。

然而，在具体的操作中，世界各国所签署的各类经济贸易协定并不完全按照理论框架进行。目前虽然除欧盟外，大部分协议均停留在自由贸易区和关税同盟的阶段，但很多 FTA 虽然名为自由贸易协定，其内容早已由传统的关税和非关税壁垒扩展到服务贸易、投资乃至知识产权、标准、环境政策等国内政策领域（盛斌，1998），已经超出了传统理论的 FTA 范畴，但尚未达到生产要素跨境完全自由流动的程度。因此，WTO 综合考虑区域一体化理论和单前区域经济一体化的现实情况，将各类区域经济一体化协议分为 RTA（区域贸易安排，

Regional trade agreement）和 PTA（Preferential Trade arrangements）。其中，WTO 明确指出，此处的 PTA 含义仅限于某国单边所实施的优惠贸易安排，而将所有双边和多边的优惠贸易安排均归入 RTA 范畴。因此，此处 PTA 的范畴和前文理论中的定义是有差异的。

而在这一分类框架下，WTO 依据关贸总协定的有关规则，又将 RTA 分为四类：部分贸易协议（Partial Scope Agreement，PSA）、自由贸易协定（Free trade arrangement，FTA）、关税同盟（Customs Union，CU）和 EIA（Economic integration arrangement）。其中，前三类主要限于商品领域，而 EIA 除商品领域外，还包括服务领域。其中，PSA 的含义和前文的 PTA 基本一致，FTA 和 CU 的定义基本和前文保持一致。

由于 TPP 主要局限于各成员国之内的关税减让和"边境后壁垒"的减轻，学术界将 TPP 归入 RTA（FTA）这一大类并不存在太多的争议。如 Peter A. Petri，Michael G. Plummer 和 Fan Zhai（2011）直接将 TPP 归入亚太区各类 RTA 中；沈铭辉（2011）也认为美国加入 TPP 是为了完善其 FTA 战略布局，意指 TPP 是 FTA 的一种；Brock R. Williams（2012）开篇就指出 TPP 是美国等 9 个国家之间签订的一个区域自由贸易协定（Regional Free Trade Agreement）。TPP 框架协议中所提到的"TPP 是 21 世纪自由贸易协定的标杆"，实际上也指出了 TPP 的性质。但对于 TPP 具体是哪一类自由贸易协定，目前由于该协定正在谈判之中，最终条款对服务业、知识产权、劳工标准等的涉及程度尚无法预料，因此学术界并未对 TPP 最终属于哪一类自由贸易协定进行判定。但按照 TPP 的框架协议，TPP 的主要范畴仍然是"关键的贸易和贸易相关领域"，因此基于 WTO 的规则，TPP 应该归入 WTO 框架下 FTA 或 EIA 的一类，归入FTA的可能性更大。

（二）TPP 的内容

根据框架协议，TPP 的主要内容有如下几方面：

1. 为区域内市场竞争创造良好的外部环境

协议相关文本指出，TPP 将致力于为各成员国企业提供一个竞争性的商业环境，形成并完善一套规范的促进竞争的法律法规，并保证法律法规的公平和透明，大力支持保护消费者利益，促进企业间技术合作。

2. 能力构建

目前 TPP 各成员国一致认为，为使得各成员国都能从 TPP 中获益，TPP 必须将各成员国，特别是发展中国家的能力构建（Capacity building）作为协议的重点。TPP 将设置相关条款以帮助这些国家达到 TPP 的相关标准，使之能从协定中充分受益。

3. 跨境服务

TPP 成员国将致力于推动服务贸易市场的开放、公平和透明，并支持服务贸易的信息化建设，并在保证政府在公共服务领域的管理权的前提下，对中小企业的跨境服务提供大力支持。

4. 海关管理

TPP 成员国已经一致认为建设一个透明、高效、有利于贸易便利化的海关体系有利于全球产业链在各成员国之间的优化配置，并将严格要求各国海关的相关官员严格执行相应的海关法律法规，以保证海关管理的高效率。

5. 电子商务

TPP 框架协议一致认为，电子商务有利于加强消费者和零售商之间的互动，为此 PP 各成员国将从完善交易平台、提供电子交易证明、消费者保护、支持电子商务相关信息的传播等方面开展工作。

6. 环境问题

TPP 框架协议要求所有贸易相关议题必须充分考虑其对环境的影响，以实现贸易和环境的共同发展；通过有效的制度安排为增强发展中国家的环境保护能力提供支持；重点关注海洋渔业、生物多样性、气候变化、环境产品和服务、外来物种入侵等问题。

7. 金融服务

在金融领域，各成员应在提高透明度、非歧视性、公平对待金融创新、投资者保护条款及相应的争端解决机制等方面达成一致；加强对金融市场的监管，保证金融市场运行稳定；促进金融创新，推动融资便利化，创造就业机会。

8. 政府采购

TPP 各国认可政府采购应遵循公平、透明和非歧视性的原则，但同意发展中国家通过渐进的方式逐渐推进其政府采购市场的开放。

9. 知识产权

TPP 认为贸易区的知识产权规则应基于并高于 WTO 的 TRIPS 协议，所涉及的范围包括商标、地理标志、版权、专利、商业机密等，并准备将相关文本同样交由多哈回合的相关议题进行讨论，争取使之成为国际通行标准。

10. 投资

TPP 希望能够对各成员国在其他成员国内的投资实现有效的保护，包括设立非歧视性条款和最低待遇标准，禁止一切可能造成贸易扭曲投资的措施等。同时，相关文本也将包含公平、透明和反应迅速的争端解决机制，并保证各国规范公共投资的权利。

11. 劳工

TPP 各成员国一致承认，在劳工方面开展合作将有助于提高劳工福利和劳动者素质，提高人力资本水平。因此，框架协议要求各方切实履行保护劳工权利的义务，并将就相关问题的合作、协商和对话建立常设机制。

12. 法律框架

TPP 各成员国将致力于逐渐完善这一自贸协议的法律框架，制定解决争端的法律规则和履行相关义务的例外条款，以保证特殊领域的程序正义，并对各国国内相关法律法规的透明度进行监管。

13. 市场准入

各成员国必须保证，对待其他成员国的进口商品，其市场准入应是便捷的、稳定的和透明的。为此，各成员国必须在高于其 WTO 义务的基础上减免关税，并继续消除其非关税壁垒；同时，TPP 成员国也将就进出口许可证管理、再加工制造、农产品出口竞争、食品安全等问题进行讨论。

14. 原产地规则

TPP 各成员国已经同意就在 TPP 区域内统一采用客观、透明和可预见的原产地规则达成一致意见，并以此为基础建立对自贸区内的产品相应的原产地认证和优惠政策。

15. 卫生及检疫标准

TPP 各成员国同意建立基于并高于 WTO 的卫生及检疫标准体系的卫生及检疫标准，各成员国将承担科研、保证相关法规透明度、推进区域化合作等方面的一系列新义务，并将就一系列多边和单边合作协议（如进口品认证）进行磋商。

16. 技术标准

TPP 各成员国同意建立基于并高于 WTO 技术标准体系的技术标准，并致力于在贸易便利化和保护健康、环境和安全之间实现双赢。最终文本将涉及实施期限、合格评定程序、标准国际化、贸易便利化以及透明度等问题。

17. 通信

TPP 将致力于支持 TPP 成员国之间通信服务业的良性竞争，以使得消费者获益。由于供应链的发展越来越依赖于互联网，TPP 各成员国已经基本就加强互联网监管规则的透明度、保证相关企业上诉权利等问题达成一致。同时，TPP 也将关注新通信技术的应用，并着手解决国际漫游费用偏高这一问题。

18. 临时入境

TPP 各成员国将致力于推动各国临时入境监管程序更加透明和高效，并为此提供技术支持。对于特定商务人士的例外条款也在讨论之中。

19. 纺织品和服装

在纺织品和服装领域，TPP 各成员国的议题将关注海关合作、执法程序、原产地规则和特保条款等方面。

20. 贸易救济

TPP 成员国同意履行他们在贸易救济相关的 WTO 权利和义务，并在透明度和程序正当性上进一步加强；针对过渡性保障机制作出相关规定。

（三）TPP 的特点

对于 TPP 的特点，目前学术界普遍认为 TPP 是一个高水平的自由贸易协定，其范围、深度、领域在目前的自贸区中处于较高水平。TPP 目前的框架协议文本中将这一协定的特点归纳为“一个 21 世纪自由贸易协定的标杆、全球贸易合作的新标准”，强调区域内的规则一致性，促进经济良性竞争，鼓励中小企业利用 TPP 所提供的便利，对贸易投资自由化和便利化提供足够支持，并注重贸易协定的灵活性和开放性，重点关注环境保护等跨领域议题（cross－cutting issues）等。具体而言，TPP的货物关税减让涉及所有商品（超过11000种），致力于统一九个国家的原产地规则；服务和投资领域也将覆盖所有的服务领域，并专门设计一个“例外列表”，允许个别发展中国家个别服务领域不在协议范围之内；而在政府采购领域，力争在充分考虑各国敏感领域的前提下，推动九个国家的政府采购市场最大化的开放。TPP继承了其前身“P4”开放性的特点，允许其他国家加入这一协议。美国贸易代表Ron Kirk在2011年的一次讲话中称，TPP是一个高标准的自由贸易协定。我国国内学者也认为，美国加入TPP之后，TPP正逐渐转向一个高标准的自由贸易协定（高兰，2011；沈铭辉，2011，盛斌，2010）。

Peter A. Petri，Michael G. Plummer和Fan Zhai（2011）从各个条款的角度对TPP的特点进行了详细的归纳和总结，认为TPP不但涵盖了过去大多数自贸区所涉及的领域，而且还涉及了相当部分过去自贸区较少涉及甚至没有涉及的领域，特别重视“边境后壁垒的”减轻，具体见表11－2。其中，文化、科技、电子商务、通信等都是目前绝大部分自由贸易协定未曾涉及的议题。

表11－2　目前学术界对TPP各主要条款特征的分析

类别	过去自贸协定覆盖比例（%）	是否主要为边境后壁垒	TPP可能涉及的议题
商品类	100	否	降低关税、统一海关估计标准、建立监督委员会、提供敏感产品的例外条款
服务类	91	是	国民待遇或最惠国待遇、相关规则的透明化和便利化、为支付提供保障措施、对境外许可证和证书提供便捷的处理程序

续表 11－2

类别	过去自贸协定覆盖比例（%）	是否主要为边境后壁垒	TPP 可能涉及的议题
技术壁垒	69	是	WTO 相关规则的应用；鼓励对于技术标准及产品合格评定程序的交互评价、建立合作机制
市场竞争	66	是	限制企业采取反竞争商业机制；保证国企相关政策不会造成不公平竞争；保证国民待遇得到严格执行
知识产权保护	77	是	要求加入相应的国际条约；有效地打击知识产权犯罪；销毁非法出版物
投资	74	是	在国际法框架下给予外资企业国民待遇或最惠国待遇；限制对企业的征用；相关补偿条款；不对实时的资金流动采取限制；按照国际规则建立争端解决机制；禁止对企业绩效的强制性要求
政府采购	66	是	按照 WTO 政府采购协议的标准给予进口品国民待遇；统一原产地规则；保证透明度
卫生和检疫标准	69	是	保证国民健康；建立合作委员会
争端解决机制	91	否	有效的争端解决程序；在各种努力付诸失败之后的强制惩罚措施；建立国际仲裁体系
原产地规则	94	否	统一原产地规则；设置例外列表；提供相应的认证、文档和协商程序
贸易救济	66	否	允许临时性的单边保障机制；限制保障机制持续的范围和时间
海关手续	86	否	统一海关手续规则，提高透明度，贸易便利化
临时入境	54	否	为商务人士临时入境提供便利
常设机构	43	否	提供一个能够监督相关规则实施的合作委员会机制

续表 11-2

类别	过去自贸协定覆盖比例（%）	是否主要为边境后壁垒	TPP 可能涉及的议题
金融服务	26	是	为跨国金融服务提供国民待遇或最惠国待遇；保证规则透明度；允许跨境服务等
电子商务	0	是	允许信息跨境自由流动；对电子商务完全减免关税；对跨境服务提供软硬件等方面的支持；保护商业信息机密
通讯	0	是	保证对通信网络的非歧视；消除投资限制；相关技术的资格互认
农业	9	否	严格限制关税配额；禁止出口补贴；对于特殊农产品市场准入问题进行协商
劳工	9	否	成员国履行遵循国际劳工组织相关条款的义务；国内法和国际标准保持一致；设置官方的合作观察委员会
环境	9	是	加强环保的法制建设；鼓励公共参与和技术合作；设置官方合作委员会
安全标准	3	是	要求产品和服务履行保证安全义务
监管一致性	0	是	保证监管规则的开放和透明；遵循国民待遇原则
中小企业	3	是	加强在支持中小企业领域的国际合作，注重信息共享和能力建设
商务便利性	0	是	在贸易投资促进、报关、检疫等领域开展合作
文化	0	是	促进文化合作；减少对电影等文化产品的限制准入条款
科技	0	是	在关键工业（如信息技术行业和采矿业）提供合作和技术转让机制

资料来源：Peter A. Petri, The TPP and Asia - Pacific Integration: A quantitative Assessment.

中国太平洋经济合作全国委员会（2011）则从 TPP 的前

身——TPSEP的角度分析了未来TPP的特点。TPSEP有如下几方面的特点：

第一，跨度大。四国连接三大洲，形成横跨太平洋两岸的自由贸易区。新加坡和文莱位于亚洲东部，地处西太平洋沿岸；智利位于南美洲，地处太平洋东岸；新西兰位于大洋洲，地处太平洋西南部。这是当今唯一跨越太平洋的多边自由贸易区。

第二，网络化。TPSEP内部市场虽小，但开放程度较高，通过FTA网络与外部市场的联系广泛。由于四国人口总数不足2500万，TPP内部市场有限，协定本身产生的福利效应并不大。但四国的市场开放度都较高，外贸发达。其中智利和新加坡是近年来全球范围内缔结FTA最多的国家，形成了以本国为轴心、区域广阔的FTA网络，这使得TPP成员可以互相利用FTA网络，开拓亚太和国际市场。

第三，开放性。TPSEP四个成员都是APEC（亚太经合组织）成员，因此，它可被视为APEC范围（APEC - wide）内的一个FTA（自由贸易协定）。但与APEC范围内其他封闭性的FTA不同，TPP为新成员的加入敞开着大门。一方面，TPP需要通过增加新成员来扩大内部市场；另一方面，TPP本来是作为APEC成员先行自愿自由化的一个样板推出的，当时未加入TPP的APEC成员可以根据自身情况随时加入，所以，TPP专门设立了接纳新成员的条款，值得注意的是，该条款规定，APEC成员和“其他国家”都可以申请加入。这说明，不仅是APEC成员，其他感兴趣的国家也可以申请加入。但在美国的提议下，目前仅优先考虑接纳APEC成员。

第四，质量高。TPSEP是目前全球数百个RTAs/FTAs中的“精品”，被誉为“高质量的FTA”。这表现在下述几方面：一是取消关税的商品覆盖面大。该协议规定，智利、新加坡和新西兰的全部征税品目、文莱99%的税目都要取消。而不少FTA往往仍保留一定数量的税目。二是自由化领域广。协议内容除货物贸易自由化外，还包括了服务贸易自由化（使用“否定清单”）、贸易救济、动植物检验检疫标准、贸易技术壁垒、知识产权、政府采购、竞争政策、海关合作等方面的条款。三是含有劳工、环境两个敏感领域。TPSEP协议附有两个独立的文件：具有约束力的《环境合作协议》和《劳工合作备忘录》，而这正是许多FTA设法避免的领域。另外，TPSEP还规定在协定生效两年后开始投资和金融服务自由化的谈判。

四、TPP的影响及对策

目前学术界主要从两个方面研究TPP的影响：一是TPP对未来亚太经济一体化格局的影响；二是TPP对参与国和亚太区其他国家（如中国）的影响。前者偏重规范研究，后者偏重实证研究。同时，我国部分学者也就TPP对我国的经济贸易发展战略的影响进行了分析，并提出了相应的对策。

（一）TPP对亚太经济一体化格局的影响

1. 区域贸易协定对全球经济一体化影响的理论研究

学术界对区域贸易协定和全球多边贸易体系之间的影响有着两种截然不同的观点。相当一部分学者认为，区域贸易协定对全球贸易体系有明显的负面效应。如Bhagwati（1995）就认为，区域的或双边的自由贸易协定并非推动贸易自由化的最佳方式，因为其对非成员国是一种歧视。特别是在区域贸易体系错综复杂的情况下，可能会产生“意大利面条碗效应”，即错综复杂的贸易规则，特别是保护性贸易规则将不利于全球化自由贸易的开展。Innwon Park和Soonchan Park（2007）的研究表明，倘若原产地规则不统一，RTA的贸易创造效应将会被贸易转移效应大大削弱。Joost Pauwelyn（2006）则以“意大利面碗正在烹煮”来表述区域贸易协定和全球多边贸易体系之间的矛盾，特别强调了不同自由贸易区原产地规则的差异对全球自由贸易开展的负面影响。Colin B. Picker（2005）则认为，目前GATT第24条虽然规定了审查区域贸易协定与WTO相符性的标准，但这些标准在实践中并未发挥任何过滤作用，几乎所有自由贸易协定的合法性均处于一种“悬而未决”的状态。Phillip I. Levy（1997）运用中点选民模型，验证了双边贸易协定会对一国制定对外贸易政策产生显著影响，进而认为FTP阻碍了多边贸易自由化。我国国内也有一部分学者持这种观点，如向雅萍（2007）也认为，区域贸易协定已经侵蚀了WTO的基本原则、重要规则和争端解决机制，盛斌（1998）提出，区域主义的规定和WTO规则并不相一致，导致了明显的管辖权冲突。王雅琳（2008）认为，亚太次区域贸易协定对APEC自由化具有三方面的冲击：FTA的约束性原则冲击APEC的非约束性原则；FTA的贸易自由化使得APEC的贸易自由化“流于形式”；“轴心—辐条”体系对APEC凝聚力有负面影响。

也有学者认为，RTA是多边贸易体系的垫脚石而非绊脚石。如John Kennan和Raymond Riezman（1990）认为一国加入FTA有利于其降低外部关税，因此有利于多边贸易体系的发展；Oliver Cadot（1999）则运用政治—经济分析框架建立了理论模型，认为FTA对一国降低外部关税的效应非常显著。Perroni. Carlo和John Whalley（2000）认为，目前主要区域经济一体化组织联盟的发展，将有利于制约区域一体化组织的排他性和歧视性，而增强其适应性和兼容性。我国也有部分学者持这种观点。李双元（2004）则明确指出，区域经济一体化是世界经济走向全球一体化的必要阶段。区域经济合作能够为进一步推动多边贸易自由化进程积累经验，有助于自由贸易思想的传播，加速各国与世界经济接轨的步伐。郝洁（2010）也认为，区域贸易协定在短期内可能对全球贸易协定造成负面影响，但倘若多边贸易体制能够为区域贸易协定提供明确的框架性指导和约束，这两者最终将实现“殊途同归”。

整体上，目前对于这两者之间的关系尚无一个明确的结论。但可以看出，“绊脚石”主要是从法学的角度加以研究；而“垫脚石”则更多是从经济学的角度研究的。如何将这两个角度进行结合起来进行全面的分析，仍将是全球经济学者面临的一个重大课题。

2. 亚太经济一体化的历史及现状

绝大多数学者对亚太经济一体化在20世纪末开始迅速发展达成共识。Peter A. Petri，Michael G. Plummer 和 Fan Zhai（2011）、Lewis M. K.（2011）、陆建人（2003）、盛斌（2010）等均阐述了这一观点。而学术界也基本公认，亚太经济一体化的形式主要以双边或多边自由贸易协定为主，呈现出“小国主导、大国参与”（沈铭辉，2010）的特征，这种双边或多边 FTA 为主有着三大原因：全球多边贸易体制受挫、APEC 贸易自由化进程受挫和亚洲金融危机的冲击（陆建人，2003）。

学者也普遍承认亚太经济一体化的重要性。亚太区域拥有全球经济总量排名前三的经济体，在全球经济贸易中占有重要位置，且未来对全球经济的影响将进一步扩大。Peter A.，Michael G. 和 Fan Zhai（2011）的研究表明，2010 年 APEC 成员经济总量高达 31.4 万亿美元（以 2007 年美元价值计算），占全球 GDP 的比重高达 54%，而到 2025 年将进一步升至 57%；其成员内的贸易总额高达 7.1 万亿美元，占全球贸易额的 48.5%，到 2025 年将进一步上升至 54.9%。因此，亚太经济一体化对全球经济发展的作用是不可低估的。

而学术界也普遍认为，亚太经济一体化现在面临诸多问题。如 Yamazawa I. 在 2011 年的一次讲演中称，目前 EVSL 可以认为是已经失败，而 IAP（单边行动计划）也陷入停滞；Kawa 和 Wignaraja（2011）称，目前亚洲 FTA 面临诸多挑战，如由于信息缺乏、优惠幅度不够等原因，企业运用 FTA 优惠安排的情况偏低（调查结果显示只有 28.4%）以及存在较为严重的“意大利面条碗效应”等。Razeen Sally（2010）也称，目前亚太区经济一体化完全是市场主导的，APEC 范围内缺少一个能够真正的 FTA 发起者，而在金融领域，东亚各主要经济体之间的合作也是非常脆弱的。Armstrong S.（2011）也认为，在东亚地区，甚至单边行动计划（如国内体制改革）对贸易的促进作用都要大于 FTA。Dee 和 Findlay（2009）的研究则表明，贸易自由化促进的是国内外公平竞争，这种竞争对服务业发展的积极作用一般要弱于国内的公平竞争。同时，Armstrong S.（2011）还指出，澳大利亚的经验表明，自由贸易协定实际上是为投资保护政策提供了法律基础，而没有发挥减少跨国投资壁垒的作用。

3. TPP 对亚太经济一体化的影响

国外大多数学者认为，TPP 能够有效地促进亚太经济一体化。Peter A. Petri，Michael G. Plummer 和 Fan Zhai（2011）、Lewis M. K.（2011）、Mireya Solis（2011）、Robert Scollay（2010）、Jue – Yu Lin（2011）、Brock R. Williams（2012）等的研究均认为，虽然 TPP 前景尚不明朗，但 TPP 和“10 + 3”均有能力成为亚太经济一体化的一个重要途径，同时，TPP 从其设立目的、过程来看，TPP 也有望在统一目前 TPP 成员国之内的十几个原产地规则上发挥作用（Peter A. Petri，Michael G. Plummer 和 Fan Zhai，2011），从而在一定程度上解决目前亚

太区域的“意大利面条碗效应”。

然而，大多数学者也认为，TPP 对亚太经济一体化能否真正意义上发挥促进作用，很大程度上取决于中日韩三国的态度。如 Lewis M. K.（2011）和 Robert Scollay（2010）均指出，TPP 能否促进亚太经济一体化，很大程度上要看东北亚各国的立场，特别是中国的立场。目前中国对待 TPP 的态度是“谨慎地关注”，未来能否加入 TPP 尚存疑问，因此 TPP 究竟能否发挥对亚太经济一体化的积极作用，甚至最终推动 FTAAP 的成立，目前尚无法作出准确判断。Peter A. Petri，Michael G. Plummer 和 Fan Zhai（2011）也表述了类似的观点，但他们认为“10 +3”和 TPP 并不冲突，反而能够互相促进，因此对这一看法较为积极。

（二）TPP 对成员国和非成员国的经济影响

1. 自由贸易区贸易创造和贸易转移效应的实证研究

目前学术界主要运用引力模型和可计算一般均衡模型对自贸区对成员国和非成员国的经济影响进行测算。

一是引力模型。引力模型用于计算贸易协定对成员国之间贸易的影响始于 1962 年丁伯根的研究。James E. Anderson 和 Eric van Wincoop（2001）进一步为运用引力模型计算贸易创造和贸易转移效应创造了理论框架。Marcelo Olarrega、Isidro Soloaga 和 Alan Winters（1999）以及 Isidro Soloaga 和 I. Alan Winters（2000）对引力模型的计算结果加以改进，全面考察了 FTA 的贸易创造和贸易转移效应，结果表明，欧盟的贸易转移效应非常明显，同时 4 个拉米地区的 FTA 同样存在较强的贸易转移效应。Celine Carrere（2006）和 Souleymane Coulibaly（2007）的研究表明，绝大多数 FTA 的贸易创造效应要高于贸易转移效应，其中东盟自由贸易区的贸易创造效应最为明显。

二是 CGE 模型。自从约翰森 1960 年提出世界上第一个 CGE 模型以来，这一模型已经成为政策分析的有力工具并被广泛应用于贸易、农业、能源、环境等领域，并形成了庞大的全球贸易分析系统（GTAP）。Mahinda Siriwardana（2007）运用这一模型测算了美国—澳大利亚双边自由贸易协定的部门产出、贸易转移和贸易创造效应，并分析了印度、中国等国所受到的负面影响。Suthiphand Chirathivat（2002）则应用 GTAP 模型对中国—东盟自贸区削减关税的福利增加进行了模拟，认为东盟实际 GDP 和贸易额将较基期增长 0.38% 和 53.3%，中国则为 0.36% 和 23.1%。

2. 关于 TPP 的贸易创造和贸易转移效应的实证研究

目前学术界主要运用一般均衡模型对 TPP 的效应进行测算。北京大学国家发展研究院运用动态 GTAP 模型测算了 TPP 的贸易创造和贸易转移效应。该课题组利用项目开发的动态 CGE 模型模拟日本加入 TPP 后，TPP 内各国在 2012 至 2015 年逐年削减进口关税至零，而中国不加入 TPP 的情况下，中国、美国及日本所受到的经济影响。具体结果如下：

中国方面。在没有加入 TPP 的情况下，预计未来 10 年，以实物量计算，中国年均实际出口增长率达 9.29%，进口年均实际增长率为 12.73%。含日本的 TPP 协议生效后，中国货物出口、进口的年均实际增长率调整为 9.27% 和 12.33%。其中，部分加工制造产业如仪器仪表、机械及电子制造业会向越南、马来西亚等东南亚国家转移。从整体来看，TPP 对中国经济增长的影响并不显著。

根据模拟结果，未来 10 年，中国实际 GDP 增长率由预期的 8.73% 微调至 8.72%。就业方面，2012 ~ 2015 年，TPP 自贸区内各国双边进口关税下降为零，对中国劳动力市场的影响约 -0.06% ~ -0.19%。具体而言，含日本的 TPP 会使中国年均新增就业岗位减少33万个，且影响程度逐年递增，2012年中国新增就业岗位减少约15万、2013年减少25万，2014年减少39万，2015年减少约53万。

未来10年，没有加入TPP情况下，美国的实际年均货物出口增长率约3.58%，TPP后，增长率上升至4.2%。到2016年，美国的出口规模相对于2011年将增长23%。与此同时，美国的实际进口增长率也将由TPP前的4.02%增加到4.65%。TPP有助于实现白宫制定的五年出口倍增计划，同时，还会为美国创造一定的就业机会。根据模拟结果，2012～2015年间，TPP将带动美国国内新增就业59.8万个，其中2012年22.3万个、2013年16.7万个、2014年11.1万个，2015年9.7万个。但是，TPP对美国实际经济增长的影响小于0.06%，微乎其微。根据预测，美国未来10年的实际经济增长率维持在2.44%。

日本出口的实际增长率由TPP前的5.02%上升到TPP后的6.42%，进口由5.77%上升到7.77%。其中，日、美贸易会因双边关税下降而有所加强。2000～2010年，日、美两国货物贸易占美国货物贸易的比重年均下降6%，在日本加入TPP后，这一降幅调整为年均1.54%，有所缓和，但下降趋势不变。日、中贸易方面，2000至2010年间，日本对中国货物出口、进口占中国货物总出口、总进口的比重，年均下降7.49%和3.69%。日本加入TPP后，其占中国贸易比重的下降趋势不变，但降幅有所缩减，出口、进口的降幅分别调整为7.42%和2.29%。经济增长方面。预期日本未来10年的实际经济增长率在1.51%，若加入TPP，日本经济增长率将小幅上升至1.53%。

由于规模较小，TPP协议会对东南亚国家贸易与经济增长产生显著影响。模拟结果显示，越南是最大的收益国。越南实际出口增长率将由TPP前的7.23%上涨至8.73%，其实际经济增长率也将由预期的年均6.88%调整至7.38%。其余东南亚国家，如马来西亚、新加坡的实际经济增长率也将上调0.2到0.5个百分点。

总之，TPP有助于美国的出口扩张与就业增加。美国未来五年的总出口将增长23%，创造就业岗位共计59.8万个。TPP对中国经济增长的影响小于0.01%，对进、出口的影响在-0.1%到-0.4%之间。出口的下降会减少中国新增就业岗位，年均约33万个。日本加入TPP后，其经济增长率小幅提升0.02%，对外出口、进口较不加入TPP分别增长1.4%和2%。虽然，日、美贸易会因双边自由贸易协定而有加强，但日本占美国与中国贸易比重逐年下降的趋势不会发生本质改变。

万璐（2011）同样运用GTAP模型分析美国TPP战略的经济效应。结果表明，当P8成立后（当时马来西亚尚未加入），P8均受益，其中美国GDP增长0.05%，福利增加0.27亿美元；而日本GDP将下降0.05%，福利将减少2.2亿美元，中国GDP下降0.06%，福利减少1.43亿美元。而当日本也加入TPP，但日本和美国不互相开放相关产业时，日本GDP将增长0.17%，福利将增加24.23亿美元，而美国GDP将下降0.03%，福利增长1.8亿美元；中国福利则减少4.32亿美元。而当日本、美国均开放相关产业，且日本加入TPP时，美国GDP增长0.06%，福利增加18.77亿美元，而日本GDP增长0.34%，福利增加68.51亿美元，中国GDP下降0.31%，福利将减少7.76亿美元。但模型对于出口的测算效果表明，无论在何种情况下，TPP成员国进口增速均高于出口，美国贸易均将呈现逆差。

Peter A. Petri, Michael G. Plummer和Fan Zhai（2011）同样运用GTAP数据库和自己开发的CGE模型模拟了TPP对2011~2025年亚太各经济体的影响。其中，2011~2015年的

基期数据来自 IMF，而 2016～2025 年的数据则来自 Foure et al.（2011）的研究成果。按照他们的预测，即便没有 TPP，2025 年全球 GDP 也将较当前增长 75%，全球贸易额则增长 88%，几个关键国家的预测数据见表 11－3。

表 11－3　TPP 路径下主要经济体未来 GDP 和贸易的预测

年份		2010	2015	2020	2025
GDP（2007 年价格，亿美元）	TPP 总计	17840	20576	23140	26550
	美国	14049	16035	18088	20337
	中国	4811	7858	11999	16834
	韩国	1131	1387	1695	2063
	日本	4245	4627	4999	5322
贸易（2007 年价格，亿美元）	TPP 总计	2573. 2	3214. 7	3859. 6	4611. 5
	美国	1561. 4	1959. 1	2369. 4	2845
	中国	1638. 5	2420. 2	3468. 4	4744
	韩国	386. 9	517. 6	574. 4	627. 4
	日本	818	999. 3	1119	1238. 5

资料来源：Peter A. Petri, The TPP and Asia－Pacific Integration: A quantitative Assessment.

Peter A. Petri, Michael G. Plummer 和 Fan Zhai 模拟了以下四种情况：第一种，TPP 路径。即未来 15 年只签订 TPP，TPP 于 2020 年顺利扩大到 TPP13（加拿大、墨西哥、日本和韩国），但东亚经济一体化陷于停滞；第二种，东亚一体化路径。2015 年签订中日韩自贸区协定，2020 年签订“10＋3”，不签订 TPP；第三种，两条路径并行，互不干预；第四种，两条路径最终在 2020 年交叉，亚太自由贸易区（FTAAP）正式成立。计算结果之一见表 11－4。据此，这三位学者得出最终结论，两条线并行是完全可行的，且很可能是最终的实际路线，最终发展成为 FTAAP。

也有一些部门和机构运用一些其他的方法对TPP的影响进行了估算。高兰（2011）援引日本内阁府的研究结论称，与2009年日本GDP25万亿日元相比，加入TPP，由于出口增加将导致日本每年的GDP将最大增加3.4万亿日元；而考虑到贸易投资自由化的影响，日本每年GDP将最大增加7.3万亿日元；日本经济产业省的估算结果则高于这一数字，为10.5万亿日元。

表11－4 Peter A. Petri，Michael G. Plummer 和 Fan Zhai 的测算结果

国家	2025年福利获得额（亿美元）				GDP相较基期变化（2025年，%）			
	TPP	亚洲一体化	双向一体化	FTAAP	TPP	亚洲一体化	双向一体化	FTAAP
美国	13.9	3.2	16.5	62.9	0.07	0.02	0.08	0.31
中国	－15.7	84.8	71.2	318.7	－0.09	0.5	0.42	1.89
日本	30.7	42.8	67.3	73.6	0.58	0.8	1.26	1.38
韩国	15.1	33.5	43.2	48.2	0.73	1.63	2.09	2.34

资料来源：Peter A. Petri，The TPP and Asia－Pacific Integration：A quantitative Assessment.

（三）TPP对我国发展战略的影响

国内学术界对以TPP为代表的美国亚太自由贸易区政策对我国经济、社会、政治等多方面的影响进行了分析，普遍认为TPP对我国在东亚区域合作和区域治理中所发挥的主导作用可能产生较大的负面影响。如湛柏明（2006）指出，美国自由贸易协定有可能引起贸易转移效应，其从我国进口的商品可能转向其他发展中国家；相关贸易政策措施（如台湾省加入TPP）将能够从政治上对我国予以制约；同时，相关自贸政策也会影响我国推进东亚经济一体化的步伐和节奏。张茉楠（2011）认为，TPP对区域内其他形式的多边贸易体系将造成严重冲击。刘晨阳（2010）则称，TPP有可能制衡和牵制东亚经济一体化进程，防止该地区形成一个稳定的、强大的贸易集团。何力（2011）认为，日本加入TPP谈判将有可能导致中日韩为核心的东北亚自由贸易区“遥遥无期”。

（四）我国应对TPP的对策

我国学者对TPP的动因、影响判断均存在差异，提出的对策也存在很大差异，目前主要包括以下三大类：积极加入、反对加入和暂缓加入。

1. 积极参与TPP

部分学者认为TPP同样代表了亚太经济一体化的潮流，我国应积极参与。张健民（2003）认为，对于亚太区各类区域经济一体化这一不可抗拒的潮流，只有顺应潮流，积极主动参与，才能在区域经济一体化进程中获得相关利益。张茉楠（2011）认为，TPP最终可能带来一种全新的FTA标准和规则，早日参与，就可以成为标准的制定者，化被动为主动。张振江（2009）也认为，亚太自由贸易区是不可回避的，我国必须正视美国在东亚的历史存在和现实利益，主动参与亚太自由贸易区的未来建构和研究工作，但杜绝将亚太自由贸易区的逻辑向政治和安全等领域扩展。

2. 坚持东亚自由贸易区（EAFTA）战略，反对加入TPP

部分学者和媒体反对积极参与TPP，认为应“以我为主，不为所动”。李巍（2011）称，在中国不参加TPP的背景下，美国TPP政策的效果可谓微乎其微，我们完全可以按照自己的节奏，通过经济政治外交，应对TPP的挑战；特别是加强建设中日韩经济自贸区，从战略上反制美国的孤立政策。国家发改委学术委员会秘书长张燕生在接受环球时报采访时称，中国要发出“自己的声音”，绝不参与TPP的任何议题讨论，反对将

TPP这一排他性的区域标准作为国际标准的做法，并在力推中日韩 FTA 的基础上，适时提出中美 FTA 战略，建立兼顾发展中国家和发达国家利益的国际标准。赵晋平（2011）也认为中日韩 FTA 能够有效地应对 TPP。

3. 暂缓加入，多管齐下

盛斌（2010）称，中国一是应正视美国在东亚的历史存在和现实利益，寻求共识，弥合分歧。在中国的重大关切利益得到满足时，中国可以考虑介入 TPP 或 FTAAP，并通过有效参与控制覆盖面、成员范围与进程速度，最大限度减少对中国的不利影响。具体包括：排除人权、宗教等政治性议题；严格将台湾的活动限制的经济事务中；在劳工标准、环境与贸易等充满争议的议题上设置底线，据理力争。二是与亚太地区的主要国家或国家集团发展多元与平衡的关系，与它们就 TPP 问题进行有效沟通。三是根据自己的目标、准则与速度，深化已有的双边 FTA 和建立新的双边 FTA，有效抵消不加入 TPP 所造成的歧视性贸易效应。

除上述直接针对 TPP 的对策外，我国学者均积极呼吁加强相关的学术研究。张振江（2009）提出，亚太自由贸易区已经成为 APEC 的一个长远目标，美国运用这张“牌”影响东亚合作的政策措施必然会给中国带来挑战，因此，中国必须加强对其的认识和跟踪。徐长文（2011）也提出，我国应加强对 TPP 的学术研究。

参考文献

1. 陆建人. 美国加入 TPP 的动因分析［J］. 国际贸易问题. 2011（1）.

2. 翟崑. TPP 变形记 [J]. 世界知识. 2011 (9).

3. Paul Carrier, "An Assessment of Regional Economic Integration Agreements after the Uruguay Round", New York International Law Review, 1996, winter, pp. 1 –5.

4. 成新轩. 重叠式自由贸易区理论与实证研究 [M]. 北京: 人民出版社, 2011.

5. 张建民. WTO 时代区域一体化的发展与中国的对策 [J]. 财贸经济, 2003 (4).

6. Park & Yoo, "More Free Trade Areas: A Korean Perspective.", From Free Trade Areas and US Trade Policy, edited by Jeffrey J. Schott. Washington, DC: Institute for International Economics.

7. 张远鹏. 论东亚地区自由贸易协定的兴起 [J]. 世界经济与政治论坛, 2002 (5).

8. Peter A., Michael G. & Fan Zhai, "the trans – pacific Partnership and Asia – Pacific Integration: A Quantitative Assessment", Working Paper, 2011.

9. 沈铭辉. 亚洲经济一体化——基于多国 FTA 战略角度 [J]. 当代亚太, 2010 (4).

10. 张振江. 亚太自由贸易区: 美国战略与中国应对 [J]. 世界经济与政治, 2009 (4).

11. 刘晨阳. "跨太平洋战略经济伙伴协定"与美国的亚太区域合作新战略 [J]. 国际贸易, 2010 (6).

12. 宋国友. 东亚区域贸易协定的发展与美国霸权的变迁 [J]. 世界经济与政治, 2004 (7).

13. Bergsten, C. F. Rescuing & Doha Round, Working Paper, Institute for International Economics, 2005.

14. 盛斌. 美国视角下的亚太区域一体化新战略和中国的对策选择 [J].《南开学报(哲学社会科学版)》, 2010 (4).

15. 盛斌. 区域贸易协定和多边贸易体制 [J]. 世界经济, 1998 (9).

16. Brock R. Williams, Trans – Pacific Partnership (TPP) Countries: Comparative Trade and Economics, CRS Report for Congress.

17. 高兰．日本 TPP 战略的发展特征及其影响［J］．世界经济研究，2011 (6)．

18. 沈铭辉．跨太平洋伙伴关系：美国应对东亚合作［J］．工作论文．

19. 费尔南德斯．回到地区主义：对区域贸易协定的非传统收益分析［J］．世界银行经济评论，1998 (2)．

20. Viner Jacob, The Customs Union Issue, Carnegie Endow men for International Peace. 1950.

21. Murray Kemp & Henry Wan, Jr., "An Elementary Proposition Concerning the Formation of Customs Unions", in Murray Kemp, Three Topics in the Theory of International Trade: Distribution, Welfare and Uncertainty, Amsterdam: North Holland, 1976.

22. Siriwardana M., The Australia – United States Free Trade Agreement An economic evaluation, The North American Journal of Economics and Finance, 2007, 18 (1): 117 – 133.

23. Chirathivat S., ASEAN – China Free Trade Area: background, implications and future development, Journal of Asian Economics, 2002, 13 (5): 671 – 686.

24. Marcelo Olarrega、Isidro Soloaga & Alan Winters (1999), What's Behind Mercosur's Common External Tariff? World Bank Policy Research Working Paper, No. 2231.

25. James E. Anderson &Eric van Wincoop, Gravity with Gravitas: A solution to the Border Puzzle, NBER Working Paper, W8079.

26. Soloage, I. & Winters, A. I. Regionalism in the Nineties: What Effect on Trade? North American Journal of Economics and Finance, 12 (1), 1 – 29.

27. Carrere C., Revisiting the Effects of Regional Trade Agreements on Trade Flows with Proper Specification of the Gravity Model, European

Economic Review, 2006, (50), 223 -247.

28. Souleymane Coulibaly, Evaluating the Trade Effect of Developing Regional Trade Agreements: A semi - parametric approach, World Bank Policy Research Working Paper, No. 4220.

29. Kreshina, P. & Panagariya A. , "On Necessarily Welfare Enhancing Free Trade Areas", Journal of International Economics, 2002, 57 (2): 353 -367.

30. 万璐. 美国 TPP 战略的经济效应研究——基于 GTAP 模拟的分析 [J]. 当代亚太, 2011 (4).

31. Levy P. , A Political - Economic Analysis of Free - Trade Agreements, American Economic Review, 1997, (87), 506 -519.

32. Kennan, J. & Riezman, R. , Do big countries win Tariff Wars? International Economic Review, 1998, 29 (1): 81 -85.

33. Cadot, O. , Melo, J. & de Olarrega, M. , Regional Integration and Lobbying for Tariffs against Non - Remembers, International Economic Review, 1999, (40), 635 -657.

34. 李双元. 论区域贸易安排与多边贸易体制的互动走势 [J]. 浙江社会科学, 2004 (2).

35. Carlo, P. & Whalley J. , The New Regionalism: Trade Liberalization or Insurance? Canadian Journal Economics, 2000, (3): 24.

36. 郝洁. 全球区域贸易协定的发展及与多边贸易体制的关系 [J]. 中国经贸导刊, 2010 (5).

37. 向雅萍. 区域贸易协定对 WTO 体制的冲击和改革方向 [J]. 经济研究导刊, 2007 (6).

38. 李向阳. 全球区域经济合作发展趋势及其对策 [J]. 求是, 2004 (7).

39. 陆建人. 亚太地区双边自由贸易协定及其影响 [J]. 经济研究参考, 2003 (14).

40. Innwon Park & Soonchan Park, Best practices for regional trade agreements, Review of World Economics, 2011, 147 (2): 249 -268.

41. Kawai, M. & G. Wignaraja, Asia' s Free Trade Agreements: How is Business Responding, 2011, UK: Edward Elgar Press.

42. Lewis M. K. , The Trans - Pacific Partnership: New Paradigm or Wolf in Sheep' s Clothing?, Boston College International and Comparative Law Review, 2011, 34 (1) .

43. Bhagwati Jagdish, US Trade policy: The infatuation with Free Trade Areas [A] .

44. Pauwelyn, J. Adding Sweeteners to Softwood Lumber: The WTO - NAFTA "Spaghetti Bowl" is Cooking Journal of International Economic Law, 2006, 9 (1): 1 - 10.

45. Colin B. Picker, Regional Trade Agreements V. The WTO: A Proposal for Reform of Article XXIV to Counter this Institutional Threat, University of Pennsylvania Journal of International Economic Law, 2005, 26 (2): 612 - 615.

46. Armstrong S. , Australia and the future of the Trans - Pacific Partnership Agreement, Working Paper.

47. Razeen Sally, Regional Economic Integration in Asia: The track Record and Prospects, ECIPE Occasional Paper, 2010, No. 2.

48. Ann Capling & John Ravenhill, Multilateralising regionalism: What role for the Trans - pacific Partnership Agreement? The pacific Reivew, 2011, (24) 5: 553 - 575.

49. Joyee Juo - Yu Lin, Economic Integration and Competitions between Asia - Pacific and East Asia: Two Case studies of TPP and EAS, Working Paper.

50. Robert Scollay, ECFA and TPP: Changing the Outlook for Asia - Pacific Economic Integration?, Working Paper.

51. 葛腾飞，胡二杰. 美国亚太战略中的经济因素 [J] . 《和平与发展》, 2011 (4) .

52. Bergsten & Jeffrey Schott, 2010, Submission to the USTR in support of the Trans - Pacific Partnership Agreement, 25th, January.

53. Barfield, Claude, 2011, The Trans – Pacific Partnership: a model for 21st century trade agreements, American Enterprise Institute, International Economic outlook, No. 2, June.

54. Solis M., 2011, Last train for Asia – Pacific Integration: U. S. Objectives in the TPP Negotiations, Working Paper.

55. Feenstra, R. C. & Lewis, T. R., Negotiated Trade Restrictions with Private Political Pressure, Quarterly Journal of Economics, 1991, (106), 1287 – 1307.

56. Bhagwati, J., Regionalism & Multilateralism: An Overview, in: New Dimensions in Regional Integration. Cambridge University Press, 1993.

57. Laura Dowson, Can Canada Join the Trans – Pacific Partnership? What just wanting it is not enough, C. D. Howe Institute Commentary, No. 340, 2012.

58. 沈丹阳，李光辉，李伟．区域经济一体化第三次浪潮与构筑“泛亚洲经济共同体”［J］．国际经济合作，2004. 6.

59. Carlos Kuriyama, The Mutual Usefulness between APEC and TPP, APEC Policy Report, 2011.

60. 宾建成．新一代双边自由贸易协定的比较与借鉴——以日新FTA、欧墨FTA为例．经济社会体制比较，2003（5）．

61. Stephen D. Krasner, State Power and the Structure of International Trade, World Politics, Vol 28, No. 3, 1976, pp. 317 – 347.

62. Robert Keohane, The Theory of Hegemonic Stability and Changes in International Economic Regimes, 1967 – 1977, in Ole R. Holsti, eds, Change in the International System, Boulder: Westview Press, 1980, pp. 131 – 162.

63. Donald Crone, Does Hegemony Matter? The Reorganization of the Paciific Political Economy, World Politics, Vol. 45, No. 4, 1993, pp. 501 – 525.

64. Kojima Arika, The TPP: Will Japan take part in the new pacific order?, 2011.

65. Yamashita Kazuhito, Incomprehensive objection to the Trans - Pacific Partnership, 2011.

66. Yachi Shotaro, The TPP as an International Public Good, 2011.

67. Kim SuK - han, The Korea - US FTA and the Trans - Pacific Partnership, 2010.

68. 钟飞腾. 霸权稳定论和国际政治经济学研究 [J]. 世界经济与政治, 2010 (4).

69. Asia - Pacific Perspectives On the Future of The World Trade System, U. S. Asia Pacific Council Washington Report, Volume 3, 2011.

70. 刘昌黎. 日本参加 TPP 谈判的动因、制约因素与政策措施 [J]. 日本学刊, 2011 (1)。

71. 中国太平洋经济合作全国委员会. TPP 的特点及美国加入动因 [J]. 太平洋经合研究, 2011 (1).

72. 宋静. 美国因素影响下的亚太、东亚合作机制之争 [J]. 世界经济与政治论坛, 2011 (1).

73. 王雅琳. 论亚太次区域贸易协定对 APEC 自由化进程的影响 [J]. 学术交流, 2008 (11).

74. 湛柏明, 布什政府的自由贸易协定及其对中美经贸关系的影响 [J]. 世界经济研究, 2006 (7).

75. 张茉楠. 警惕美国"平衡中国"战略 [J]. 中国经贸, 2011 (3).

76. 何力. TPP 与中国的经济一体化法动向和对策 [J]. 政法论丛, 2011 (3).

77. 盛斌. 亚太自由贸易区的政治经济分析: 中国视角 [J]. 世界经济与政治, 2007 (3).

78. 李巍. 你有 TPP, 我有中日韩自贸区 [J]. 中国经济周刊, 2011 (46).

79. 赵晋平. 泛太平洋伙伴关系协定与中国的自贸区战略 [J]. 国际贸易, 2011 (4).

调研报告一

实施自贸区战略对安徽省相关企业和产业影响的调研报告①

内容提要：

我国目前签订的自贸区协定有力地促进了安徽省汽车、家电等产业的出口。日、韩等国在与我国的自贸谈判中如援引 TPP 中的知识产权、政府采购、劳工、环境等条款，则可能影响我国民族企业的发展和自主创新能力的提升。建议加快推进与新兴市场国家的自贸区建设，在与日、韩等国开展自贸谈判时争取在高附加值零部件等领域保留一定的关税空间，坚决反对超出 WTO 知识产权协议的相关条款，以及将贸易与劳工、环境等标准挂钩的做法。

① 本报告为“跨太平洋伙伴关系协议（TPP）趋势、影响及战略对策研究”专题调研成果之一，获 2012 年宏观院调研报告三等奖。

为进一步深化《跨太平洋伙伴关系协议（TPP）趋势、影响及战略对策研究》，9 月 20 日至 25 日，课题组[①]赴安徽芜湖市和合肥市，就自贸区战略实施的成效及存在问题、中国与日韩等国家签订自贸协议对国内汽车、电子等行业可能带来的冲击，以及自由贸易区协定所涉及的知识产权、劳工、环境、政府采购、电子商务等非传统贸易领域相关标准可能造成的影响等方面进行了专题调研。现将有关情况汇报如下：

一、签订的自贸区协定取得的成效及存在问题

目前，我国已与东盟、新西兰、智利、秘鲁、哥斯达黎加等国家和地区签署了自贸协定，据地方反映，实施这些自贸协议所取得的成效主要体现在：

（一）对安徽省外贸发展产生了促进作用

1. 对全省扩大出口具有积极的作用

安徽省出口企业的主力是以江淮、奇瑞、华菱、京东方等为代表的我国家电、汽车、平板显示等领域的民族品牌企业，出口目的地主要是南美、东南亚等发展中国家和地区。这些地区整体制造业劳动生产率和我国民族企业存在较大差距，产品质量也低于我国民族品牌，与我国签订自贸协议后一般会对我国出口产品实施较大幅度的关税减让，明显有利于安徽省汽车、家电等行业扩大出口。2011 年，芜湖市对东盟、新西兰、智利、秘鲁、哥斯达黎加等与我国签有自贸协定的国家和地区的出口额分别增长 84.4%、305.2%、34.8%、62.2%和82.8%，均明显高于其年度平均水平。奇

---

① 报告执笔人：吴涧生　曲凤杰　李大伟　季剑军。

瑞、江淮等汽车企业也反映，自贸协议签署后，智利、秘鲁等国对我国的汽车关税税率均大幅下调，对其占领南美市场发挥了重要的推动作用。

2. 有利于从新兴市场国家进口资源型产品

目前与我国签订自贸区协议的国家和地区主要有东盟、智利、秘鲁和新西兰等。这些国家和地区在有色金属、特色农产品等资源型产品领域具有明显的优势。据省商务厅介绍，安徽省铜陵市等地是有色金属加工业的主要产地，国内铜矿资源不能满足其需求；安徽省的气候环境也不适宜生产热带农产品。因此，我国按照自贸协议规定降低资源型产品关税税率，对安徽省有色金属加工业的发展和消费者福利的改善均有明显的促进作用，且对当地产业几乎不会产生冲击。

3. 有效促进了双边贸易便利化

据安徽省技术进出口股份有限公司等单位反映，我国和东盟、智利、新西兰等国家和地区建立自贸区之后，这些国家在通关、检验检疫等方面的程序明显简化，通关效率大大提高，交易成本明显降低，一定程度上促进了双边贸易的顺利开展。

（二）存在的问题

1. 部分自贸协议对汽车等当地支柱产业带来的实际利益有限

中国—东盟自贸区协议将汽车整车及相关零部件排除在东盟各国关税减免范围之外，且允许东盟制定一系列支持汽车本地化生产的相关政策。因此，相关协议签署后，东盟对我国出口汽车的贸易壁垒并未减轻，我国企业只能采取对东盟各国投资进行本地化生产的策略进入东盟市场，但在当地日资企业已基本垄断零部件、整车、销售等生产网络的背景下，这种投资存在着巨大的经营风险。目前，安徽省仅有奇瑞公司曾在马来西亚投资设厂，但年产量不到2000辆；江淮汽车已不再把东盟作为汽车海外销售的重点地区。

2. 我国目前的自贸区协定尚未覆盖安徽省支柱产业的主要合作伙伴国

据奇瑞、江淮等企业反映，在新兴市场国家中，大多数非洲国家缺乏支付体系，且经济发展水平较为落后；俄罗斯等前独联体国家虽然市场广大，但政策变化无常，官员腐败严重，整体市场环境比较恶劣。因此，未来海外市场的重心应集中于巴西、土耳其、南非和印度等市场较为健全、支付体系相对完善的国家和地区。然而，近年来我国企业在这些区域面临的贸易壁垒日益严重。如，巴西通过对进口车征收国内消费税的措施来限制进口，支持本地化生产，对我国民族车企海外销售造成了严重的影响。今年1～8月，江淮汽车仅向巴西出口汽车6237辆，不到去年同期的五分之一。未来若我国与这些国家和地区加快自贸区建设，将有利于打破其贸易壁垒，扩大我国民族品牌产品的海外销售。

二、我国与日、韩等发达国家建立自贸区对安徽省经济可能产生的影响

短期内，虽然钓鱼岛等领土争端对东亚经济合作有着严重的负面影响，但从长远看，中日韩乃至“10＋3”、“10＋6”之间的经济一体化趋势将不可逆转。目前，中韩自贸区谈判已经启动，东盟发起的区域内包括性经济协议（RCEP）也开始谈判。由于日、韩在汽车、电子等部分产业上具有明显的国际竞争优势，因此，中日韩自贸区协议对国内相关产业的影响可能更为复杂多变。

(一) 总体上有利于安徽省涉外经济的发展

目前，日韩是安徽省重要的贸易伙伴，全省对日、韩出口的主要商品有空调等家电设备、液晶显示板、纺织服装和农产品等；主要进口的商品是发动机、高端机械设备、集成电路和高端钢材等。倘若日、韩在蔬菜、水果等相对较敏感的农产品领域适当减轻对我国的贸易壁垒，将给安徽省农产品出口带来明显的正溢出效应；安徽省的直流变频空调等家电产品已在日本市场拥有一定的占有率，一旦双方签订自贸协议，将有利于扩大安徽省对日本家电的出口；京东方作为世界第五大液晶显示面板生产商，也对日本、韩国的 SONY、LG 等国际知名品牌供应液晶显示面板，双向开放市场将会促进其出口。此外，我国关税壁垒的下降将有利于从日韩进口发动机等高附加值零部件；双方市场开放程度的进一步提升，将有利于安徽省更多吸收日韩等国的投资，也将有利于当地大型制造业企业并购日韩国内的零部件生产商。

(二) 对安徽省家电行业的冲击不大

安徽省是中国家电的重要增长极。2011 年，全省家电产业总产值占全国总产值的 14.5%，其中冰箱产量位居全国第一，空调、洗衣机产量位居全国第二。目前，从生命周期看，日本家电已过了成熟期，未来将处衰退趋势，而我国家电产品在质量上较日、韩的差距已明显缩小，在国内市场也拥有良好的口碑，在 CRT 显示器、波轮洗衣机等中低端领域已完全取代国外品牌，并且在液晶彩电、滚筒洗衣机等高端领域也有较强的竞争力。同时，三星、日立、东芝等企业已在我国设立了大量的制造业基地，其目的在于规避我国对进口家电征收的关税。因此，我国对日、韩等国适当降低家电关税税率，短期内可能会对国内本土家电产业产生一定冲击，但不会导致国内企业市场占有率大幅下降。实际上，通过降低这类关税，还会在一定程度上倒逼国内企业改进生产工艺、加强研发和改善售后服务。需要指出的是，目前安徽省空调等部分家电产品已经返销日韩市场，具有较强的市场竞争力，日韩国内市场进一步开放也会在一定程度上促进安徽省家电产品对其出口。

（三）对安徽省汽车产业可能造成一定的冲击

安徽省拥有江淮、奇瑞等一系列本土知名汽车企业，民族品牌汽车产量和出口额均居全国第一位。目前，我国民族汽车企业在发动机、车身材料、变速箱乃至整体设计等各个生产环节较合资车和进口车均有较大的差距，竞争中仍主要依靠价格优势，主要面向本土市场和新兴国家市场。

从进口角度看，我国目前仍对进口汽车整车和零部件征收一定的关税税率，且进口车合资车利用进口零部件的规模要大于民族品牌车。相关企业认为，若我国对日、韩进口的乘用车整车和零部件降低进口关税，进口车和合资车的成本将会明显降低，这可能会对民族品牌乘用车的国内销售形成较大冲击。但在卡车等商用车领域，我国民族产业的竞争力相对较强，降低关税对其市场销售一般不会造成很大的负面影响。总体上看，目前民族品牌车、合资车、进口车的市场重叠程度并不高，我国民族品牌车在低档车中已占有一席之地，即便降低进口关税，也能够在竞争中找到自身的发展空间，不至于遭受灭顶之灾。

从出口角度看，我国民族品牌汽车在未来5～10年内不太可能进入日、韩等国的国内市场，日、韩降低进口关税对我国民族品牌汽车对其出口将不会产生明显的促进作用。但相关企业认为，我国民族品牌车出口的主要对象国本来也不是日本和韩国，未来同样不会在意这两个市场，相反，将会更加注重开拓日、韩之外的新兴市场，因此，即便未来中日韩自贸区协议顺利实施，长期看对我国民族品牌车的出口仍然是利大于弊。

（四）不利于向高附加值零部件环节攀升

在汽车、液晶面板、家电等多个产业领域，我国正在努力发展玻璃基板、滤光片、变速箱等高附加值零部件环节，而在这些环节上，日韩仍处于明显优势地位，我国企业更多是依靠政府扶持政策才得以生存。我国在这些高附加值零部件领域降低进口关税，很可能会加大本土零部件生产厂商的竞争压力，客观上也会诱导下游厂商购买进口零部件，这对本土企业向价值链较高的零部件生产环节攀升可能会产生消极的影响。

三、自贸协议中有关新条款可能对安徽省涉外经济的影响分析

目前，区域贸易协定涉及的范围不断拓宽，由传统的关税减让、服务贸易开放和双边投资协议等领域逐渐向知识产权、劳工、环境等领域拓展，其中具有代表性的是2008年由美国主导开始谈判的《跨太平洋战略经济伙伴协议（TPP）》。从其谈判进程看，该协议最终对知识产权、劳工、环境、政府采购、国有企业等领域的相关规定都可能会超出WTO的现行标准。由于美国在全球贸易规则体系中的巨大影响力，该协议将对亚太地区正在谈判或即将谈判的各项自贸协议产生显著的示范效应。未来如果我国加入TPP，则必须遵守相关规则；即便我国不加入TPP，也不排除日、韩、澳等国援引这一协议，要求我国在自贸协议中同意设立类似条款，从而对我国经济发展产生较大的影响。

（一）政府采购条款可能不利于我国民族企业发展

TPP中明确要求，各成员国在政府采购中应严格遵守WTO的政府采购协议，对各成员国企业采取无歧视原则。对我国来说，在非政府采购领域，目前国内市场开放程度已处于较高水平，进口产品和外资企业已基本享受国民待遇，政府扶植民族企业的政策空间有限；因此，政府采购已成为支持民族企业特别是企业自主创新的重要工具。据奇瑞负责人介绍，芜湖市已将奇瑞指定为政府公务用车，这对其早期的发展起到了非常重要的作用。未来若我国加入TPP，或在其他自贸协议中签署类似条款，那么运用这一重要工具就会受到严格的限制。

但也应看到，目前我国政府采购体系还不太规范，其中最为突出的是寻租现象较为严重。而政府采购协议对政府采购的程序、标准、违规审查和惩处办法等环节均有严格规定，这将在客观上形成一种倒逼机制，有利于推动我国政府采购管理体制改革，逐步实现政府采购规范化法制化。

（二）劳工、环境等项条款可能成为某些发达国家限制我出口的借口和砝码

调研中我们了解到，劳工、环境等项条款一般不会对我国相关领域的法律法规和标准体系造成严重冲击。事实上，我国是国际劳工组织的创始国之一，对国际劳工组织的各项公约一直持尊重态度，同时，也坚决反对强制劳动、雇佣童工，支持男女同工同酬。目前，我国已经加入几乎所有的环境保护公约，并制定了严格的环保法规，相关标准不逊于一些发达国家。

然而，我国在执法力度上还有待加强。据安徽省环保部

门和劳工部门的负责人介绍，中小企业中，违规排放污染物的行为屡禁不止，在造纸、钢铁、印染、化工等产业中甚至相当严重；强制加班乃至雇用童工的现象也未完全杜绝。由于汽车、家电等主要出口行业往往运用这些企业生产的中间产品作为原料或配套，若我国在自贸区中签署相关协议，发达国家可能会运用相关规则，以此为借口或将其作为砝码来限制当地支柱产品的出口。但这也会倒逼我国相关部门进一步强化执法力度，切实保护工人合法权益，严格限制污染物排放。

（三）知识产权条款可能影响我国自主创新能力的提高

由于知识产权是发达国家最具竞争优势的领域，因此发达国家一直强调要“无限制”地加强对知识产权的保护，包括延长版权年限，对商标实施更严格的审查标准，限制发展中国家为公共利益强行无偿使用知识产权，以及扩大侵权诉讼的适用范围等，并曾多次以侵权为由对我国相关企业提出诉讼。据安徽省某汽车配套企业介绍，欧盟同类企业曾试图以产品式样外观为由向其提出知识产权诉讼。安徽省技术进出口股份有限公司称，安徽省生产的 DVD、电视机等产品，由于使用了较多国外专利技术，出口中往往面临各种限制，且需缴纳昂贵的专利费用；松下、索尼等多家国际知名品牌企业对安徽省商标相似的同类产品出口也曾多次提出诉讼。未来若我国加入 TPP，或在其他自贸协议中签订高于 WTO《与贸易有关的知识产权协议》水平的相关条款，我国民族企业在消化吸收乃至仿制国外先进技术方面将会受到很大制约，进而会对企业的自主创新产生负面影响。

四、主要政策建议

（一）加快推进与新兴市场国家间的自贸区建设

与印度、巴西、土耳其、东盟等发展中国家和地区相比，我国劳动力比较优势已明显减弱甚至已丧失殆尽，但我国制造业仍具有如下几方面的比较优势：一是完善的工业配套体系；二是相对较高的技术储备；三是优越的基础设施条件；四是较强的社会动员能力。这四个方面的优势决定了未来我国机械、汽车等资本密集型企业在与新兴大国的竞争中仍将处于优势地位。如，合肥熔安动力机械公司在从德国引进技术和生产设备之后，通过加大技术研发投入力度，目前已经具备生产低速柴油机和曲轴的能力；但由于产品体积重量过大，运输上存在困难，当地政府为帮助企业发展，迅速拓宽并加深了河道，使其产品能够顺畅通过内河直达上海，从而使该公司成为巴西船舶企业的重要发动机供应商之一。因此，我国与新兴市场大国签订自贸协议将会对我国制造企业拓展海外市场产生积极的作用，同时也有利于加快推进我国从制造大国向制造强国的转变。

具体而言，在签订相关自贸协议时，应抓住我国的优势领域或环节，有针对性地要求对方开放机械、电子、汽车等重工业领域。同时，在农产品、矿产品和劳动密集型产品等领域，可作出单方面削减关税等让步措施。

（二）推进中日韩自贸区谈判时应争取在高附加值零部件等领域保留一定的关税空间

整体上看，与日韩等国签订自贸协议有利于人才、资本、商品的跨国界流动，能够充分发挥各方的比较优势，并在一定程度上避免贸易转移效应，也有助于减轻美国“重返亚太”战略的重要经济抓手—TPP所带来的负面影响，因此需要着力推进。然而，日、韩等国在与我国签订自贸协议时，可能会要求我国全面放开汽车、机械及相关零部件市场，大幅度降低产品关税。对此，我们应灵活务实应对，力争谋取最大利益空间。如，在家电、汽车等最终产品市场，考虑到日、韩已在国内设立了大量的合资企业以规避关税，我国不妨顺势加大这些领域的开放力度；而零部件直接关系我国制造业的核心竞争力，而且是我国下一步重点发展的关键所在，对此可考虑给予较长的关税保护期，甚至将其列入例外条款。

（三）坚决反对TRIPS-PLUS条款[①]以及将贸易与劳工、环境等标准挂钩的做法

事实上，美国等发达国家的知识产权保护并不具备完全的法理正当性。在理论学术界，如何界定知识产权的保护力度，一直是一个两难问题：知识产权保护不力，会导致企业缺乏创新动力，严重阻碍技术进步；相反，过度保护知识产权，很可能造成“知识垄断”，严重限制广大发展中国家的发展。在这方面，我国应旗帜鲜明地提出知识产权保护应兼顾发展和创新两大目标，坚决反对在WTO知识产权协议上额外增加新的规则。在劳工、环境等领域，各项公约的基本原则是包括我国在内的世界各国一致认可的，具备法理正当性；但借这些规则来保护本国的夕阳产业，对进口产品采取反倾销、反补贴等限制措施，则属于明显的贸易保护主义范畴，是完全不正当的和不合理的。因此，我国在严格遵守相关公约的基础上，应明确反

① 指高于WTO《与贸易有关的知识产权协议》水平的条款。

对将贸易行为与这些所谓的标准或理念挂钩的做法。

值得注意的是，我国虽然在法理上非常重视知识产权保护、维护劳工权益和保护环境，但在具体执行环节上较发达国家还存在不小的差距，执法不严、违法不究现象时有发生，往往会招致发达国家的指责，甚至成为其动用贸易保护措施的借口。因此，我国应进一步加大知识产权领域的执法力度，严厉打击国内各种侵权行为，为自主创新营造良好的环境；同时，应进一步加强对国内环保和劳工标准的规范和监管，着力改善企业发展环境，不断提高企业产品质量。

（四）灵活运用非行政手段支持民族品牌发展

考虑到我国已经承诺加入 WTO 政府采购协议，因此从长期看，政府采购通过法律法规等传统方式直接支持民族工业可能会受到较大限制。然而，从发达国家的经验和做法来看，即使在新规则下，运用政府采购这一工具支持民族工业发展仍有一定的空间。未来我国可借鉴美国的经验，将关键产品、关键部门列入国家安全领域，以规避政府采购协议中的约束；同时我国可借鉴日、韩等国的具体做法，尽可能形成支持民族品牌的氛围，使购买民族品牌成为市场偏好的自主性选择。据芜湖市相关部门介绍，安徽省并无明确的政策或规定要求公车必须采购奇瑞汽车，芜湖市政府选择奇瑞作为公车，很大程度上属于一种消费偏好，并不存在违反政府采购协议的情况。因此，即便未来我国加入政府采购协议，仍然可以利用这一方式来保护本国企业产品。

调研报告二

安徽省外贸发展及承接产业转移情况调研报告①

内容提要：

近年来，安徽省涉外经济迅速发展，增速明显高于东部地区，但也存在着外贸增长动力不足、外贸企业经营成本压力日益加大、国际贸易摩擦不断增多和对新兴市场的出口风险明显上升、承接产业转移时出现同质化倾向等问题。建议加强对外贸企业特别是中小企业的融资支持，并科学布局示范区各市主导产业结构，充分体现差异化竞争优势。

为进一步深化《跨太平洋伙伴关系协议（TPP）趋势、影响及战略对策研究》，9 月 20 日至 25 日，课题组赴安徽芜湖市和合肥市就涉外经济发展问题进行专题调研。调研期间，调

① 报告执笔人：吴涧生　曲凤杰　季剑军　李大伟，发表于《调查研究建议》。

研组先后组织召开了两次部门和企业座谈会，重点就安徽省涉外经济发展现状、皖江城市带承接产业转移情况等问题与有关人员进行了交流和研讨，并实地走访了芜湖奇瑞、大陆电子（德国）、合肥京东方等多家国内著名企业。现将有关情况汇报如下：

一、安徽省涉外经济发展主要特点及存在问题

（一）全省外贸发展的主要特点

2011 年，全省进出口规模从 2006 年的 122.5 亿美元上升至 313.4 亿美元，居全国第 16 位，居中部地区第 4 位，年均增速达 20.7%。而 1978 年全省对外贸易额仅为 0.1062 亿美元，1981 年也仅为 1.1201 亿美元，过去 30 年增长了 279.8 倍，年均增长 20.66%，增幅已连续多年位居中西部地区之首（见表 13－1、图 13－1）。

表 13－1　2006～2011 年安徽省外贸进出口总额

（单位：亿美元，%）

年份	出口总额	增长比例	进口总额	增长比例	贸易顺差	外贸依存度
2006	68.4	31.8	54.2	37.9	14.2	15.9
2007	88.21	29	71.09	31.16	17.12	177①
2008	113.6	28.8	90.8	27.7	22.8	17.3
2009	88.9	－21.8	67.5	－23.5	21.4	135
2010	124.2	39.7	118.6	74.6	5.6	30.07②
2011	170.8	37.6	142.5	20.2	28.3	50.1

①、② 作者自行计算，采用的公式为：外贸依存度＝净出口/GDP，汇率为当年年平均价。

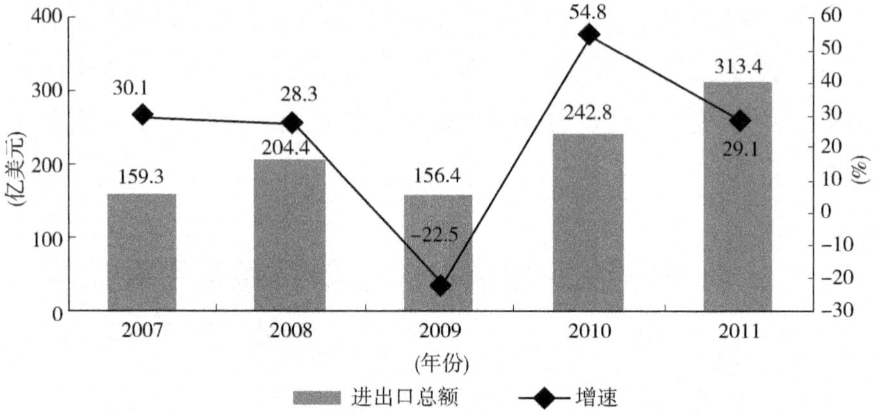

图 13－1　2007～2011 年全省进出口总额及其增长速度

外贸主体不断发展和壮大。生产型、贸易型企业出口分别增长 46.1% 和 11.1%，私营企业对外贸出口的推动作用明显，由 2006 年的 2053 家增加到 2011 年的 4088 家，尤其以奇瑞、江淮为代表的一批民营企业作用显著，直接推动了出口商品结构的优化和升级。

表 13－2　2011 年全省出口主要分类及地区分布

（单位：亿美元,%）

指　标	绝对数	比上年增长
出口额	170.8	37.6
其中：机电产品	74.3	53.5
高新技术产品	29.3	41.6
一般贸易	124.1	33.4
加工贸易	42.4	54.4
其中：对亚洲	64.3	40.7
对欧洲	41.0	43.5
对北美洲	25.6	25.1
对非洲	13.8	10.3
对拉丁美洲	22.8	56.4
对大洋洲	3.3	46.9

进出口商品结构不断优化。安徽省是传统的农业大省，传统农副产品的加工出口比重较高，初级产品出口比重在2004年前都在10%以上，随着产业结构的调整和优化，该比重持续下降，2010年已降至6.3%。工业制成品的出口比重不断攀升，2010年已达93.7%。

以汽车为代表的机电产品出口呈较快增长态势。芜湖（奇瑞）、合肥（江淮）相继成为国家级汽车及零部件出口基地。2011年全省机电产品出口74.3亿美元，增长53.5%，占全省总出口额的43%；全省高新技术产品出口29.3亿美元，增长41.6%，占全省总出口额的17.2%。

机电产品、高新技术产品成为全省外贸出口的主打产品。安徽作为农业大省，农产品曾是主要的贸易产品。然而，随着国内生产成本的不断提高，劳动力密集型产品优势逐渐丧失，农产品出口迅速下降，机电产品、纺织、轻工、高技术产品则取而代之，目前已成为推动全省外贸增长的主要力量，这也在一定程度上体现了中部地区承接产业转移所产生的正溢出效应。而进口商品结构的优化，特别是机械设备等资本品的进口，为全省经济增长提供了动力，推动了传统产业升级和设备的更新换代，加快了高新技术产业发展的步伐。

改变了以工业制成品为主的进口商品结构。2005年以来，全省初级产品进口增加，2005年，全省工业制成品进口占进口商品比重为53.01%，全省初级产品进口占进口比重为46.99%；2010年，全省工业制成品进口占进口商品比重为53.05%，工业制成品进口占比与初级产品进口占比趋于一致。

出口市场多元化格局基本形成。贸易伙伴增加到210个，对新兴市场出口占比由2006年的47.9%上升至2011年的58.5%，而对欧美市场的依赖程度相对下降。受欧债危机影响，2011年对欧盟出口明显下滑，降幅达4.9%，对美国的出口额增长10%，美国已取代欧盟重新成为我国第一大出口市场，2011年对美出口达到22.9180亿美元，占全省出口总额的13.4%。同时，我国对东盟和澳大利亚的出口保持稳定增长态势，增速分别为15.4%和10.3%。

新兴市场是安徽省对外贸易的主要对象。2011年，全省对新兴市场进出口总额达到196.9亿美元，比上年增长35.2%，占全省进出口总额的62.8%。进口以资源性产品居多，全年铜矿砂、铁矿砂、橡胶、烟煤、铅锌矿五类资源性产品进口66.1亿美元，增长26%。企业对新兴市场的成功开拓形成了市场多元化格局。以安徽叉车集团、奇瑞、江汽为代表的企业进出口业务增长迅速，出口市场广泛分布于发达国家、新兴市场和发展中国家，当发达国家市场需求大幅萎缩时，对亚洲、非洲、南美洲和大洋洲等新兴市场的出口却在不断增长，直接带动了全省外贸规模扩张。同时，新兴市场国家成为企业“走出去”重要目的地，表明安徽企业的产品结构与新兴市场和发展中国家需求结构较为吻合，在这些国家具有明显的竞争优势。可以预见，今后一个时期新兴市场和发展中国家仍将是我国企业国际化以及推进自贸区战略的重点目标。

合肥、马鞍山、铜陵、芜湖四市是安徽省对外贸易的主要力量。2011年，芜湖市出口增长46.1%，增幅显著高于合肥的20.9%和铜陵的21.1%，也高于马鞍山的36.6%；同年，四大城市对外贸易额合计占全省总额的比重高达78.6%，沿江城市带在全省外贸领域的主导力量初步形成。

（二）存在的问题

外贸增长动力不足。安徽省承接国外大型跨国公司产业转移的配套条件相对滞后，港口、码头建设条件明显落后于东部沿海省份，作为吸引国际大型跨国公司产业转移的重要载体，海关特殊监管区建设也相对落后于其他中部省份。因此，安徽省出口贸易增长较大程度上依赖本土企业。与国外大型跨国公司相比，本土企业在自主创新和产品研发方面存在差距，产品品质有待提升，出口产品结构的进一步优化仍是安徽省未来外贸可持续发展面临的最大挑战。另一方面，进口出现量价齐跌，国内投资持续下滑导致原材料、设备等进口受到较大冲击。近年来，各市通过贸易统计方式的创新，即引入旅游贸易方式，以扭转外贸指标增长下滑或偏低的局面，但问题是，这种外贸增幅的提高并不能够说明外贸增长动力的增强。

外贸企业经营成本压力日益加大。一是多数企业反映，目前原材料价格较去年上升15%～30%，农产品价格也在上升；二是企业用工成本上升。与2011年相比，目前部分劳动密集型中小企业的用工成本平均增长20%～30%；三是融资成本较高。部分企业即使能获得贷款，利率也比较高，如银行对中小企业贷款利率通常在基准利率上浮20%～30%，并且需要大量的抵押担保，降低了资金流动性和利用效率；四是人民币汇率波动带来汇率风险。自2005年汇改以来，人民币兑美元累计已升值28.5%，大幅增加了企业经营成本。

国际贸易摩擦不断增多。企业面临越来越多的贸易摩擦，许多中小企业受到波及，特别是在化工、轻工、机电和农产品等领域。据安徽省技术进出口股份有限公司反映，在知识产权方面，DVD、电视机等机电产品，都有各种国外专利，出口限制和掣肘较多。埃及、肯尼亚、伊拉克等国家针对技术设备产品进口，要求必须进行各种安全检测，通关检查手续繁杂，条件相当苛刻；欧盟各国针对服装、电子产品、食品等还设立了众多的环保安全检测门槛；美国、加拿大、日本、南美等国家和地区通常以反倾销为借口，不断提高贸易壁垒。

对新兴市场的出口风险明显上升。安徽省企业对新兴市场的开拓程度较高，涉及南美、中东、非洲、大洋洲等发展中国家。但这些国家的市场规则不完善，市场法律环境不健全，往往导致企业面临突如其来的经营风险。如，安徽叉车集团面临南美市场如阿根廷、乌拉圭等国的外汇管制和进口限制；巴西等国抬高进口关税，造成订单发货困难。2012 年起，阿根廷政府实施新的限制进口措施，所有进口商品必须提前申报，获得许可后方可进口及向央行申请排队购买进口贸易所需的外汇美元，严重影响了对其的出口。据江淮汽车反映，由于其产品在巴西市场表现优异，触动巴西本土汽车企业利益，巴西政府在 2011 年 9 月通过提高 30% 的 IPI 税①来限制该汽车产品的进口，严重阻碍了我国汽车产品的出口。

二、皖江城市带承接产业转移情况及存在问题

自 2010 年 1 月国务院批复实施《皖江城市带承接产业转移示范区规划》以来，示范区内产业转移的集聚效应初步显现。截至 2011 年底，示范区到位资金 2874 亿元，增长 51.4%，占全省到位资金总量的 68.8%；全省 16 个市均有外商投资项目落户，投资额超过 1 亿美元以上的有 12 个市。皖江城市带承接产业转移示范区吸引外商直接投资项目 173 个，投资总额 56.2 亿美元，其中外商投资 32 亿美元，三项均占全省总量的七成以上，通过示范区促进产业转移、招商引资政策的支持和引导，承接产业转移初见成效。

① 2011 年下半年，巴西政府出台关税新政，要求在巴西市场销售的汽车，其配件国产率必须达到 65% 以上，没有达到国产化指标的进口汽车，应缴纳的工业品产品税的平均税率将提高 30 个百分点，达到 37% ~55%。

（一）示范区承接沿海地区产业转移情况

各市优势产业明确，总体产业布局合理。皖江城市带承接沿海产业转移面临重要的战略机遇，而示范区内各市基本确定了未来产业发展重点，其中2011年合肥的电子信息、马鞍山铁基材料、滁州市新能源产业增幅分别达到148.5%、135.6%和154.4%，高出各市工业平均增幅的数倍乃至10倍多。示范区还结合加工制造、原材料、农副食品加工等原有的比较优势和潜力，将汽车、机械设备、家用电器、建材、冶金、化工、食品加工和纺织服装等优势产业做大做强，不断提升优势产业竞争力（见表13-3）。

表13-3 各市重点产业布局

地区	首位产业	其他优势产业
合肥	电子信息产业	光伏、新能源材料、高端装备制造、软件与服务外包
芜湖	汽车和装备制造	LED、太阳能光伏、节能环保装备、生物产业、高档特种电缆
马鞍山	铁基新材料	太阳能光伏光电、刃模具机床、高端数控机床、冶金装备制造、高效清洁煤气化环保设备、生物医药
铜陵	铜基新材料	电子元器件、LED、废弃物质拆解再制造、井下无轨化采掘装备、电子产品专用设备、环保监测、高效脱硫
安庆	化工新材料	数控机床、船舶整机、纺织机械、新能源、节能环保、生物医药
池州	集成电路	有色金属粉体材料和硬质合金等精深加工、非金属超细材料、精细化工及化工新材料
滁州	新能源	硅基材料、太阳能光伏、盐化工、电子元器件
宣城	非金属超细材料	新能源汽车专用电机、耐磨材料、高端基础零部件和特种材料
六安	高纯度光伏材料	太阳能光伏

示范区对全省经济增长的贡献不断提升。皖江城市带的土地面积和人口均占全省一半左右，区内 GDP 占全省 GDP 的比重高达 67.63%，对全省经济增长的贡献率达 66.8%（见表 13-4）。

表 13-4　皖江城市带承接产业转移示范区主要目标（2011 年）

指　　标	全省	皖江	占全省比重（%）	2015 规划目标
地区生产总值（亿元）	15300.65	10348.53	67.63	15000
财政收入（亿元）	2633.02	1685.62	64.02	2300
非农产业增加值比重（%）	86.83	90.8	—	93
规模以上工业企业（个）	12432	8130	65.4	—
规模以上工业增加值中开发区占比（%）	47.52	57.62	—	65
实际利用外商直接投资（亿美元）	66.29	48.43	73.05	75
实际利用亿元以上省外资金（亿元）	4181.2	2876.4	68.8	—
外贸进出口相当于 GDP 比例（%）	13.23	17.46	—	—
城镇居民人均可支配收入（元）	18606.13	20978	112.75	28500

产业结构调整更趋明显。安徽省 2000 年的三次产业结构比例为25.56：36.41：38.03，2011 年三次产业构成比例为 13.17：54.31：32.52，第二产业比重提高了 17.9 个百分点，农业不再是主导产业，工业比重大幅提升，但第三产业比重相对下降。2010 年，皖江城市带仅有合肥和宣城两市的第三产业比重超过当年全省平均水平，合肥市第三产业占比超过 41%，皖江城市带产业结构调整明显，但仍有进一步提升的空间（见表 13-5）。

表 13－5　皖江城市带承接产业转移主要指标

指　　标	全　省		皖　江		占全省比重（%）	
	2010 年	2011 年	2010 年	2011 年	2010 年	2011 年
地区生产总值（亿元）	12359. 33	15300. 65	8406. 81	10348. 52	68. 02	67. 63
其中：第一产业	1729. 02	2015. 31	816. 13	953. 6	47. 2	47. 32
第二产业	6436. 62	8309. 38	4717. 25	6051. 64	73. 29	72. 83
第三产业	4193. 68	4975. 95	2873. 42	3343. 28	68. 52	67. 19
固定资产投资（亿元）	11849. 43	12147. 78	8580. 53	8385. 04	72. 41	69. 03
开发区固定资产投资额（亿元）	3626. 93	4030. 07	2877. 05	3205. 3	79. 32	79. 53
实际利用外商直接投资（亿美元）	50. 14	66. 29	37. 9	48. 43	75. 57	73. 05
开发区实际利用外商直接投资（亿美元）	34. 13	45. 95	27. 39	36. 57	80. 25	79. 6
开发区实际利用省外资金（亿元）	2113. 76	2755. 75	1680. 6	2136. 96	79. 51	77. 55
开发区实际利用省内资金（亿元）	732. 13	—	560. 31	—	76. 53	—

可持续发展能力逐步形成。示范区更加注重“挑商选资”和优化项目结构，更加注重生态环境和资源节约。2011 年，示范区冶金、化工、建材等高耗能产业占工业增加值的比重由上年的 41. 64% 下降至 39. 59%，增速较全省平均水平低 2 个百分点，汽车、装备、家电、纺织等传统优势产业实现工业增加值增长 22. 47%，高出全省平均水平 1 个百分点，对示范区

工业的增长贡献率达到53.4%。今年以来，高新技术产业增加值增长39.9%，高出全省平均水平的3.5个百分点，产业优化转型效应不断凸显。

（二）示范区招商引资情况

安徽省外商直接投资增长强劲。2011年新批外商投资企业263家，比上年下降6.4%。其中，世界500强企业增加到57家；合同利用外资34.4亿美元，增长59.1%；实际利用外商直接投资66.3亿美元，增长32.2%。全年新批境外企业（机构）47个，实际对外投资5.1亿美元（见表13－6）。

表13－6 安徽省近年来外商直接投资情况

类　别	2009年	2010年	2011年
外商直接投资项目数（个）	303	281	263
外商直接投资合同金额（万美元）	208883	216462	344324
实际利用外资金额（万美元）	388416	501446	662887
外商投资企业年底登记数（户）	2522	2546	2478
外商投资企业投资总额（万美元）	2790596	3032426	3288412
外商投资企业注册资本（万美元）	1598971	1734905	1843327

从外商投资国别结构看，中国香港一直稳居外商直接投资来源地首位，日本、韩国、美国都是主要外资来源国。2011年，全省新批日本直接投资项目13个，实际利用外资42334万美元，增长60%；新批韩国项目10个，实际利用外资增长1.1倍；吸收美国直接投资有所下降，降幅达18.3%，但仍保持较高水平（见表13－7）。

表 13－7　外国直接投资（按国别和地区）

国家和地区	新签协议				实际投资（额）（万美元）		期末实有企业数		本期新增企业	
	合同数		投资金额（万美元）							
	2010 年	2011 年	2010 年	2011 年	2010 年	2011 年	2010 年	2011 年	2010 年	2011 年
中国香港	119	121	118393	197723	233902	373670	948	916	103	113
日本	13	11	30791	17102	30606	42334	148	155	9	13
爱尔兰	—	1	—	14283	—	25632	—	2	—	1
德国	6	1	－5633	－10313	10530	24747	63	56	6	1
美国	20	19	10807	7870	27728	22648	265	264	22	24
韩国	13	10	－20	4095	3743	7700	64	66	9	8

皖江涉外经济方面，示范区产业转移已形成一定的产业集聚优势，吸引了较多的外来资金和项目。2010 年，皖江城市带实际利用外资为 37.9 亿美元，占全省总量的 75.57%。2011 年，示范区吸引外商投资项目 173 个，占全省外商直接投资项目总数的 74.9%，投资总额 56.2 亿美元，其中外商投资 32 亿美元，占全省外商直接投资的比重高达 75.2%。根据 2011 年各市实际利用外资情况，合肥、芜湖、马鞍山是安徽省外商直接投资的主要目的地，近年来，示范区内各市实际利用外资额一直保持高速增长（见表 13－8）。

表 13－8　示范区各市外商直接投资情况

地区	项目（个）			合同外资额（万美元）			实际利用外资额（万美元）		
	2009 年	2010 年	2011 年	2009 年	2010 年	2011 年	2009 年	2010 年	2011 年
合肥	59	81	66	36665	85809	118105	85746	124219	145601
芜湖	26	44	25	22449	33678	63841	59214	78103	104077
马鞍山	15	24	21	8234	19802	27847	57238	82302	99172
宣城	27	13	14	10843	4371	8995	14709	19654	31195
安庆	25	13	13	6267	5936	7727	16518	22255	26430

续表 13-8

地区	项目（个）			合同外资额（万美元）			实际利用外资额(万美元)		
	2009年	2010年	2011年	2009年	2010年	2011年	2009年	2010年	2011年
铜陵	10	5	6	10336	2619	8406	15644	25531	23807
六安	10	14	12	7350	8679	18253	11442	13704	20504
池州	24	7	7	4005	5311	2968	11932	15152	16705
滁州	15	21	22	8092	18151	33589	9331	11745	32297

（三）示范区产业转移和招商引资中存在的问题

产业转移的区域竞争日趋激烈。沪苏浙、珠江三角洲等地区产业转移步伐加大，中西部地区也争相加快了产业承接的步伐。自2010年国务院批复皖江示范区承接产业转移规划以来，国家发改委批复成立了广西桂东、湖南湘南、重庆沿江、湖北荆州等四个国家承接示范区，中西部省份在产业承接领域竞争激烈，竞相出台优惠政策，吸引大资金和大项目。作为中部省份，安徽省发展相对滞后，一方面，面临着经济赶超的艰巨任务，主要经济指标相对落后于东部沿海省份，高效融资、物流等服务体系尚未形成；另一方面，要素成本优势逐渐丧失，土地紧缺、劳动力成本上升，示范区承接产业转移的内生性优势不足，产业承接环境面临着来自西部省份的巨大挑战。调研中发现，与沿海省份相比，示范区并不具备明显的要素优势，据大陆汽车电子（芜湖）有限公司反映，人力资源成本、原材料成本、运输费用上升导致公司生产成本大大增加，特别是与沿海省份相比，劳动力成本优势已不明显，加之区内其他配套设施等条件相对滞后，示范区作为全省重要产业转移承接地的吸引力尚不强大。另一方面，目前区内企业利润的实现很大程度上依赖于当地政府给予的特殊优惠政策支持。随着我国自贸区战略进一步推进，市场化程度日益提高，相关政策支持逐渐退出，企业利润空间将被进一步挤压。

产业发展出现同质化倾向。各市虽已确定了各自的重点发展产业，也进行了科学规划，但通过比较发现，各市仍存在着产业同质化布局问题，如太阳能光伏产业几乎被涵盖在所有皖江城市优势产业范围内，而该行业国内市场已成饱和状态，未来难免会出现低价恶性竞争现象。同时，资源开发、加工、装备制造等所占比重较大。特别是，各市在产业布局上过于注重引进大项目，与当地优势和特点结合得不够紧密，错位承接产业转移的理念还需进一步强化。

产业配套服务水平有待提升。土地集约利用面临很大压力，不少地方存在用地指标紧张问题，以致引进项目难以落实；而有些地方还存在土地闲置现象，单位土地产出率较低。产业配套条件不完备，生产性服务水平有待提升，特别是中小企业融资渠道有限，融资成本较高，致使关联产业和配套中小企业发展不充分。

三、主要政策建议

（一）支持企业开拓新兴市场

鉴于新兴市场在安徽省外贸增长中的重要性显著提升，而传统发达国家市场趋于饱和，且需求进一步下滑，作为外贸主体的大多数民营企业的产品结构和层次，往往更加符合新兴国家市场的需求特点，因此，对新兴市场的开拓将成为安徽企业未来的战略重点。建议对出口到新兴市场和其他发展中国家的产品给予更优惠的出口退税率。针对企业反映的有关发展中国家市场规则不健全、风险较大等问题，建议加大出口信保政策支持力度，进一步降低安徽企业开拓新兴市场的风险，保护其海外权益。

（二）加强对外贸企业特别是中小企业的融资支持

外贸企业特别是中小贸易型企业呈现出资金需求急、结算周期短、资产抵押不足等特点，易受成本上升的不利影响。建议加强对该类企业的信贷支持，创新信贷方式，如允许合同质押、汇单质押等方式，加强财政等担保支持力度。

（三）帮助企业积极应对贸易壁垒

近年来，企业出口面临的贸易壁垒日益增多，对企业海外经营产生了严重影响，建议当地政府充分利用其影响力和经验，对不利于安徽企业利用的贸易壁垒和政策，要及时进行抵制和反击，降低企业损失，同时避免和遏制他国效仿。对于已经出台的不合理贸易壁垒，要帮助企业积极应对和协调，必要时成立专门机构研究并应对此类贸易壁垒和纠纷。

（四）科学布局示范区各市主导产业结构，充分体现差异化竞争优势

为避免各市之间出现产业同质化竞争，建议对皖江城市带产业总体布局进行省级统筹协调，加强对各市的指导，并紧扣当地优势，进一步细化优势产业和主导产业，实施产业差异化战略，形成合理的产业布局，以真正体现出皖江城市带产业不同于东部沿海和其他中西部省份的独特区域优势。

（五）完善承接产业转移基础配套设施

由于要素成本优势逐渐减弱，建议从以下几个方面进一步完善基础配套设施和相关政策措施，不断提高皖江城市带承接

东部产业转移和招商引资的吸引力：一是解决土地指标问题。相关国土规划要有前瞻性和长远性，为将来大规模承接产业转移预留足够空间，并对具有良好发展前景的产业转移项目给予特殊照顾，使其不受土地指标的限制。二是强化产业配套能力。针对优势产业，如汽车及零部件产业的配套小企业较多、竞争力不强等问题，对行业进行整合，培育和发展龙头企业，形成规模经济，着力提升整体产业链环节的竞争力。三是加快建设承接产业转移和招商引资的载体建设。针对省内相关平台建设较为滞后的问题，如企业办理报关程序往往“舍近求远”等，加快相关载体建设，尤其是加快海关特殊监管区建设，包括省内和省际物流运输体系完善等，逐步增加沿江主要港口城市到东部沿海城市、国外主要港口的多式联运路线。可考虑在合肥、芜湖、马鞍山等外向型经济发展较快的城市进行试点，扩大和改善现有出口加工区、保税港区的功能，不断缩小安徽与沿海地区在软硬件设施方面存在的差距，着力构建高效的贸易投资便利化服务平台。